KB260194

観光通訳日本語

金惠玉 엮음

正進出版社

머리말

　우리 나라의 관광산업은 30여년 전부터 새로운 산업으로 각광을 받기 시작하여 이제 주요 산업으로 부상하게 되었습니다. 새로운 밀레니엄으로 진입한 2000년에는 외래 관광객 532만 명 유치라는 신기록을 가지게 되었고, '2001년 한국 방문의 해'에는 여러 가지 활동을 통해서, 그리고 2002년은 월드컵 경기대회가 한·일간에 공동으로 개최되어 한국의 관광산업은 더욱 비약적으로 발전되고 우리 나라를 찾는 관광객 수도 급격히 증가될 것입니다.

　한국의 관광산업이 고도로 성장·발전하게 된 원인은 반 만 년의 유구한 역사로 창조된 아름다운 문화유산, 사계절이 뚜렷한 금수강산, 비약적인 경제성장과 고전문화와 현대문화의 조화로운 공존, 한국 국민의 친절함, 고도의 정신문화 등 풍부한 관광자원이 있기 때문이라고 말할 수 있습니다.

　조상들로부터 물려받은 금수강산과 수많은 지혜로운 문화유산들이 여러 차례의 국난으로 인하여 상당수 파괴되고 소실되어 문헌으로만 남아있을 뿐 실물로 존재하지 않는다는 사실은 매우 안타까운 일이지만, 사라졌던 문화재는 지금 하나하나 복원되어 가고 있습니다. 소실된 채 실물로 존재하지 않는 문화를 외국인 관광객들에게 내실있게 알린다는 것은 어렵지만 중요한 작업입니다. 관광통역안

내원들의 역할이 매우 중요한 이유입니다.

문화제국주의의 시기라고도 할 수 있는 21세기에, 밖으로는 일본을 포함한 여러 나라들과 긴밀하고도 우호적인 관계를 맺어 활발한 문화교류를 통해 우수한 문화를 받아들이고, 안으로는 우리 문화재와 전통문화의 보존과 연구에 힘써 우리의 우수한 문화를 세계에 알리고자 열의를 갖는 일은 매우 중요하다고 생각합니다. 관광통역안내원들의 사명이 여기에 있다고 할 수 있습니다.

이에 본서『관광통역일본어 : 무궁화꽃 향기를 찾아서』는 일본어로 한국을 안내하는 관광통역안내원들이 한국의 역사와 문화, 명소와 명물 등을 익히고 이를 생생하게 일본어로 전달할 수 있도록 하는 데 역점을 두고 있습니다.

한국의 역사와 문화를 잘 이해하기 위해서는 일본의 역사도 같이 공부하는 성숙한 자세가 필요할 것입니다. 따라서 본서는 일본 역사에 대해서도 간단하게 소개하고 있습니다.

일본의 침략으로 형성된 오랜 역사적·민족적 악감정, 무역 역조 현상, 독도영토 문제, 역사교과서 왜곡 문제 등등 한·일간의 갈등을 해결하기 위해서는 한·일 양국의 역사 이해와 문화교류가 필요하며, 대등한 관계의 문화교류를 위해서

는 우선 먼저 우리의 것에 대해 잘 아는 것이 중요하다고 생각합니다. 우리 것에 정통해야 올바른 역사관이 서며, 올바른 역사관이 서야 올바른 통역안내가 가능할 것입니다.

'한국을 알고 일본을 안다!'

현장에서 한국의 창 역할을 하는 관광통역안내원과 통역안내원이 되고자 시험 준비를 하고 있는 수험생들은 우리의 것에 대해 좀더 많이 알고자 합니다. 또한 일본어를 공부하는 대학생, 직장인, 가정주부들은 우리의 역사를 일본어로 공부함으로써 일본의 역사왜곡에 대응할 수 있는 자세를 가질 수 있을 것입니다. 이러한 모든 분들께 『관광통역일본어 : 무궁화꽃 향기를 찾아서』는 좋은 지침서가 될 것입니다.

최근 우리 나라는 지식정보사회 구축을 위한 정보화 산업 육성에 심혈을 기울이고 있고, 이러한 정보화 사회의 초석은 외국어 구사능력이 필요·충분 조건이라고 강조하고 있습니다. 그래서 정부는 외국어 교육, 특히 영어, 일본어, 중국어 교육에 많은 지원정책을 펴고 있습니다. 세계화·정보화 시대를 맞이하여 외국어 구사능력은 지구촌을 살아가는 우리들에게 이제 선택이 아닌 필수의 과제로

자리매김하고 있습니다. 본서를 탐독하기에 앞서 졸저 『회화로 배우는 일본어 : 벚꽃 향기 속으로』를 공부한다면 이 책을 이해하는 데 도움이 될 것으로 사려됩니다.

이 책을 통해 일본어에 관심을 가지고 있는 모든 분들과 현재 일본어관광통역안내에 여념이 없는 분들께 지면을 통해 인사를 드립니다. 본서의 내용 중 시간상 현 상황에 부합되지 않는 부분이 있을 수 있음을 이해해 주시기 바라며 또한 부족하고 미진한 부분에 대해선 선배·후배들의 지도편달을 받아 수정·보완할 것을 약속드립니다.

끝으로 본서가 있기까지 도움을 주신 정진출판사 사장님과 상무님께 감사의 마음을 전하며, 또한 한국어 번역과 편집을 도와 주신 한국외국어대학교 정상률 선생님과 전 서울통역학원 성명기 선생님에게도 많은 감사를 드립니다. 본서를 통해 일본어를 공부하는 여러분들의 통역일본어 학습에 많은 도움이 되기를 바랍니다.

2002년 12월

저 자 金惠玉

1. 관광통역안내원이란?

한국을 방문하는 외국인에 대하여 해당 외국어를 사용하여 국내의 유적지·문화·풍습·사회 등 관광 제반 사항을 설명하고 안내하는 인바운드 가이드를 말한다.

관광통역안내원은 국민을 대표하는 민간외교관이라는 사명의식을 가지고 우리나라의 관광 발전을 위해 끊임없이 노력함으로써 국가의 이익과 국위선양에 앞장서야 할 것이다.

2. 시험 구성 및 일정

통역안내원 자격시험은 1차 '듣기시험'과 '면접시험', 2차 '필기시험'으로 나누어진다.

관광산업에 종사하고자 하는 자는 관광종사원 자격을 취득하여야 한다. 관광통역안내원 자격시험의 응시는 만 18세 이상이면 학력과 경력, 성별에 관계없이 누구나 응시할 수 있다.

- **주관** : 문화관광부
- **시행** : 한국관광공사
- **시기** : 한국관광공사 지정(매년 대략 4월~6월에 실시)
- **시험방법**
  ① 1차 '외국어 듣기평가'와 '면접시험' → 해당 외국어 청취능력 테스트 및 인터뷰(2과목)
  ② 2차 '필기시험' → 1차 합격자에 한해 객관식 필기시험(5과목)
- **필기시험 과목** :
  ① 외국어(50점) → 영어·일본어·중국어·프랑스어·독일어·스페인어·러시아어 중 택일
  ② 국사(20점)

③ 관광법규(10점)

④ 한국지리(10점)

⑤ 관광사업 개론(10점)

- **선별방법**

① 과락제도(40점 미만 탈락)

② 절대평가(평균 60점 이상 합격)

- **시험면제**

[듣기·면접 시험 면제] : 전회의 해당 자격시험의 외국어 듣기 및 면접시험에 합격하고 필기시험에 불합격한 자

[시험 전부 면제] : ① 고등교육법에 의한 전문대학 이상의 학교에서 3년 이상 계속하여 해당 외국어를 가르친 경력이 있는 전임강사 이상인 자 / ② 초·중등교육법에 의한 고등기술학교의 관광관련 전공과 2년 과정에서 3년 이상 계속하여 해당 외국어를 가르친 경력이 있는 자

[필기시험 면제] : ① 고등교육법에 의한 전문대학 이상의 학교를 졸업한 후 10년 이상 계속하여 해당 언어권의 외국에 거주한 경력이 있는 자 / ② 10년 이상 해당 언어권의 외국에서 근무한 경력이 있는 자 / ③ 10년 이상 중·고등학교 교사로서 해당 외국어의 강의 경력이 있는 자 / ④ 관광통역안내원 자격을 취득한 후 자격증 미갱신으로 자격이 취소된 자 / ⑤ 문화관광부장관이 지정한 양성기관에서 관광통역안내원 양성 과정을 이수한 자(단, 2000년 이전 이수자에 한함)

[필기시험 일부 과목 면제(외국어만 응시)] : ① 고등교육법에 의한 전문대학 이상의 학교에서 관광분야의 학과를 전공하고 졸업한 자 및 4년제 대학 이상의 학교에서 관광분야의 학과를 전공하고 졸업한 자 또는 졸업예정자 / ② 관광통역안내원 자격을 취득한 후 다른 외국어로 시험에 응시하는 자

3. 듣기시험

1차 시험은 인원이 많으면 그룹별로 실시하는데 '듣기평가'를 먼저 실시하는 그룹도 있고 '면접시험'을 먼저 치르는 그룹도 있다.

- **출제의 특징**
  - ① 출제형식의 특이점은 '문제'와 '답항'을 불러줌으로써 수험자들이 오직 듣고서 답을 고르도록 되어 있다.
  - ② 발음에 있어서는 대체적으로 전형적인 일본식 발음을 구사하고,
  - ③ 속도는 비교적 빠른 편이다.

- **대책**

  출제 문제 수는 25문항에서 40문항으로 증가하였다. 평소에 고도의 '듣기훈련'이 되어 있어야 한다.

  언어는 우선 들을 줄 알아야 말을 구사할 수 있다고 한다. 듣기를 습관적으로 반복하는 습성이 갖추어졌을 때 비로소 귀가 트이게 되고 말문이 열리게 된다. 듣지 않고서는 말할 수 없다는 사실을 상기하여야 할 것이다.

4. 면접시 주의사항

관광종사원의 자격시험에 있어 면접시험의 비중은 매우 크다.

면접시험에서는

  - ① 국가관·사명감 등 정신자세
  - ② 전문지식과 응용능력
  - ③ 용모·예의·품행 및 성실성
  - ④ 의사 발표의 정확성과 논리성 등을 평가한다.

면접시험은 대개 2명의 면접관이 실시하게 되며, 이중 한 명은 해당 외국어로, 다른 한 사람은 우리말로 질문을 하게 된다.

면접시험의 배정은 면접관 1명당 용모 및 태도 20%, 듣기능력 10%, 말

하는 능력 10%, 상식 10%이며, 전체 성적의 합계가 60% 이상이 되어야 면접시험은 통과하게 된다.

면접시험을 치르기 위해서는 먼저 복장 및 용모에 신경을 써야 한다. 복장은 가능한 한 케주얼 복장은 삼가고 정장으로 하는 게 원칙이며, 여성의 경우에는 화려한 옷은 피하고 개인의 성격과 외모에 조화를 이루는 단정한 옷차림이 좋다. 면접장에 들어가기 전에 자신의 용모나 머리, 구두 손질 등의 이상 유무를 확인하고 나서, 밝고 정중한 태도로 인터뷰에 응해야 할 것이다.

目　次

CONTENTS

CONTENTS

第5章　　ソウル近郊とその外の地域

第6章　　新羅の歴史・文化

CONTENTS

第10章　　済州道の歴史・文化

第11章　　済州道の主要観光地

CONTENTS

第1章

韓国の歴史・文化

　韓国の正式の国号は大韓民国でございます。韓国の建国神話は檀君神話です。

　5000年という古い歴史をもつ韓国は、その起源を神話に求めます。

　10月3日は建国始祖である檀君が国を建てた日で、開天節(建国記念日)は現在祝祭日になっております。日本では2月11日が神武天皇が即位したといわれる紀元節、すなわち建国記念日ですね。

　日本の歴史が神話から始まるように韓国の歴史も神話から始まります。

　それでは、韓国の歴史を檀君神話からお話しましょう。

　檀君は紀元前2333年(今から4335年前)、現在の平壌に王国を開きました。この国を古朝鮮または檀君朝鮮といいます。

　「三韓とは檀君朝鮮のことなり、それは三人の王と、三つの都をいう」といわれております。すなわち三韓の王や君長が檀君の後裔であり、それぞれ一国の王になったことの伝承であります。今年は2002年ですから、それに2333年を足すと4335年になります。これが檀紀です。西紀で紀元前2333年(BC2333年)に檀君が誕生しております。韓国の民族の始祖である檀君は天降った天孫です。天降ったところが太白山の頂上です。

　これは垂直型の天孫降臨神話でありまして、日本の出雲神話とも関係のふかいものであります。

　天上には天帝、桓因がましまし、その大勢の子どものなかに、桓雄がおりました。桓雄は天帝の許しを得て太白山頂の神壇樹に天降り、そこで、人間に生まれかわりたいと祈っている一匹の熊と虎に出会いました。桓雄は熊と虎にニンニクとヨモギを与え、

　「ほら穴にこもり、百日祈祷をせよ。決して太陽にふれてはならぬ」と命じました。

　熊は三七の二一日間の祈祷で首尾よく女にかわります。これを熊女といいます。ところが、虎は桓雄の指図に従わずに、途中でほら穴から飛び出してしまったのです。

① 건국 신화에 대하여

한국의 정식 국호는 대한민국입니다. 한국의 건국 신화는 단군신화입니다.

5천 년이라는 유구한 역사를 가진 한국은 그 역사의 기원을 신화에서 찾습니다.

10월 3일은 건국시조인 단군이 나라를 세운 날로, 개천절(건국기념일)은 현재 공휴일로 되어 있습니다. 일본에서는 2월 11일이 신무천황이 즉위했다고 전해지는 기원절, 즉 건국기념일이지요.

일본의 역사가 신화에서부터 시작되듯이 한국의 역사도 신화에서 출발합니다.

그러면 한국의 역사를 단군신화에서부터 말씀드리겠습니다.

단군은 기원전 2333년(지금부터 4335년 전), 현재의 평양에 왕국을 세웠습니다. 이 나라를 고조선, 또는 단군조선이라고 합니다.

"삼한이란 단군조선을 칭하는 것이며, 이것은 세 사람의 왕과 세 곳의 도읍지를 말한다."라고 전해지고 있습니다. 즉, 삼한의 왕과 君長이 단군의 후예이며, 제각기 일국의 왕이 되었다는 전승입니다. 금년은 2002년이니까 여기에다 2333년을 더하면 4335년이 됩니다. 이것이 단기입니다. 서기로 기원전 2333년(BC 2333년)에 단군이 탄생하였습니다. 한국 민족의 시조인 단군은 하늘에서 내려온 천손입니다. 강림한 곳이 태백산 정상입니다.

이것은 수직형의 천손 강림신화이며, 일본의 이즈모 신화와도 관계가 깊습니다.

천상에는 하느님인 환인이 계시며, 그의 많은 자손들 중에 환웅이 있었습니다. 환웅은 환인의 허락을 얻어서 태백산맥의 신단수로 내려와 거기서 인간으로 태어나고 싶기를 기도하고 있는 한 마리의 곰과 호랑이를 만났습니다. 환웅은 곰과 호랑이에게 마늘과 쑥을 주며,

"동굴 안에서 백일 기도를 하여라. 절대로 태양을 보아서는 안되느니라."라고 명하였습니다.

곰은 삼칠의 21일간의 기도로 보기좋게 여자로 변합니다. 이를 웅녀라고 말합니다. 그런데 호랑이는 환웅의 지시에 따르지 않고 중도에 동굴에서 뛰쳐나와 버리고 말았던 것입니다.

어휘정리

求(もと)める : 구하다, 찾다	天降(あまくだ)る : 강림하다
こもる : 틀어박히다	ふれる : 들어오다, 느끼다, 닿다

　一方、熊女はふたたび神壇樹に詣でて、子宝をさずかりたいと祈ります。ふびんに思った桓雄は熊女を娶り、子を孕ませます。これはいわゆる神胎のことです。広く世界に分布する神話でございます。こうして檀君は誕生したのです。

　檀君によって開かれた国を古朝鮮あるいは檀君朝鮮といいます。明るく鮮やかな国であるという意味です。

　一般に、韓国民族は美しい四季と山紫水明の風土に住み、太陽を崇め、明るさと白色を好み、暗やみをいやがります。白色を好んでまとい、「白」の字をつけたがります。このように「白」や「明るさ」は韓国の古代信仰の中で、たいへん重要な意味を持っています。神壇樹に神がよるという樹木信仰はアニミズムでありますが、その神壇樹に詣でる熊と虎の話は、トーテム信仰とみなすことができましょう。

[摩尼山　祭壇]

　すなわち、先住の熊を祖神とする部族と、虎を祖神とする部族が、檀君一族に支配され、同化される過程を神話でいいあらわしたという見方もなりたちます。

　檀君は都をいまの平壌に定め、のち阿斯達に移します。これが『三国遺事』にみられる韓国の建国神話のさわりでございます。のち、檀君は江華島摩尼山に祭壇を築き、天帝をまつります。

　さて、韓国の神話を日本のそれとくらべてみますと、日本の場合は、「五月なす悪しき神」である原住民を討ちしたがえて、八百万の神をひきい、ホノニニギノミコトが高天原から降りてきます。

　一方、韓国の場合は開国の神を、我々が、その必要により、直接お迎えしようと衆議一致し、はじめて迎神の儀式がとりおこなわれたのです。すなわち、あくまでも民衆が主体のものであります。

한편, 웅녀는 다시 신단수에 나와서 자식을 가지고 싶다고 빌었습니다. 불쌍히 여긴 환웅은 웅녀를 아내로 맞이하여 아기를 갖게 합니다. 이것이 소위 신태라는 것입니다. 세계에 널리 분포되어 있는 신화입니다. 이렇게 하여 단군이 탄생한 것입니다.

단군에 의해서 세워진 나라를 고조선 또는 단군조선이라고 말합니다. 밝고 선명한 나라라고 하는 의미입니다.

일반적으로 한국민족은 아름다운 사계절과 산자수명 풍토에 살고 있으며, 태양을 숭배하고 밝음과 백색을 좋아하며 어두움을 싫어합니다. 백색옷을 즐겨입으며 '백'자를 붙이기를 좋아합니다. 이와같이 '백'과 '밝음'은 한국의 고대신앙에서 가장 중요한 의미를 가지고 있습니다. 신단수에 신이 깃든다고 하는 수목신앙은 애니미즘이나 그 신단수에 참배하는 곰과 호랑이의 이야기는 토템신앙으로 간주할 수 있겠지요.

즉, 먼저 거주하던 곰을 조상신으로 하는 부족과 호랑이를 조상신으로 하는 부족이 단군 일족에게 지배되어 동화되는 과정을 신화로 표현했다고 하는 견해도 있을 수 있는 것입니다.

단군은 도읍을 지금의 평양으로 정하고 후에 아사달로 옮깁니다. 이것이 『삼국유사』』에서 보는 한국의 건국신화의 중요한 부분입니다. 후에 단군은 강화도 마니산에 제단을 쌓고 천제에게 제사를 지냅니다.

한편 한국의 신화를 일본 신화와 비교해 보면 일본의 경우에는 **'5月なす悪き神'** 인 원주민을 토벌하고 수많은 신들을 거닐고, **ホノニニギノミコト**가 고천원으로부터 내려옵니다.

일반적으로 한국의 경우에는 건국신을 우리들이 그 필요에 의해 직접 맞이하려고 중의일치한 다음 비로소 양신의 의식이 진행되는 것입니다. 말하자면 어디까지나 민중이 주체인 것입니다.

어휘정리

詣(もう)でる : 참배하다

娶(めと)る : 장가들다, 아내로 맞아들이다

孕(はら)む : 임신하다

さわり : 중요한 대목, 핵심

五月(さつき) : 음력 5월

討(う)ちしたがえる : 토벌하다　*したがえる : 복속시키다, 따르게 하다

　慶尚南道金海郡にあった初期の国家、駕洛国にみる開国神話などは、これと一致します。天地開闢ののち、九人の首長があつまり、亀旨峰で神の降臨をお迎えするのです。そのとき、九人の首長と神の問答がかわされます。人々は村祭りの儀礼や、その由来について語ります。神は六つの卵に入って天降ります。その卵を人々は大事に持ち帰り、卵からあらわれた神の御子を育て上げて、この国の王様にするのです。

　このように神と人との親密な交わりは韓国と日本と同じです。日本の神話は、韓国のそれにくらべて文学的テクニックで優れています。しかし、韓国の神話はそのエレメントである神と人間の関係を大切にしています。このことは、とりもなおさず社会と人間との関係でもありましょう。

　別の言い方ですれば、農耕土着社会の文化的土壌や基盤つくりの原点でもありましょう。

［檀君 影幀］

2　伽倻と古代日本

　駕洛国、すなわち、金官伽倻のことを『日本書紀』では任那または加羅と呼んでおります。韓国の史料や文献には二、三の例をのぞいてはほとんど使われておりません。

　日本の史料にみえる任那は伽倻諸国をひっくるめていうときと、単に金官国を指す場合とにわけられております。

　この金官伽倻は辨・辰韓あわせて24カ国のなかのひとつ、狗那国を母体とします。韓半島が三韓時代をへて高句麗・百済・新羅三国の対立時代に入ったとき、洛東江流域の

경상남도 김해군에 있었던 초기의 국가인 가락국에서 보는 개국신화 등은 이것과 일치합니다. 천지개벽 후, 9명의 수장이 모여 구지봉에서 신의 강림을 맞이합니다. 그때 9명의 수장과 신의 문답이 오고갑니다. 사람들은 마을 축제의례와 그 유래에 대해서 이야기합니다. 신은 6개의 알 속에 들어가서 강림합니다. 그 알을 사람들은 조심스럽게 가지고 돌아와 알 속에서 나타난 신의 자손을 키워 그 나라의 왕으로 모신 것입니다.

이와 같이 신과 사람과의 밀접한 교섭은 한국과 일본이 같습니다. 일본의 신화는 한국의 신화와 비교할 때 문학적 테크닉에서 뛰어납니다. 그러나 한국의 신화는 그 엘리먼트인 신과 인간의 관계를 중요하게 여깁니다. 이것은 우선 사회와 인간과의 관계이기도 하지요.

다시 말하면 농경토착사회의 문화적 토양이나 기반을 다지는 원점이기도 하지요.

어휘정리

エレメント : 요인, 요소, element
とりもなおさず : 우선, 곧, 즉

 2 가야와 고대일본

가락국, 즉 금관가야를 『일본서기』에서는 미마나 또는 가라라고 부르고 있습니다. 한국의 역사자료나 문헌에는 두세 가지 예를 제외하고는 거의 사용되지 않습니다.

일본 사료에 보이는 임나는 가야 제국을 통틀어 말할 때와 단순히 금관국을 가리키는 경우로 나눠지고 있습니다.

이 금관가야는 변한·진한을 합쳐서 24개국 중의 하나, 구라국을 모체로 합니다. 한반도가 삼한시대를 거쳐 고구려·백제·신라 삼국의 대립시대로 들어왔을 때, 낙동강

弁韓諸国だけは一つの王国にまとまることなしに、3世紀半なかばには一種の聯盟体をかたちづくり、独立の勢力をなしておりました。

　いまなお、慶尚南・北道のほぼ中央を南に貫く洛東江の流域に伽倻の古墳群が分布しております。それら古墳群からも伽倻諸国の独自の文化がうかがえます。

　ただ伽倻諸国に関する国内の文献資料は、ごく断片的なものしか伝わっておらず、中国や日本側の史料にはいろいろみえるのですが、無理や、ごじつけも多く、慎重な史料批判をまつところです。

　『文献史料』による、伽倻諸国、すなわち六伽倻の所在は次の通りです。この洛東江の本流と流域に沖積平野がひらけており、気温と降雨量にめぐまれた理想的な農耕地帯、すなわち米どころであるわけです。これが金海平野です。この金海平野に加、羅、つまり金官伽倻があって栄えていたのです。

　金官伽倻は、その経済力にものをいわせて早くからさかんに海上活動をおこない、日本(倭)や、北方の中国郡県と交通するなど伽倻聯盟の中核になるにたりえたのです。また、両者の間にあって、国際貿易の中継基地として栄えたことだろうとも思われます。

　当時、日本(倭)の商人たちがこの地方にやってきて駐在し、貿易活動にたずさわったことでしょう。それが「任那日本府」といった誇張されたものに増幅されたのです。

　もともと半島南部と北九州は「韓倭文化圏」と呼ばれるほど類似した文化圏を形成しておりました。

　1920年に発掘された金海貝塚は同じく慶尚南道熊川の貝塚とほぼ同じ文化的性格のもので、王莽貨泉の発見により、だいたい西暦一世紀の遺跡であると推定されております。

　『古事記』では、「この地は韓国に向い」と書いてあります。日本の天孫が加羅から渡って行ったことを、ほのめかすものです。

　駕洛国からは多くの移住民を北九州に送り込んだのです。それらの人々が、どうやら、糸島地方(伊都国)だったようで、いまも糸島地方には可也(伽倻)山がありまして人々に

[伽倻, 騎馬人物形土器]

유역의 변한 제국만은 하나의 왕국으로 합치는 일 없이 3세기 중엽에는 일종의 연맹체를 결성해 독립세력을 이루고 있었습니다.

지금 더욱이 경상남북도의 거의 중앙을 남으로 가로질러 낙동강 유역에 가야의 고분군이 분포되어 있습니다. 그들 고분군에서도 가야 제국의 독자적인 문화를 엿볼 수 있습니다.

단지 가야 제국에 관한 국내의 문헌자료에는 극히 단편적인 것밖에 전해지지 않고, 중국이나 일본측 사료에는 여러 가지가 보입니다만, 무리와 억지도 많아 신중한 사료비판을 기다리고 있는 중입니다.

『문헌사료』에 의한 가야 제국, 즉 6가야의 소재는 다음과 같습니다. 이 낙동강 본류와 유역에 충적평야가 펼쳐져 있고, 기온과 강우량의 혜택을 입은 이상적인 농경지대, 즉 쌀 산지인 것입니다. 이것이 김해평야입니다. 이 김해평야에 가, 라, 즉 금관가야가 있어 번창하고 있었습니다.

금관가야는 그 경제력에 힘입어 일찍부터 활발하게 해상활동을 벌여 일본(왜)이나, 북방의 중국 군현과 교통하는 등 가야연맹의 중심이 되기에 충분했습니다. 또 양자간에 있어서 국제무역의 중계 기지로서 번창했으리라 생각됩니다.

당시 일본(왜)의 상인들이 이 지방에 찾아와서 주재하고, 무역활동에 종사했겠지요. 그것이 '임나일본부'라고 하는 과장된 표현으로 증폭된 것입니다.

본디 반도 남부와 기타큐슈는 '한왜문화권'이라고 불리울 정도로 유사한 문화권을 형성하고 있었습니다.

1920년에 발굴된 김해패총은 같은 경상남도 웅천의 패총과 거의 같은 문화적 성격의 것으로 왕분화천의 발견에 의해 대개 서기 1세기의 유적으로 추정되고 있습니다.

『고사기』에서는 '이 땅은 한국으로 향하고'라고 쓰여 있습니다. 일본의 천손이 가라에서부터 건너왔다는 것을 암시하고 있습니다.

가락국에서는 많은 이주민을 기타큐슈에 보냈던 것입니다. 그 사람들이 아무래도 이토시마 지방(이도국)인 것 같고, 지금도 이토시마 지방에는 가야산이 있어서 사람들에

어휘정리

任那(みまな) : 임나 ; 4~6세기경 경상북도 고령지방에 있던 부족 국가

貫(つらぬ)く : 가로지르다, 관통하다   ものをいわせる : 위력을 발휘하게 되다

たりえる : 족히 ~할 만하다, 가치가 있다   たずさわる : (어떤 일에) 종사하다, 관계하다

ほのめかす : 암시하다, 넌지시 말하다   どうやら : 간신히, 그럭저럭, 어쩐지, 아무래도

あがめられでおります。

　なお、佐賀県の唐津も、もとは韓津であって、加羅と北九州を結ぶ湊だったのでしょう。一般に、韓日古代文化のつながりといえばもっぱら高句麗や百済、そして新羅と日本との関係だけを思い浮かべがちですが、そのまえに、伽倻諸国、とくにいまの金海地方にあった駕洛=伽倻と古代倭国との関係を、決しておろそかにすることはできないのです。

　古代の霧に閉ざされ、おぼろにかすんでいた伽倻と倭が、徐ろにその輪郭をあらわすようになって参りました。

　最近の一連の伽倻古墳の発掘—1978年の高霊池山洞44、45号

[東萊 福泉洞에서 發掘된 馬의 투구]

墳発掘。1980年末の東萊福泉洞古墳群発掘—がそれです。わけても東萊福泉洞にある伽倻古墳群の調査は、まさに、歴史的な一大事件であります。

　この伽倻古墳(11、12号墳)からは金銅製の王冠をはじめ五世紀はじめ頃の甲冑、つまり、ヨロイ・カブトと馬具それにさまざまな種類の土器などが、ざくざくと出ました。

　とくに学界が色めき立ち、マスコミが騒然となったのは、馬面と鉄冑の出土です。馬面とは馬の顔につける装飾のことです。けれども、この伽倻古墳から出た鉄の馬面は単なるアクセサリーではなく、実戦用の馬のカブトであり、アイロン・マスクなのです。

　伽倻はずばぬけた鉄の文明と騎馬戦術をあわせもった強力な古代国家であったのです。それなのに、どうして4世紀から6世紀にかけて、日本がこの伽倻を支配したということができるのでありましょうか、かりに、そのような武力をもったとしても、風涛天を蹴る、荒波の玄海灘を押し渡って、大兵力を寄越すだけの船と航海術を当時の日本はもっていたのでしょうか。さらに、それだけの強力な統一国家があったことでしょうか。

　ナンセンスでしょう。「そう、あらまほし。」という気待はわかります。それにしてもこれは『日本書紀』などにみる筆先のたわむれであって、机の上の作文にすぎないのではないでしょうか。

게 숭상되고 있습니다.

또한 사가켄의 唐津도 원래는 韓津으로 가라와 기타큐슈를 잇는 진(항구)였던것이 겠지요. 일반적으로 한일 고대문화의 관계라고 한다면 오로지 고구려나 백제, 그리고 신라와 일본과의 관계만을 떠올리기 쉬우나, 그 전에 가야제국, 특히 지금의 김해지방 에 있었던 가락=가야와 고대 왜국과의 관계를 결코 소홀히해서는 안됩니다.

고대의 안개에 가려 희미하게 가려 있던 가야와 倭가 서서히 그 윤곽을 나타내게 되 었습니다.

최근의 일련의 가야고분의 발굴―1978년의 고령지산동 44, 45호분 발굴. 1980년 말 의 동래 복천동 고분군 발굴―이 바로 그것입니다. 특히 동래 복천동에 있는 가야 고 분군의 조사는 마치 역사적인 일대 사건입니다.

이 가야고분(11, 12호분)으로부터 금동제 왕관을 비롯하여 5세기 초의 갑위, 즉 갑 옷과 투구. 마구와 각 종류의 토기(질술잔 등)가 많이 나왔습니다.

특히 학계가 긴장하고 매스컴이 떠들썩하게 된 것은 마면과 철주의 출토입니다. 마 면이란 말의 얼굴에 씌우는 장식을 말합니다. 그렇지만 이 가야고분에서 나온 철의 마 면은 단순한 액세서리가 아니라 실전용 말의 투구이며, 철 마스크입니다.

가야는 뛰어난 철 문화와 기마 전술을 함께 가진 강력한 고대국가였던 것입니다. 그 런데 어떻게 해서 4세기에서부터 6세기에 걸쳐 일본이 이 가야를 지배했다고 말할 수 있는 것일까요? 설사 그러한 무력을 가졌다 해도 바람과 파도를 차는, 거친 파도가 이 는 현해탄을 건너 대병력을 보낼 만한 배와 항해술을 당시의 일본은 가지고 있었을까 요? 더욱이 그만한 병력의 통일국가가 있었을까요?

넌센스이겠지요. "맞아, 그랬으면." 하는 바람의 기분은 이해가 갑니다. 그렇다 해도 이것은 『일본서기』에서 보는 붓끝의 장난으로, 책상 위에서의 작문에 지나지 않는 것 은 아닐까요?

어휘정리

あがめる(=崇める) : 숭상하다	湊(みなと) : 진, 항구
つながり : 연계, 연결, 관계, 유대	おぼろに : 희미하게
かすむ : 안개가 끼다, 희미하게 보이다	わけても : 특히, 그중에서도
ヨロイ : 갑옷	土器(かわらけ) : 토기, 질그릇, 특히 질술잔
ざくざく : 얼마든지, 지천으로	色(いろ)めき立(た)つ : 긴장한 빛이 나타나다
騒然(そうぜん) : 떠들썩함	ずばぬける : 빼어나다, 뛰어나게 우수하다
風涛(ふうとう) : 바람과 파도	寄越(よこ)す : 보내오다, 넘겨주다

　4世紀後半には、いわゆる大和政権が「任那日本府」を置いて加羅(伽倻)を支配し、新羅や百済を服属させ、平壌まで功めのぼって高句麗とも戦ったと、こんな筋書ですが、お粗末で、落語にもなりません。

　歴史を歪める、ということは、歪められる者よりも、歪める者にとって不幸なことだと思います。フィルターの色が濃すぎると、遠くの景色がみえません。目から、早く鱗が落ちないかぎり、歴史の虚像と実像をみきわめることはできないのです。

　伽倻古墳の墓のこしらえ方、つまり墓制が日本の前期古墳のそれによくあらわれております。日本の弥生文化にでも、稲作・土器・青銅器・墓制など生活文化がすべてこの伽倻地方から伝えられたことが、だんだんと明らかにされております。それは次の古墳時代まで続きます。

　伽倻諸国は530年代と560年代には新羅に征服されてしまいます。そして、歴史のかなたへ押しやられてしまったのです。しかし、その文明は当時の新羅よりも、ずばぬけて優れていたのです。

　伽倻こそ、日本の支配をうけるどころか、逆に日本の建国の主体であったとする説も、かなり説得力があります。

　「任那日本府」など、所詮は、幻にすぎないのです。そのことを見事に証明してくれた福泉洞古墳、これはまったくナマの発掘でした。そして、それは国内はもちろん、日本の学界にとってもモニュメントな事件でございました。伽倻は日本との関係、その真の姿が、はっきりとえがき出される日も、そう遠くはないと思います。

③ 原始社会

　韓半島では第四紀洪績世やその以前に棲息した動植物の骨片や化石が各地で発見されており東北界の豆満江下流域の鐘城(咸鏡北道)付近からは、マンモスの奥歯と肢骨が、ま

4세기 후반에는 소위 '야마도 정권이 「임나일본부」를 놓고 가라(가야)를 지배하고, 신라나 백제를 복속시켜 평양까지 공격해 올라가서 고구려와도 싸웠다.'라고 하는 줄거리이나, 엉성하여 만담도 되지 않습니다.

역사를 왜곡한다는 것은 왜곡당하는 자보다도 왜곡하는 자에 있어서 불행한 일이라고 생각합니다. 필터의 색이 너무 진하면 멀리 있는 경치가 보이지 않습니다. 눈으로부터 빨리 비늘이 떨어지지 않는 한 역사의 허상과 실상을 구분할 수 없는 것입니다.

가야고분의 묘를 만드는 방법, 즉 묘제가 일본의 전기 고분의 묘제에 잘 나타나 있습니다. 일본의 야요이 문화에서도 벼농사·토기·청동기·묘제 등 생활문화가 모두 이 가야지방에서 전해졌다는 사실이 점점 밝혀지고 있습니다. 그것은 다음의 고분시대에까지 이어집니다.

가야제국은 530년대와 560년대에는 신라에 정복되어 버립니다. 그리고 역사의 저편으로 밀려나 버린 것입니다. 그러나 그 문명은 당시의 신라보다도 훨씬 뛰어나고 우수했던 것입니다.

가야야말로 일본의 지배를 받기는커녕 거꾸로 일본의 건국 주체가 되었다는 설도 꽤 설득력이 있습니다.

'임나일본부' 등 결국은 환상에 지나지 않는 것입니다. 이 사실을 보기좋게 증명해 준 것이 복천동 고분, 이것은 완전한 본래 그대로의 발굴이었습니다. 그리고 이것은 국내는 물론 일본 학계에 있어서도 기념비적인 사건이었습니다. 가야와 일본과의 관계, 그 본래의 모습이 확실히 들어날 날도 그렇게 멀지는 않을 것입니다.

어휘정리

筋書(すじがき) : 줄거리	粗末(そまつ) : 허술하고 나쁨, 변변치 않음
落語(らくご=おとしばなし) : 만담	鱗(うろこ) : 비늘, 비듬
所詮(しょせん) : 결국, 필경, 어차피	モニュメント : 기념비, 불후의 업적

③ 원시사회

한반도에서는 제4기 홍적세나 그 이전에 서식했던 동식물의 골편이나 화석이 각지에서 발견되고 있고 동북계의 두만강 하류역의 종성(함경북도) 부근에서는 맘모스의

た南方の済州道においては、洪績世の牛、熊、鹿などの化石骨が発見されております。

　このような事実から、韓半島にも北京原人シナントロプスのように直立猿人が前期旧石器時代(洪績世中期)に住んでいたことがわかります。

4　部族聯合

　もろもろの氏族集団が、おたがいに交渉するようになり、部族社会へと進んでいくうちに、みのがせないもののなかに、青銅器文化があります。これは北方系統(シベリア)のもので、のちに中国大陸からはいってきたのとはちがい、スキタイ・シベリア(Scythai-Siberia)系統のものです。

[青銅器時代　赤色磨研土器]

　このあたらしい金属文化によってもたらされた青銅器の製作と使用は初期の氏族社会のありかたを大きくかえてきました。大体西紀前の七、八世紀頃から始まるこの時期の遺跡からは、いわゆる無文土器が同時に出土しますので、これを無文土器文化ともいいます。この土器は植木鉢に似ており底は小さい平底になっています。文様がえがかれておりませんが時に一例に穴をあけたり爪あとみたいな文様をつけることもあります。二つ以上の氏族集団がむすびつけられ、地縁共同体、すなわち部族社会がつくられていったのも、この時期からでございます。

　部族国家が中国勢力に対抗しなから、強力な政治的・経済的・文化的社会をつくりあげていったのが、高句麗・百済・新羅に代表される「古代国家」でありました。これを韓国の歴史では三国時代と申しております。

어금니와 지골이, 또 남방의 제주도에 있어서는 홍적세의 소, 곰, 사슴 등의 화석골이 발견되고 있습니다.

이와같은 사실로부터 한반도에도 북경원인 시난트로푸스와 같이 직립원인이 전기 구석기시대(홍적세 중기)에 살고 있었음을 알 수 있습니다.

 4 부족연합

모든 씨족집단이 서로 교섭하게 되어 부족사회로 발전해 가는 동안에 놓칠 수 없는 것 중에 청동기문화가 있습니다. 이것은 북방계통(시베리아)의 것으로, 후에 중국대륙 으로부터 들어온 것과는 달리 스키타이 시베리아 계통의 것입니다.

이 새로운 금속문화에 의해 초래된 청동기의 제작과 사용은 초기의 씨족사회의 본 래의 상태를 크게 변화시켰습니다. 대략 서기전 7, 8세기경부터 시작되는 이 시기의 유 적에서는 소위 무문토기가 동시에 출토되므로 이것을 무문토기문화라고도 합니다. 이 토기는 화분과 닮아 있고 바닥은 작고 평평하게 되어 있습니다. 문양이 그려져 있지 않 습니다만 때로는 일렬로 구멍을 뚫거나 손톱자국 같은 문양의 것도 있습니다. 둘 이상 의 씨족집단이 결합되어 지연공동체, 즉 부족사회가 만들어진 것도 이 시기부터입니 다.

부족국가가 중국세력에 대항하면서 강력한 정치적, 경제적, 문화적 사회를 만들어 간 것이 고구려, 백제, 신라로 대표되는 '고대국가' 이었습니다. 이것을 한국의 역사에 서는 삼국시대라고 말하고 있습니다.

어휘정리

みのがせる : みのがす(놓치다)의 가능동사
もたらされる : もたらす(초래하다, 가져오다)의 수동형
ありかた : 본연의 자세[상태]
植木鉢(うえきばち) : 화분
時(とき)に : 가끔은, 때로는
むすびつけられる : 결합되다

　これら三国が登場するのは、『三国史記』などの伝承によりますと、新羅がBC57年、高句麗がBC37年、百済がややおくれBC18年に建国となっております。大陸と接する高句麗は、いちはやく漢文化と接触し、仏教の伝来も三国のなかでいちばん早くおこなわれるなど、最も進んだ文化をとりいれるのに熱心でありました。

1)高句麗

　太祖(東明王、BC37年〜BC19年)は周辺の諸部族をまとめ、東には沃沮、東濊を征服し、南には薩水(清川江)に進出し、北には夫余を圧迫するかとおもうと、西北では玄菟郡を討ち、121年には遼東地方をもおびやかすほどになりました。

　高句麗の戦士は、騎射にたけた勇敢な戦闘兵団だったわけです。一時は、

[高句麗, 舞踊塚 舞踊圖]

魏の大軍により首都の丸都城をうばわれたこともありますが、すかさず反撃して出て、首都を奪回し、国威を回復したかとおもうと、美川王(弟15代王300〜331)は、半島から楽浪・帯方の二郡を追いはらいます。このとき、中国は北方民族の勢力により、晋が楊子江流域に追われてしまい、いわゆる5胡16国が乱立します。

　一方、韓半島でも、馬韓地方の部族聯合はようやく古代王朝の威勢をうちたてるようになり、高句麗は、鮮卑族の前燕と北上する百済の間にはさまれ、両面からの脅威にさらされるようになります。そして高句麗の絶えざる西方進出つまり華北進出方針は342年(故国原王12)の前燕による大侵略を招き再び首都が落ちました。371年には百済の攻撃をうけて、王は討ち死にします。だが、このような国難にもめけず、高句麗はただちに立ちなおり、随や唐とも肩をならべる強力な王国に発展してきます。小獣林王(371〜384)のときです。

이들 삼국이 등장하는 것은 『삼국사기』 등의 전승에 의하면 신라가 BC 57년, 고구려가 BC 37년, 백제가 조금 늦은 BC 18년에 건국한 것으로 되어 있습니다. 대륙과 접한 고구려는 재빨리 한문화와 접촉하여 불교의 전래도 삼국 중에서 가장 빨리 행해지는 등 가장 앞선 문화를 받아들이는 데에 적극적이었습니다.

1) 고구려

태조(동명왕, BC 37년~BC 19년)는 주변의 여러 부족을 통합해, 동으로는 옥저, 동예를 정복하고, 남으로는 살수(청천강)으로 진출하고, 북으로는 부여를 압박하는가 했더니, 서북에서는 현토군을 정벌하고, 121년에는 요동지방을 위협할 정도로 되었습니다.

고구려의 전사는 기사에 능한 용감한 전투병단이었습니다. 한때는 위나라 대군에 의해서 수도인 환도성을 빼앗긴 적이 있었으나 즉각 반격해서 수도를 탈환하고 국위를 회복했는가 했더니 미천왕(제15대 왕 300~331)은 한반도로부터 낙랑, 대방 2군을 쫓아내었습니다. 이때 중국은 북방민족의 세력에 의해 진나라가 양자강 유역으로 쫓겨나와 소위 5호 16국이 난립하였습니다.

한편 한반도에서도 마한지방의 부족연맹은 겨우 고대왕조의 위세를 세우게 되고 고구려는 선비족의 전연과 북상하는 백제 사이에 끼여서 양쪽으로부터의 위협에 처해지게 되었습니다. 그리고 고구려의 끊임없는 서방진출, 즉 화북진출 방침은 342년(고국원왕 12년)의 전연에 의한 대침략을 초래해 다시 수도가 함락되었습니다. 371년에는 백제의 반격을 받아서 왕은 전사합니다. 그러나 이와같은 국란에도 아랑곳하지 않고 고구려는 곧바로 다시 일어나서 수나라와 당나라와도 어깨를 겨루는 강력한 왕국으로 발전했습니다. 소수림왕(371~384) 때의 일입니다.

어휘정리

いちはやく : 재빨리, 잽싸게	最(もっと)も : 가장
騎射(きしゃ) : 말을 타고 달리면서 활을 쏨	たける : 뛰어나다, 원숙하다
すかさず : 즉시, 곧, 빈틈없이	奪回(だっかい) : 탈환
うちたてる : 수립하다, 세우다	はさむ : 끼이다
さらされる : 방치되다	討(う)ち死(じ)に : 전사
めける : 부서지다, 약해지다, 기가 죽다	*めけずに : 아랑곳하지 않고

2)百済

　もともと馬韓50余の集落国家のひとつ、百済国から由来します。はじめ、高句麗から南下したとおもわれる流民の集団はミチュホル(仁川)と慰礼(ソウルの近郊)に定着していましたが、やがて、漢山(現在の京畿道広州郡)に移って周辺の住民をしたがえて百済国をたてます。そしてのちには南の方、馬韓地方にまで勢をのばしていき、三世紀の古爾王(234〜286)のときには、すでに、古代王国としての体制が確立されたものとみられております。この時代、日本では邪馬台国の女王卑弥呼が帯方郡に遣使しております(239)。

　しかも近肖古王(346〜375)は、高句麗を功めるほど強大な勢力に成長したのです。このとき、百済の領土はいまの黄海道におよび、半島の西半分を占拠したばかりではなく、海をこえて倭と、西は中国の東晋と接触しつつ、土台固めに力を注ぐようになったのです。

3)新羅

　国家体制がいちばんおくれてスタートしたのは新羅です。現在の慶州を中心に興った斯盧国が新羅という古代国家に育ったのは、およそ4世紀なかばのことです。軍長の名も麻立干に変えられ(奈勿麻立干のときから)、それまでの朴・昔・金の三氏族による王権のたらいまわしも、奈勿麻立干の子孫の金氏にしぼられ世襲制度がうちたてられるようになりました。又、洛東江西岸の伽倻聯合体と、西部の百済により絶えずおびやかされる一方、海のかなたの倭とも対立しなければならなかったのであります。

　考えあぐねたすえ、一時は北部の高句麗に救援をもとめ、人質を送ったり高句麗の衛戌兵が慶州に駐在したこともありました。のち5世紀の新羅は着実に国力が伸び6世紀にはいり、智証王(500〜514)の代になりますと、北部と西方の洛東江流域に領土をひろげていき、東海にうかぶ孤島の于山国(鬱陵島)を手に入れるまでになります。このときから、国の名も新羅とあらためられ、麻立干の呼び名のかわりに「王」の称号をもちいるようになりました。智証王のあとをついだ法興王の体制固めがなしとげられたのです。

2) 백제

　원래 마한 50여 집락국가의 하나인, 백제국으로부터 유래합니다. 처음에는 고구려로부터 남하했다고 생각되어지는 유민집단은 인천과 위례(서울의 근교)에 정착해 있었으나 드디어 한산(현재의 경기도 광주군)으로 옮겨 주변의 주민들을 복속시켜 백제국을 세웠습니다. 그리고 나중에는 남쪽으로 마한 지방까지 세력을 뻗쳐가, 3세기의 고이왕(234~286) 때에는 이미 고대왕국으로서의 체제는 확립시켰다고 보입니다. 이때 일본에서는 야마타이코쿠의 여왕 히미코가 대방군으로 파견됩니다.(239년)

　더욱이 근초고왕(346~375)은 고구려를 공격할만큼 강대한 세력으로 성장했습니다. 이때 백제의 영토는 지금의 황해도까지 미치고 반도의 서쪽 반을 점거했을 뿐 아니라 바다를 넘어 왜와, 서쪽은 중국의 동진과 접촉을 계속하여 나라의 기초를 만드는 데 힘을 쏟아부었습니다.

3) 신라

　국가의 체제가 가장 늦게 갖추어진 나라가 신라입니다. 현재의 경주를 중심으로 일어난 사로국이 신라라고 하는 고대국가로 성장한 것은 대략 4세기 중반의 일입니다. 군장의 이름도 마립간으로 바꾸고(내물마립간 때부터) 그때까지 박, 석, 김의 세 씨족에 의해 돌아가면서 행하던 왕권도 내물마립간의 자손인 김씨로 좁혀져 세습제도가 수립되게 되었습니다. 그러나 낙동강 서안의 가야연합군과 서쪽의 백제에 의해 끊임없이 위협을 받는 한편 바다 건너편의 왜와도 대립하지 않으면 안되었던 것입니다.

　생각에 지친 끝에 한때는 북쪽의 고구려에게 구원을 청하고 인질을 보내기도 하고 고구려의 위수병이 경주에 주재했던 적도 있었습니다. 후 5세기의 신라는 착실히 국력이 신장해 6세기에 들어서 지증왕(500~514)대가 되면 북쪽과 서쪽의 낙동강 유역으로 영토를 넓혀가 동해에 떠 있는 독도의 우산국(울릉도)을 손에 넣기까지 합니다. 이때부터 국명도 신라로 새롭게 바꿔 마립간의 호칭 대신에 '왕'이라는 칭호를 사용하기에 이릅니다. 지증왕의 뒤를 이은 법흥왕 때에 체제를 확실히 하기에 이릅니다.

어휘정리

したがえる : 복속시키다, 따르게 하다	**倭(わ)** : 일본, 왜
注(そそ)ぐ : 쏟다, 집중시키다	**たらいまわし** : 정권을 차례로 돌림
しぼる : 짜다, 좁히다	**考(かんが)えあぐねる** : 생각다 못하다
衛戍兵(えいじゅへい) : 위수병	

4）三国の抗争

　広開土王(391〜413)の代になると、高句麗は栄楽という独自の年号をもちいるようにな
り、その強大な勢力をほこっておりました。遼東地方を完全に手に入れ、百済を討ち、
新羅に功めこんで460の城、1,400の邑を支配するまでになります。次代の長寿王(413〜
491)もまた世にもまれな英主王で、首都を平壌にうつし、政治機構をととのえ、南の百
済と新羅をおびやかすのです。危険を感じた百済は新羅と同盟し、これに対抗します。

［廣開土王碑］

だが、高句麗軍は475年には百済の首都、漢山をおと
しいれ、蓋鹵王を討ち取ります。ここに百済は南へ
逃げのびて熊津(公州)に都をうつします。この熊津
は、『日本書紀』にみえる熊津をさします。

　こうして高句麗の領域は満洲の大部分と韓半島の
西南一部にまでおよび北東アジアにおける一大王国
としておおいに勢力をふるうようになるのですが、
いっぽう百済と新羅も、そのような高句麗の膨脹政
策を、ただ、指をくわえて見守っているわけにはい
きません。

　熊津に遷都した百済は、文周王から聖王(日本では
聖明王という)までの5代、63年間にわたり国力を培い
ことに熱中します。最近、発見されて日本でも騒が

れだ武寧王陵のあるじ武寧王(501〜523)はそのなかで、きわだって英主のほまれ高かった
王様であります。のち、聖王(523〜554)は538年、都を泗沘(扶余)にうつし、国力の伸張に
努めます。

　この聖王の代に、百済から日本に、仏教が伝えられたのでございます。そのまえに、
百済からは五経博士らが日本に渡っており、538年、すなわち聖王16年、日本の欽明天皇
の代、仏教が百済によって日本に伝えられたのは皆様よくご存知のことだとおもいま
す。

　なお、百済からは王人博士が日本におもむき儒学を伝授しております。日本でいう「わ
にはかせ」のことであります。熊津および泗沘時代の百済の文化はじつにかがやかしくめ

4) 삼국의 항쟁

광개토왕(391~413)대가 되면 고구려는 영락이라고 하는 독자의 연호를 사용하게 되고 그의 강대한 세력을 자랑하고 있었습니다. 요동지방을 완전히 장악하고 백제를 토벌하고, 신라를 공격해 460개의 성, 1400곳의 읍을 지배하기까지 이릅니다. 다음 대인 장수왕(413~491)도 또한 보기드문 뛰어난 군주로 수도를 평양으로 옮기고 정치기구를 갖추고 남쪽의 백제와 신라를 위협합니다. 위협을 느낀 백제는 신라와 동맹하여 이에 대항합니다. 그러나 고구려군은 475년에는 백제의 수도, 한산을 함락시키고 개로왕을 토벌합니다. 이에 백제는 남쪽으로 도피하여 웅진(공주)에 도읍을 옮깁니다. 이 웅진은 『일본서기』에 보이는 熊津을 가리킵니다.

이렇게 해서 고구려의 영역은 만주의 대부분과 한반도의 서남 일부까지 이르러 동북아시아에 있어서 일대왕국으로서 크게 세력을 떨치게 됩니다. 한편 백제와 신라도 그와 같은 고구려의 팽창정책을 단지 손가락을 입에 물고 지켜보고만 있을 수는 없었습니다.

웅진으로 천도한 백제는 문주왕부터 성왕(일본에서는 성명왕이라고 함)까지의 5대, 63년간에 걸쳐 국력을 배양하는 데 열중합니다. 최근 발견된 일본에서도 떠들썩했던 무령왕릉의 주인 무령왕(501~523)은 그중에서도 뛰어난 영주인 평판 높은 왕이었습니다. 후의 성왕(523~554)은 538년에 수도를 사비(부여)로 옮기고 국력의 신장에 힘씁니다.

이 성왕대에 백제로부터 일본으로 불교가 전래되었습니다. 그 앞에 백제로부터는 오경박사가 일본으로 건너가고 538년, 즉 성왕16년, 일본의 흠명천왕대에 불교가 백제에 의해 일본으로 전래된 것은 잘 아시는 바라고 생각합니다.

또한 백제로부터는 왕인박사가 일본으로 건너가 유학을 전수합니다. 일본에서 말하는 와니하카세인 것입니다. 웅진과 사비시대의 백제문화는 실로 눈부시게 눈에 띄는

어휘정리

まれだ : 드물다	おと(落)しい(入)れる : 함락시키다
討(う)ち取(と)る : 공격하여 빼앗다, 죽이다	膨張(ぼうちょう) : 팽창
指(ゆび)をくわえて : 부러운 듯이 바라보는 모양, 손가락을 입에 물다	
見守(みまも)る : 지켜보다	培(つちか)う : 기르다, 배양하다
騒(さわ)ぐ : 떠들다, 소란피우다	きわだつ : 뛰어나다, 눈에 띄다, 두드러지다
おもむ(赴)く : 향하여 가다, 향하다	

ざましいものでありまして、日本の飛鳥文化の源流となりました。

　さて、百済は一方では、南中国の梁とたえず通交し中興の大事業をはかっていました
が、このとき、新羅も英主法興王が在位中で、仏教文化をおこし、金海地方の伽倻を
併合するなど、しゃにむに領域を広大しておりました。当然、両国の利害が衝突するよ
うになり、一時は両国が同盟して高句麗に反撃をくわえ、漢江流域の百済の旧領域をと
りかえすこともありましたが、ほどなくして、新羅はこの奪回した百済領土をうばい
とって西海岸への進出口を確保しました。これが有名な真興王(540〜576)のときのことで
す。百済の聖王は復讐をちかい、管山城(沃川)の戦いを挑みましたが逆に敗れてしまいま
す。勢にのった真興王は、大伽倻を征服し、ついで、洛東江流域を掌握したばかりか、
北上して咸鏡道地方にまで進撃します。慶尚南道昌寧、ソウルの北漢山、咸鏡道は黄草
嶺および磨雲嶺に残る巡狩碑が、その足跡を物語っております。

　こうして、この三つの古代国家は攻守ともにはけしい覇権あらそいに明け暮れたので
す。その間に、古代王権がうちたてられ、官僚体制はととのえられ、律令が公布された
うえ、仏教文化の発展および社会階級の分化も着々とおこなわれたのです。

⑥　統一新羅時代

　新羅の韓半島統一事業は、7世紀にはいり、金春秋のような有能な政治家と金庾信に代
表される非凡な花郎出身の軍人によって積極おしすすめられました。645年、王位に即い
た金春秋は親唐政策をもちい、新羅と唐の軍事同盟を結び、660年には百済を泗沘城に攻
めほろぼし、668年、遂に高句麗をもほろぼしてしまっのであります。金春秋は太宗武烈

것으로, 일본의 아스카문화의 원류가 되었습니다.

　한편 백제는 한쪽으로는 남중국의 양나라와 끊임없이 통교하면서 중흥의 대사업을
꾀하고 있었습니다만, 이때 신라도 영주 법흥왕이 존립하고 있었으므로 불교문화를 일
으켜 김해지방의 가야를 병합하는 등 마구 영역을 확대해 가고 있었습니다. 당연히 양
국의 이해가 충돌하게 되어 한때는 양국이 동맹하여 고구려에 반격을 가하여 한강유
역의 백제의 구영역을 되찾은 적도 있었으나, 곧 신라는 이 탈환한 백제 영토를 빼앗
아 서해안으로의 진출구를 확보하였습니다. 이것이 유명한 진흥왕(540~576) 때의 일
입니다. 백제의 성왕은 복수를 맹세하고 관산성(옥천) 싸움을 걸었으나 역으로 패하고
말았습니다. 힘에 가세한 진흥왕은 대가야를 정복하고 드디어 낙동강 유역을 장악했을
뿐 아니라 북상하여 함경도 지방에까지 진격합니다. 경상남도 창녕, 서울의 북한산, 함
경도는 황초령 및 마운령에 남아 있는 순수비가 그 발자취를 말해 주고 있습니다.

　이렇게 해서 이 세 고대국가는 공격과 격심한 패권싸움에 날이 새고 해가 졌습니다.
그러나 그 사이에 고대 왕권이 수립되어 관료체제가 갖추어지고 율령이 공포된 다음,
불교문화의 발전 및 사회계급의 분화도 착착 이루어졌던 것입니다.

어휘정리

6　통일신라시대

　신라의 한반도 통일사업은 7세기에 들어와 김춘추와 같은 유능한 정치가와 김유신
을 대표하는 비범한 화랑출신 군인(화랑도)에 의해 적극적으로 추진되었습니다. 645년
에 왕위에 오른 김춘추는 친당정책을 이용하여 당과 군사동맹을 맺고, 660년에는 백제
를 사비성으로 공격해 멸망시키고 668년에는 드디어 고구려도 멸망시켜 버렸습니다.

[太宗武烈王陵碑]

王(654〜661)その人であり、そのあとを継いだ文武王(651〜681)の代になり、三国統一の偉業はなしとげられました。そればかりか、新羅をたすけた唐軍が今度は、居直りきめこみ、百済と高句麗の旧地を新羅に返さないばかりか内政干渉に出るや、こんどはほこを転じて唐軍を攻撃、これを大洞江の北方に撃退し、半島統合をゆるぎないものにしたのであります。

　　新羅による韓半島統合は、民族史上、じつに画期的な事件であります。そのひとつは、国土の統一による民族の統合、その第二は民族文化形成の土台をきずいた点、第三は統一宗教としての仏教の発展を通じての三国文化の融合があげられます。

　　ひいては、韓民族の民族文化のめざましい成長と発展がこの統一新羅の文化を土台にして、はじめて可能であったのです。

　　新羅は660年に百済を滅ぼし、668年には高句麗を滅ぼします。さらに677年には、唐の勢力を追い出して、初の韓半島の統一に成功しました。

　　これが統一新羅の時代であります。日本の大和から平安の中葉にあたります。統一新羅とは、新羅が百済・高句麗をほろぼし、唐軍を韓半島から追い払った676年から新羅滅亡の935年までのおよそ260年間をいいます。

⑦　高麗時代

　　中世にはいり、うちたてられた高麗の建国は918年、日本では、醍醐王朝の延喜年間に当たります。だが、新羅はこのときなお、ほそぼそと生きながらいました。一方、後百済を自称する甄萱も高麗に対抗し、まさに昔の三国鼎立が再現されたような韓半島の情勢でありました。だが、このあと高麗の太祖王建(918〜934)は平和裡に新羅の国権をゆ

김춘추가 바로 태종 무열왕 그 사람이고, 그 뒤를 이은 문무왕(651~681)대에 이르러서 삼국통일의 위업을 이루었습니다. 그뿐 아니라 신라를 도운 당군이 이번에는 갑자기 태도를 바꾸어 백제와 고구려의 옛땅을 신라에 돌려주지 않을 뿐 아니라 내정간섭을 하자 이에 창칼을 돌려 당군을 공격하여 이들을 대동강 북쪽으로 격퇴하여 한반도 통일을 확고하게 하였던 것입니다.

신라에 의한 한반도 통합은 민족사상 실로 획기적인 사건입니다. 그 하나는 국토의 통일에 의한 민족의 통합, 그 두 번째는 민족문화 형성의 토대를 구축했다는 점, 세 번째는 통일된 종교로서의 불교의 발전을 통하여 삼국문화의 융합을 들 수 있습니다.

나아가서는 한민족의 민족문화의 눈부신 성장과 발전이 이 통일신라의 문화를 토대로 하여 비로소 가능하였던 것입니다.

신라는 660년에 백제를 멸망시키고 668년에는 고구려를 멸망시킵니다. 더욱이 677년에는 당의 세력을 쫓아내어 첫 한반도 통일에 성공하였습니다.

이것이 통일신라시대입니다. 일본의 야마토 시대부터 헤이안 시대 중엽에 해당됩니다. 통일신라란, 신라가 백제, 고구려를 멸망시키고 당군을 한반도로부터 쫓아낸 676년부터 신라 멸망의 935년까지 약 260년간을 말합니다.

어휘정리

居直(いなお)る : 갑자기 태도를 바꾸어 협박조로 나오다

きめこむ : 혼자서 정하여 그런 줄로 믿다, ～이 된 듯이 좋아하다, ～하기로 (결정)하다, 꾸짖다, 따지다

ほこ(矛) : 쌍날칼을 꽂은 창과 비슷한 무기

ゆるぎない : 흔들리지 않다, 변함없다, 확고하다

⑦ 고려시대

중세에 들어와 수립된 고려의 건국은 918년, 일본에서는 다이고 왕조의 연희에 해당됩니다. 그러나 신라는 이때에 더욱 가늘게 유지되고 있었습니다. 한편 후백제를 자칭하는 견훤도 고려에 대항하여, 마치 옛 삼국연립이 재현된 것 같은 한반도의 정세였습니다. 그러나 이후 고려의 태조 왕건(918~934)이 평화리에 신라의 국권을 물려받아,

ずりうけ、ついで後百済をほろぼして、事実上半島を統一したのは936年のことでござい
ます。そして、李成桂により、朝鮮王朝が建国されるまでの470余年にわたり高麗は、そ
のすぐれた文化とともに栄たのであります。ちなみに高麗は高句麗の略称でありこれを
国号とした高麗は高句麗旧領土の奪回を夢みたのでした。

［高麗，開國寺石燈］

太祖王建はもともと強固な地盤の上に立た豪族で、他の
豪族たちと相たずさえて、勢力の拡大をはかることができ
ました。すでに末期症状を呈していた新羅の敬順王は、王
族と臣僚をひきいて王建のもとに投降してきたのです
(935)。新羅末期に台頭してきた地方の大小の豪族たちも、
みずから進んで、新しい統一王朝に吸収されるようにな
り、高麗の建国事業に協力したのであります。

王建は、これらの人びとをまとめ民族融合政策をとりま
した。王建は仏教と風水地理説をたっとび、高麗の国教と
して仏教は、新羅にみられたように護国仏教として栄える
ようになりました。

なお、注目されるのは、この時代に世界でもっとも早く青銅活字、即ち金属活字が発
明された事実です。この金属活字による書籍として最も古い年代のものが、13世紀高宗
年間に刊行されたと記録にある『詳定古今礼文』でありますが、高麗時代の芸術は、とく
に工芸の面で、すぐれております。なかでも中期以後の象嵌青磁すなわち、ぞうがんせ
いじは神秘な技法で、今日なお、内外に声価をとどろかせております。高麗時代は一貫
して外敵の侵入と脅威にさらされてまいりました。蒙古の侵入、北方民族の脅威、さら
には倭寇の侵入、これはとくに、14世紀後半にはいり、ますますひどくなります。

이윽고 후백제를 멸망시켜 사실상 한반도를 통일한 것은 936년의 일입니다. 그리고 이 성계에 의해 조선왕조가 건국되기까지의 470여 년에 걸쳐 고려는 그 뛰어난 문화와 함께 번영하였습니다. 덧붙여 고려는 고구려의 약칭이며 이것을 국호로 한 고려는 고구려 구영토의 탈환을 희망했던 것입니다.

　태조 왕건은 원래 강고한 지반 위에 선 호족이었으므로 다른 호족들과 서로 손을 잡고 세력의 확대를 도모할 수 있었습니다. 이미 말기적 병증세를 나타내고 있던 신라의 경순왕은 왕족과 신료들을 이끌고 왕건에게 투항했던 것입니다(935). 신라 말기에 대두한 지방 대소의 호족들도 스스로 나아가 새로운 통일왕조에 흡수되고 고려의 건국 사업에 협력했습니다.

　왕건은 이 사람들을 통합해 민족 융합정책을 취했습니다. 왕건은 불교와 풍수지리설을 숭상하고 고려의 국교로서의 불교는 신라에서 보였던 것과 같이 호국불교로서 번영하게 되었습니다.

　더욱 주목되는 점은 이 시대에 세계에서 가장 빨리 청동활자, 즉 금속활자를 발명한 사실입니다. 이 금속활자를 사용한 서적으로서 가장 오래된 것이 13세기 고종연간에 간행되었다는 기록이 있는 『상정고금예문』입니다만, 고려시대의 예술은 특히 공예면에서 뛰어납니다. 그중에서도 중기 이후의 상감청자는 신비한 기법으로, 오늘날 더욱 국내외에서 명성을 떨치고 있습니다. 고려시대는 일관되게 외적의 침입과 위협에 처해 왔습니다. 몽고의 침입, 북방민족의 위협, 게다가 왜구의 침입, 이것은 특히 14세기 후반에 들어와서는 더욱 심해졌습니다.

어휘정리

ゆずりうける ： 물려받다, 양수하다, 양도받다

奪回(だっかい) ： 탈환, 되빼앗음

たずさえる ： 휴대하다, 함께 가다, 함께 손을 잡다, 제휴하다

たっとぶ ： 숭상하다

声価(せいか) ： 성가, 평가, 명성

とどろかす ： 울리다, 떨치다　　＊とどろく ： 울려퍼지다, 널리 알려지다

一貫(いっかん) ： 일관, 처음부터 끝까지, 한 이치로[방법으로]

倭冦(わこう) ： 왜구, 일본

　朝鮮王朝は、もと高麗の武将であった李成桂により樹立されました。すなわち、1392年から1910年の韓日併合にいたるまで519年間つづいた韓半島における最後の王朝であります。

［太祖　李成桂　影幀］

　1392年、新しく朝鮮王朝が始まりました。韓半島における最後の王朝でありますが、1394年、都を開城から漢陽、今のソウルに移し、仏教の代わりに儒教を国教にしました。そして、これまでの貴族国家を改め、両班官僚国家を成立させ、1392年から1910年の韓日併合に至るまで、27代の王のもとで519年間続きました。1392年といいますと、日本では57年間にわたった南北朝の対立抗争がやっと合一された、その年にあたります。

　前後7年の戦乱がおわったとき、朝鮮の受けた被害は想像を絶したものでありました。

　朝鮮の国乱はこれにとどまりませんでした。壬辰の傷痕がまた癒やされぬうちに、こんどは清の大軍の侵略にあいます。

　これも壬辰に劣らず、悲惨なものでありました。戦後、朝鮮はきびしい鎖国に傾斜していきました。

　国内は保守と開花の両派が対立し、東学軍の蜂起により大きく揺れ動くとき、韓半島における利権争いに血眼になっていた日清、日露の角逐がつづき、両戦争に勝利をおさめた日本は朝鮮の併合をはかるようになります。激動のさなか、迂余曲折のすえ、ついに朝鮮は日本に併合されてしまいます。韓日合併後、国内の民族勢力は36年間の日本統治時代を通じて、熾烈をきわめた抗日独立運動をくりひろげました。

조선왕조는 원래 고려의 무장이었던 이성계에 의해 수립되었습니다. 즉, 1392년부터 1910년의 한입합병에 이르기까지 519년간 계속된 한반도에 있어서의 마지막 왕조였습니다.

1392년 새로운 조선왕조가 시작되었습니다. 한반도에 있어서 마지막 왕조입니다만 1394년 도읍을 개성으로부터 한양, 지금의 서울로 옮겨 불교 대신 유교를 국교로 하였습니다. 그리고 지금까지의 귀족(호족) 국가를 새롭게 양반 관료국가로 성립시켜, 1392년부터 1910년 한일합병에 이르기까지 27대 왕 아래 519년간 계속되었습니다. 1392년이라고 하면 일본에서는 57년간에 걸쳐서 남북조 대립 항쟁이 겨우 합일된 그 해에 해당됩니다.

전후 7년의 전란이 끝났을 때 조선이 받은 피해는 상상을 초월한 것이었습니다.

조선의 국란은 이것에 그치지 않았습니다. 임진의 상처가 아직 치유되기 전에 이번에는 청나라(여진족) 대군의 침략을 맞습니다.

이것도 임진왜란에 뒤떨어지지 않는 비참한 것이었습니다. 전후 조선은 극심한 쇄국정책으로 기울어 갔습니다.

국내는 보수와 개화의 양파가 대립하고 동학군의 봉기에 의해 크게 흔들릴 때, 한반도에 있어서의 이권 싸움에 혈안이 되어 있던 청일, 러일의 각축전이 계속되고 양 전쟁에서 승리를 거둔 일본은 조선의 병합을 도모하게(꾀하게) 됩니다. 격동이 한창일 때, 우여곡절 끝에 마침내 조선은 일본에 합병되고 맙니다. 한일합병 후 국내의 민족 세력은 36년간의 일본통치 시대를 통해서 치열한 항일독립운동을 펼쳤습니다.

어휘정리

絶(ぜっ)する : 초월하다

傾斜(けいしゃ) : 경사, 기욺

揺(ゆ)れ動(うご)く : 흔들리다, 동요하다

角逐(かくちく) : 각축

併合(へいごう) : 병합, 합병

さなか(=まっさいちゅう) : 한창 ~일 때

熾烈(しれつ) : 치열, 격렬

くりひろげる : 차례차례로 펴다, 전개하다

1945年8月15日は、韓国が日本の支配から独立した日です。光復節といいます。しかし独立の喜びもつかの間、1945年7月7日のポツダム宣言により、韓国は南と北に分断されてしまいました。

1948年、南には李承晩を大統領とする大韓民国が、北には金日成を首相とする朝鮮人民民主主義共和国が成立しました。そして1950年6月25日の韓国戦争は3年間続き、1953年7月27日の休戦以来、今に至るまで南北に分断されたまま、別々の道を歩んでおります。

[李承晩]

日本とは1965年に韓日会談が行われ、翌年両国の国交正常化が実現し、今日に至っているわけでございます。このように韓国人は栄光と屈辱の時代を経て、独特の伝統文化を保ちながら、南北統一を目標に一生懸命努めています。特に金大中大統領の積極的な対北包容政策の結果、金大中大統領と金正日国防委員長はさる2000年6月15日、50年ぶりに初めて南北首脳会談を開催しました。

1)民族

韓国の民族は、大陸の北部から韓半島に移住してきたモンゴル系の子孫だといわれております。歴史以前の移住者たちは、独立した氏族社会を形成していましたが、やがて単一民族へと溶け合うようになったのでございます。

2)姓名

韓国人の姓名は、たいてい一字の姓と二字の名からできております。二字の姓、一字の名も、多くはありませんが、たまにございます。姓が名の前にくるのは日本と同じですが、名前の付けかたは日本とは異なる特色がございます。男の場合、たいてい二字のうちいずれかに一族の系図の中での世代を表わす字を用います。

韓国人の姓は270あまりですが、そのおもなものは金・李・朴・鄭・崔・趙・姜・尹・

1945년 8월 15일은 한국이 일본의 지배로부터 독립한 날입니다. 광복절이라고 합니다. 그러나 독립의 기쁨도 잠시, 1945년 7월 7일 포츠담 선언에 의해 한국은 남과 북으로 분단되고 말았습니다.

1948년 남쪽에서는 이승만을 대통령으로 하는 대한민국이, 북쪽에서는 김일성을 수상으로 하는 조선인민 민주주의공화국이 성립되었습니다. 그리고 1950년 6월 25일의 한국 전쟁은 3년간 계속되어, 1953년 7월 27일의 휴전 이래로 오늘에 이르기까지 남북은 분단된 채로 각자의 길을 걷고 있습니다.

일본과는 1965년에 한일회담이 행해져, 그 다음해 양국의 국교 정상화를 실현하고 오늘에 이르고 있습니다. 이와같이 한국인은 영광과 굴욕의 시대를 거쳐, 독특한 전통 문화를 지니면서 남북통일을 목표로 열심히 노력하고 있습니다. 특히 김대중 대통령은 적극적인 대북 포용정책을 편 결과 김대중 대통령과 김정일 국방위원장은 지난해 2000년 6월 15일, 50년 만에 처음으로 남북정상회담을 개최했습니다.

1) 민족

한국 민족은 대륙 북부에서 한반도로 이주해 온 몽고계의 자손이라고 말해지고 있습니다. 역사 이전의 이주민들은 독립된 씨족사회를 형성하고 있었습니다만 드디어 단일민족으로 융합되게 되었습니다.

어휘정리

溶(と)け合(あ)う : 용합하다, 녹아서 하나로 섞이다

2) 성과 이름

한국인의 성명은 대개 한 자의 성과 두 자의 이름으로 되어 있습니다. 두 자의 성, 한 자의 이름도 많지는 않습니다만 가끔 있습니다. 성이 이름 앞에 오는 것은 일본과 같습니다만 이름을 붙이는 방법은 일본과 다른 특색이 있습니다. 남자의 경우 대개 두 자 중 어느 한 쪽에 일족의 족보 안에서의 세대를 나타내는 글자를 사용합니다.

한국인의 성은 270개 이상이 있습니다만, 주된 것은 김·이·박·정·최·조·강·

張・林などです。それに女性は、結婚後も実家の姓を名のりますので、日本のように結婚した後、姓が変わることはありません。また「本貫」といって自分の姓の先祖の発祥地を持っております。

3) 言語(ハングル)

　韓国で使われる言語の韓国語はモンゴル語や日本語と同じくウラル・アルタイ語族に分類されます。地球の上には56の国が文字をもっておりますが、いつ誰が造ったかがはっきりされているのはこのハングルだけだといいます。古代より中国と交流が盛んであったため、総語彙数の70%が漢字語であるのは、英語や他のユーロッパの言語がラテン語の影響を受けていることに類似しています。
　日本の平仮名や片仮名は漢字をくずして造られましたが韓国語は、国家的に使われる

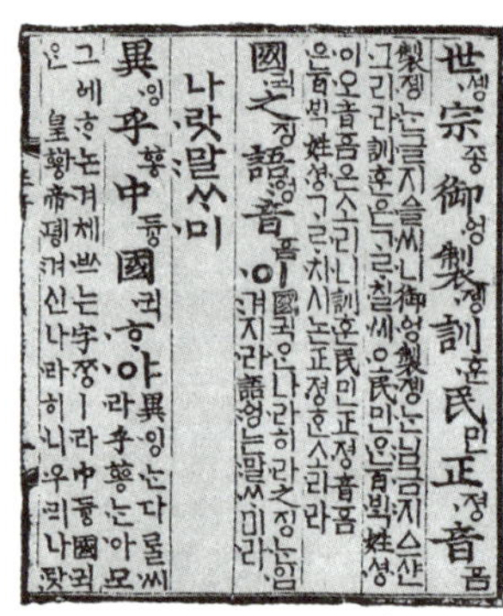

[訓民正音]

文字としては世界で一番新しい表音文字の「ハングル」を使用しております。
　朝鮮王朝の第4代王世宗大王が召集した学者らが1443年に創案したものです。24の文字(子音14種、母音10種)で全ての音を表記するため、韓国人の文字解読率はほぼ100%に近い水準でありますし、その科学的機能と便利さは世界的に高く評価されています。これは韓国人の文化的、政治的アイデンティティを認識するのに大きく作用しております。その業績を称え、韓国の紙幣の1万ウォン札には、ハングルを発明した世宗大王の肖像が刷されています。

4) 国旗(太極旗)

　大韓民国の国旗は太極旗でございます。太極旗は、深奥なる東洋哲学の原理にもとづき、均衡と調和、そして無限の発展を象徴しております。もともと易経二元にさきだつ

윤·장·임 등이 있습니다. 게다가 여성은 결혼 후에도 본래(친정 아버지)의 성을 사용하므로 일본과 같이 결혼한 후 성이 바뀌는 경우는 없습니다. 또 '본관'이라고 하여 자기 선조의 성의 발상지를 가지고 있습니다.

어휘정리

系図(けいず) : 족보, 계보　　　　　　実家(じっか) : 생가, 친정
名(な)のる : 자기 이름을 대다, 자기가 바로 장본인임을 말하다, 실명을 갖다

3) 언어(한글)

한국에서 사용되는 언어인 한국어는 몽고어나 일본어와 마찬가지로 우랄·알타이 어족으로 분류됩니다. 지구상에는 56개국이 문자를 가지고 있습니다만, 언제 누가 만들었는지 확실하게 알 수 있는 것은 이 한글뿐이라고 합니다. 고대로부터 중국과 교류가 활발하였으므로 총 어휘수의 70%가 한자어인 것은 영어나 그외의 유럽언어가 라틴어의 영향을 받은 것과 유사합니다.

일본의 히라가나와 가타카나는 한자를 흘려서 만들었지만 한국어는 국가적으로 사용되는 문자로서 세계에서 가장 새로운 표음문자인 '한글'을 사용하고 있습니다.

조선왕조 제4대 왕 세종대왕이 소집했던 학자들이 1443년에 창안한 것입니다. 24개의 문자(자음 14종, 모음 10종)로 모든 음을 표기할 수 있기 때문에 한국인의 문자 해독률은 거의 100%에 가까운 수준이며, 그 과학적 기능과 편리함은 세계에서 가장 높게 평가되고 있습니다. 이것은 한국인의 문화적·정치적 독자성을 인식하는 데 크게 작용하고 있습니다. 그 업적을 기리어 한국 화폐의 만 원짜리 지폐에는 한글을 발명한 세종대왕의 초상이 인쇄되어 있습니다.

어휘정리

アイデンティティ(identity) : 동일성, 정체성, 자기 확인, 독자성
称(たた)える : 칭송하다, 찬양하다, 기리다　　　　　　肖像(しょうぞう) : 초상
刷(さつ)する : 닦아내다, 쓸다, 각판에 종이를 놓고 글씨 따위를 박다

4) 국기(태극기)

대한민국 국기는 태극기입니다. 태극기는 심오한 동양철학 원리에 기초하여 균형과 조화, 그리고 무한한 발전을 상징하고 있습니다. 원래 역경 이원에 앞서 우주를

［太極旗］

宇宙を構成する最高の原理が太極であります。それを象徴的にデザインしたのが太極旗でございます。

　青と赤は陰陽、四隅にある卦の左上は天、右下は地、左下は日(火)、右上は月(水)で、対立と均衡を表現しています。

5）国花(無窮花)

［無窮花］

　韓国の国花は「ムグンフア」でございます。毎年6月から10月にかけて、韓国どこでもみられる花でありますが、花の中でも特に生命力が強く、害虫や病害にも強いです。

　無窮花は散って咲き、また散っては咲く生命力の強さに、韓国人の歴史と性格を例えることが多く、7月から10月にはなやかな花を咲かせます。

　どこでもよく育つ「無窮花」の「無窮」は言葉どおり不滅を意味します。歴史の中の韓国人のように忍耐力と危機克服の知恵を象徴する花であります。日本ではムクゲと呼ばれています。

구성하는 최고의 원리가 태극입니다. 이것을 상징적으로 디자인한 것이 태극기입니다.

청색과 적색은 음양, 네 가장자리에 있는 괘 중에서 왼쪽 위는 天(하늘), 오른쪽 아래는 地(땅), 왼쪽 아래는 日(火), 오른쪽 위는 月(水)을 나타내며, 대립과 균형을 표현하고 있습니다.

어휘정리

もとづく : 기초를 두다, 의거하다, 기인하다

さきだつ : 앞장서다, 선두에 서다, 딴 일에 앞서 행하다, 먼저 죽다, 무엇보다도 필요하다

5) 국화(무궁화)

한국의 국화는 '무궁화'입니다. 매년 6월부터 10월에 걸쳐서 한국 어디에서나 볼 수 있는 꽃입니다만, 꽃 중에서도 특히 생명력이 강하고 병충해에도 강합니다.

무궁화는 피고지고, 또 피고지는 강한 생명력으로, 한국인의 역사와 성격을 비유하는 일이 많으며, 7월부터 10월에 화려한 꽃을 피웁니다.

어디에서나 잘 자라는 '무궁화'의 '무궁'은 말 그대로 불멸을 의미합니다. 역사 속의 한국인과 같이 인내력과 위기 극복의 지혜를 상징하는 꽃입니다. 일본에서는 ムクゲ로 불리고 있습니다.

第2章

日本の歴史・文化

1) 世界のできはじめ

●世界の中心

　古代の人たちは、神々の世界が天上にあると考えていました。われわれ人間が住んでいるこの地上の世界を「芦原の中つ国」と呼ぶのにたいして、その天上の世界を「高天の原」といいました。日本の神々の物語は、この高天の原からはじまります。

　天と地が最初にはじまったとき、高天の原に現れた神の名は、アメノミナカヌシの神といいました。

　天上の中心を支配する神という意味で、世界の神聖な中心が、天上の世界に出現したことをあらわしています。

●最初の生命力

　次に、タカミムスヒの神が現れました。いろいろな物を繁殖させる霊力を持っているすぐれた神という意味です。

　次に、カミムスヒの神が現れました。これはいろいろな物を繁殖させる霊力を持っている尊い神という意味です。

　この二柱の神は、同じ性格の一対の神で、天上の世界に、すべての物の生命力を支配する神が出現したことをあらわしています。

　これら三住の神は、みんな独身の神として現れて、姿は隠し、人間のような形を見せませんでした。

●原初の海から

　次に、まだ大地が未完成で、水に浮かぶ脂のようにどろどろとして、まるでくらげみたいに、ふわふわと海の上を流れ動いているときに、水べに生えるあしの芽のように芽を出してきたものによって現れた神の名は、ウマシアシカビヒコチの神といいました。

1) 세계가 처음 만들어질 때

●세계의 중심

고대인들은 신들의 세계가 하늘에 있다고 생각하고 있었습니다. 우리 인간들이 살고 있는 이 지상의 세계를 '아시하라노나카츠쿠니'라고 부르는 반면, 천상의 세계는 '타카마노하라'라고 불렀습니다. 일본 신화는 이 타카마노하라로부터 시작됩니다.

하늘과 땅이 처음 시작되었을 때, 타카마노하라에 나타난 신의 이름은 아메노미나카누시 신이라고 불렀습니다.

천상의 중심을 지배하는 신이라고 하는 의미로, 세계의 신성한 중심이 천상세계에 출현한 것을 나타내고 있습니다.

●최초의 생명력

다음에 다카미무스히 신이 나타났습니다. (다카미무스히란) 여러 가지 사물을 번식시키는 영력을 지닌 뛰어난 신이라고 하는 의미입니다.

다음에 카미무스히의 신이 나타났습니다. 이것은 여러 사물을 번식시키는 영력을 지니고 있는 존귀한 신이라고 하는 의미입니다.

이 두 신은 같은 성격을 가진 한 쌍의 신으로 천상에 있는 모든 사물의 생명력을 지배하는 신이 출현했다는 것을 나타내고 있습니다.

이 세 신들은 모두 독신의 신으로 나타나, 모습을 감추고 인간과 같은 형태를 보이지 않았습니다.

●원초의 바다로부터

다음에 아직 대지가 완성되지 않았을 때, 수면에 떠 있는 기름과 같이 흐물흐물한, 마치 해파리와 같이 둥실둥실 해면 위를 떠돌고 있을 때에, 수면에 생겨난 갈대의 싹과 같이 싹을 내밀고 나옴으로써 나타난 신의 이름은 우마시아시카비히코지 신이라고

　りっぱにととのっているアシの芽の男の神という意味で、大地と海がまだ分かれてい
ない原初（げんしょ）の海に、生命のある中心が出現したことをあらわしています。

●大地の土台

　次に、アメノトコタチの神が現れました。大地が姿を現すという意味の天上の神で
す。これで、どろどろと海の上を流れ動いていた大地が、アシの芽のように、水べから
出現した中心になる柱に支えられて、陸地らしく、しっかりとした土地になったことを
あらわしています。
　この二柱（はしら）（=位）の神も、やはり独身（ひとりみ）の神として現れて、姿は隠（かく）し、人間のような形を見
せませんでした。
　以上の五柱の神を、別天（ことあま）つ神（かみ）と呼称（こうしょう）ました。天上の神のうちでも、特別な神であると
いう意味で、これらの神々は、世界のできはじめのできごとをあらわしています。

2) 天地創造の物語の神々

●大地と海

　次に、現れた神の名は、クニノトコタチの神といいました。これは、土地が姿を現（あらわ）す
という意味の地上の神です。
　次に、トヨタモノの神が現れました。天と地、あるいは海と陸が、はっきり区別でき

불렀습니다.

　훌륭하게 가다듬어져 있는 갈대의 눈을 가진 남자 신이라고 하는 의미로, 대지와 바다가 아직 분리되지 않은 태초의 바다에 생명이 있는 중심이 출현했다는 것을 나타내고 있습니다.

어휘정리

●대지의 토대

　다음에 아메노토코타치 신이 나타났습니다. 대지가 모습을 나타낸다고 하는 의미의 천상신입니다. 이것으로 둥실둥실 해면 위를 떠다니고 있던 대지가 갈대 논과 같이 수면으로부터 출현한 중심이 되는 기둥에 지탱되어, 육지답게 탄탄한 땅이 된 것을 나타내고 있습니다.

　이 두 명의 신(우마시아시카비히코지 신, 아메노토코타치 신)도 역시 독신의 신으로 나타나서, 모습을 감추고 인간과 같은 형태를 보이지 않았습니다.

　이상 5위의 신을 코토아마츠카미라고 호칭하였습니다. 천상의 신 중에서도 특별한 신이라고 하는 의미로, 이들 신들은 세계가 처음 만들어질 때의 사건을 나타내고 있습니다.

2) 천지창조 때의 신들의 이야기

●대지와 바다

　다음에 나타난 신의 이름은 구니노토코타치 신이라고 불렀습니다. 이것은 대지가 모습을 나타낸다고 하는 의미의 지상신입니다.

　다음에 도요타모노 신이 나타났습니다. 하늘과 땅 또는 바다와 육지가 확실히 구별

ないような、世界のはじまりのようすをあらわしている神です。

この二柱の神も、やはり独身の神として現れて、姿は隠し、人間のような形を見せませんでした。

●男女一対の神

次に、現れた神の名は、ウヒヂニの神といいました。次に、この神とならぶ女の神、スヒヂニの神が現れました。どちらも、どろ土を意味する神です。

次に、ツノクヒの神が現れました。次に、この神とならぶ女の神、イククヒの神が現れました。とちらも、いきいきと植物の茎が芽を出したことをあらわす神です。

次に、オホトノヂの神が現れました。たいせつな男性をあらわす神です。次に、この神とならぶ女の神、オホトノベの神が現れました。たいせつな女性をあらわす神です。

次に、オモダルの神が現れました。顔がととのっていて美しいという意味の神です。次に、この神とならぶ女の神、アヤカツコネの神が現れました。ああ、おそれおおいこと、という意味の神です。

次に、イザナキの神が現れました。さそいかけた男という意味の神です。次に、この神とならぶ女の神、イザナミの神が現れました。さそいかけた女という意味の神です。

これらの神は、神の名で、世界のはじまりから、最初の神の結婚までの物語を、あらわしています。

第一に、土と水がどろどろといっしょになった、どろ土があります。これが世界の一番最初のようすです。

第二に、そこに、なにか植物が芽を出し、茎がのびて、大地の支えができます。これは、世界の中心になる柱の出現であり、生命のはじまりでもあります。

第三に、男性と女性が生まれます。人間の姿をした神で、これが人間のはじまりになります。

第四は、この男性が、女性に、結婚を申しこむことばのやりとりです。男性が、「あなたの顔は美しい」と女性をほめると、女性は男性に、「あなたこそ、ごりっぱですわ」と答

되지 않는 세계의 시작의 모습을 나타내고 있는 신입니다.

이 두 신도 역시 독신 신으로 나타나 모습을 감추고 인간과 같은 형태를 보이지 않았습니다.

●남녀 한쌍의 신

다음에 나타난 신의 이름은 우히지니 신이라고 불렀습니다. 다음에 이 신과 나란히 여신인 스히지니 신이 나타났습니다. 둘 다 진흙을 의미하는 신입니다.

다음에 츠노쿠히 신이 나타났습니다. 다음에 이 신과 나란히 여신인 이쿠쿠히 신이 나타났습니다. 둘 다 싱싱한 식물의 줄기가 싹을 돋아낸 것을 의미하는 신입니다.

다음에 오호토노지 신이 나타났습니다. 중요한 남성을 나타내는 신입니다. 다음에 이 신과 나란히 여신인 오호토노베 신이 나타났습니다. 중요한 여성을 나타내는 신입니다.

다음에 오모다루 신이 나타났습니다. 얼굴이 가다듬어져 있어 아름답다고 하는 신입니다. 다음에 이 신과 나란히 여신 아야카시코네 신이 나타났습니다. 정말 황송하다라고 하는 의미의 신입니다.

다음에 이자나키 신이 나타났습니다. 유혹한 남자라고 하는 뜻의 신입니다. 다음에 이 신과 나란히 여신 이자나미 신이 나타났습니다. 유혹한 여자라고 하는 의미의 신입니다.

이들 신은 신들의 이름으로 세계가 처음 만들어질 때부터 최초의 신의 결혼까지의 이야기를 나타내고 있습니다.

첫 번째, 흙과 물이 걸쭉하게 하나가 된 진흙이 있습니다. 이것이 세계의 가장 최초의 모습입니다.

두 번째, 거기에서 무언가 식물이 싹을 내고 싹이 자라서 대지의 지탱이 됩니다. 이것은 세계의 중심이 되는 기둥의 출현이며 생명의 시작이기도 합니다.

세 번째, 남성과 여성이 태어납니다. 인간의 모습을 한 신으로 이것이 인간의 시작이 됩니다.

네 번째, 이 남성이 여성에게 구혼하는 말을 주고받습니다. 남성이 "너의 얼굴은 예쁘다."라고 여성을 칭찬하자 여성은 남성에게 "당신이야말로 훌륭해요."라고 대답합니다.

えたことになります。

　第五は、この男性と女性がさそいあったということで、結婚をしたことをあらわしています。

　以上、クニノトコタチの神から、イザナミの神までを、合わせて、神世七代（かみのよななよ）といいました。最初の二柱の独身の神は、それぞれを一代と数え、次に二柱ずつならんでいる十柱の神は、それぞれ二柱の神を合わせて一代と数えました。

　この神世七代の神々で、天地創造の物語をあらわしていたのです。

② 先土器時代と日本人の祖先

　氷河期（ひょうかき）の日本列島は大陸と地続きになり、マンモスやナウマン象などの動物が大陸から大量に渡ってきて生息（せいそく）していました。これら獲物（えもの）になる動物を追い掛けて、旧石器時代（きゅうせっきじだい）の人類も日本列島にわたってきたと推定（すいてい）されます。

　群馬県の岩宿（いわじゅく）をはじめ、宮崎県、沖縄県などで旧石器時代の打製石器（だせいせっき）や人骨（じんこつ）が発見されることから約10万年ほど前から人が住（す）みついていたことがわかります。このころはまだ土器が作られていなかったので、先土器時代（せんどき）といいます。出土するのはいずれのばあいも打製石器で、土器を伴（ともな）わないことから、この時期の文化を先土器文化とよびます。

　日本人の祖先（そせん）にあたる人々は、このように旧石器時代から新石器時代に北方や南方からわたってきて、のちの弥生時代（やよい）や古墳時代（こふん）に韓半島や大陸の南から渡ってきた人々と混血（こんけつ）したりしながら、日本列島の気候や風土にあった生活をするようになって、日本人らしい体質や体格に作られてきたと考えられています。

다섯 번째는 이 남성과 여성이 서로 유혹했다고 해서 결혼한 것을 나타내고 있습니다.

이상 쿠니노토코타치 신에서부터 이자나미 신까지를 합하여 신 7대라고 불렀습니다. 최초의 두 독신 신을 각각 1대로 보고, 다음 두 신씩 나란히 있는 열 신은 제각기 두 신을 합하여 1대로 세었습니다.

이 7대 신들로 천지창조 때의 이야기를 나타내고 있었던 것입니다.

어휘정리

茎(くき) : 줄기, 대	**芽(め)** : 싹
おそれおおい : 황공하다, 송구스럽다	**どろどろ** : 녹아서 진흙처럼 곤죽이 된 모양

② 토기 이전시대와 일본인의 조상

빙하기의 일본열도는 대륙과 이어져 있었고, 맘모스나 나우만(Naumann) 코끼리 등의 동물이 대륙으로부터 대량으로 건너와 서식하고 있었습니다. 이들 사냥물이 되는 동물들을 쫓아 구석기시대의 인류도 일본열도에 건너온 것으로 추정됩니다.

군마현의 이와쥬쿠를 비롯하여 미야자키현, 오키나와현 등에서 구석기시대의 타제석기나 인골이 발견되는 것으로 보아 약 십만 년 전부터 사람이 살고 있었다는 것을 알 수 있습니다. 이 무렵에는 아직 토기가 만들어지지 않았기 때문에 토기 이전시대라고 합니다. 출토된 것은 모두 타제석기이며, 토기가 나오지 않았다 하여 이 시기의 문화를 선토기 문화라고 부릅니다.

일본인의 조상에 해당하는 사람들은, 이렇게 구석기시대에서 신석기시대에 북방이나 남방에서 건너와, 이후 야요이시대나 고분시대에 한반도나 대륙의 남쪽에서 건너온 사람들과 혼혈하면서, 일본열도의 기후나 풍토에 맞는 생활을 하게 되어, 현재의 일본인다운 체질이나 체격을 만들어 가게 되었다고 생각되고 있습니다.

어휘정리

生息(せいそく) : 생식, 생존, 서식	**獲物(えもの)** : 사냥감, 전리품
伴(ともな)う : 함께 가다, 동반하다, 수반하다	**祖先(そせん)** : 선조, 조상

　今から一万年ほど前、気候が温暖になると大陸の氷がとけて海水が増え、日本列島は大陸からはなれました。今の形になったのは、一万年前からであります。
　人々は粘土を焼き固めてさまざまな形の土器を作り、なべや容器として使いました。
　土器には縄目模様が付けられていたので、これを縄文土器といい、この時代を縄文時代といいます。これが日本の新石器時代にあたります。
　このころの人々は竪穴式住居をつくって生活し、獣や鳥をつかまえたり、魚や貝やまた木の実などをとって生活をする採集経済が営まれていました。特に、狩猟技術が大いに進歩し、石器は鋭い刃をもつ磨製石器が使われました。この時代にはまだ貧富の差や身分のちがいがなく、人々は集団で力をあわせて働き、収穫物を平等にわけあっていたと推定されます。
　縄文時代は、約一万年前から紀元前3世紀ごろまで、8000年ほど続きました。

④ 弥生時代と稲作

　北部九州では、縄文時代末ごろの土器とともに、水田のあとが発掘されました。日本で稲作を始めた人々は、見つかった石器や青銅器、またその体型から、朝鮮半島南部などからわたってきたと考えられています。
　稲作は、やがて気候の温暖な西日本を中心に根づき、本格的な農業の時代をむかえました。
　そのうちに人々の間には富と力の差が出てきて、しばらくの間、村どうしの争いがありました。やがて、一つの平野、一つの盆地というほどの大きさの村を合わせた「国」ができました。
　紀元前1世紀ごろはこの小さい国が100ぐらいありました。そして、紀元後3世紀には中国に使いを送っていた国が30ばかりもありました。その中で一番大きい国は卑弥呼という女王が治めた邪馬台国でした。

 **죠몬시대의 일본**

    지금부터 약 1만 년 정도 전, 기후가 따뜻해지자 빙하가 녹아 해수면이 상승하고, 일본열도는 대륙으로부터 떨어졌습니다. 지금의 형태로 된 것은 1만 년 전부터입니다.

    사람들은 점토를 구워 굳혀 여러 형태의 토기를 만들어 냄비나 용기로 사용하였습니다.

    토기에는 새끼줄 무늬가 있기 때문에 이를 죠몬토기라 말하고 이 시대를 죠몬시대라고 합니다. 이것이 일본의 신석기시대에 해당합니다.

    이 무렵의 사람들은 수혈식주거를 만들어 살았고, 짐승이나 새를 잡거나, 물고기나 조개 그리고 나무열매 등을 따서 생활하는 채집경제를 이루고 있었습니다. 특히 수렵기술이 크게 진보해서 석기는 날카로운 칼날을 가진 마제석기가 사용되었습니다. 이 시대에는 아직 빈부의 차이나 신분의 차이가 없이, 사람들은 집단으로 힘을 모아 일하고, 수확물을 평등하게 나누고 있었을 것으로 추정됩니다.

    죠몬시대는 약 1만 년 전부터 기원전 3세기경까지 8,000년 정도 계속되었습니다.

야요이시대와 벼농사

    북부 큐슈에서는 죠몬시대 말경의 토기와 함께 수전 터가 발굴되었습니다. 일본에서 벼농사를 시작한 사람들은 발견된 석기나 청동기 또는 그 체형으로 보아 한반도 남부로부터 건너왔다고 생각되고 있습니다.

    벼농사는 이윽고 기후가 온난한 서일본을 중심으로 뿌리를 내려 본격적인 농업시대를 맞이하였습니다.

    그러는 동안에 사람들 사이에서는 부와 힘의 차이가 생겨 한동안 부락끼리의 싸움이 있었습니다. 그리하여 마침내 하나의 평야, 하나의 분지라고 할 만한 크기의 부락을 합한 '나라'가 생겼습니다.

    기원전 1세기경에는 이 작은 나라가 100개 정도 있었습니다. 그리고 기원후 3세기에는 중국에 사신을 보냈던 나라가 30개 정도나 있었습니다. 그중에서 가장 큰 나라는 히미코라고 하는 여왕이 다스린 야마타이코쿠였습니다.

稲作が始まるころからかざりの少ない弥生土器が使われるようになりました。そこで
この時代を、土器の名をとって弥生時代といいます。弥生時代は、紀元前3世紀ごろから
紀元後3世紀まで、600年ほど続きました。

5 古墳時代と大和王権

弥生時代に成立した各地の小国は、たがいに連合したりして、しだいに大きな国に統
一されていきました。そして、大きな国ができた地方には、古墳とよばれる、大規模な
王の墓がつくられました。

土をもりあげてきずいた、王や豪族の墓を古墳といいます。大型の古墳の多くは、
前方後円墳という形をしています。

古墳時代には、鉄製の刃先のくわ・すきが広く使われるようになりました。王や豪族
は、民衆を指揮し、鉄製の道具を用い、川に堤防をきずいて洪水をふせぎ、用水路やた
め池をつくって開拓を進めました。

4世紀から6世紀ごろを中心とした、およそ300年間を古墳時代といい、古墳時代に栄え
た文化を古墳文化といいます。

4世紀の中ごろ、大王を中心に大和地方の豪族たちが連合した勢力が、もっとも強くな
り、6世紀には日本列島の大部分を従えました(大和王権)。

また、朝鮮の人々などが、一族でまとまって日本に移り住むことも増えました。これ
らの人々を渡来人といいます。これらの人々によって漢字・儒教などが伝えられ、百済
の王からは仏像や経典もおくられ、日本の技術や文化がめだって高まりました。

6 飛鳥時代と聖徳太子

6世紀の日本では、大和王権をささえてきた豪族のなかから、蘇我氏が力をのばしまし
た。蘇我氏は、大和王権の外交と財政を担当し、渡来人とも強い結びつきをもっていま

벼농사를 하기 시작할 무렵부터 장식이 적은 야요이토기가 사용되게 되었습니다. 그
래서 이 시대를 토기의 이름을 따서 야요이시대라고 합니다. 야요이시대는 기원전 3세
기경부터 기원후 3세기까지, 600년 정도 계속되었습니다.

어휘정리

水田(すいでん＝みずた) : 수전, 수답	稲作(いなさく) : 벼농사

⑤ 고분시대와 야마토 왕권

야요이시대에 성립된 각지의 작은 나라는 서로 연합하여 점차 큰 나라로 통일되어
갔습니다. 그리고 큰 나라가 만들어진 지방에는 고분으로 불리는 대규모의 왕의 무덤
이 만들어졌습니다.

흙을 쌓아올려 만든, 왕이나 호족의 무덤을 고분이라고 합니다. 대부분의 대형고분
은 전방후원분 형태를 하고 있습니다.

고분시대에는 칼끝을 철로 만든 괭이·가래가 널리 사용되었습니다. 왕이나 호족은
민중을 지휘하고, 철제도구를 사용하여 강에 제방을 쌓아 홍수를 막고, 용수로와 저수
지를 만들며 개척을 계속하였습니다.

4세기부터 6세기경을 중심으로 한, 약 300년간을 고분시대라 하며, 고분시대에 번영
한 문화를 고분 문화라고 합니다.

4세기 중엽, 대왕을 중심으로 야마토 지방의 호족들이 연합한 세력이 가장 강력하
여 6세기에는 일본열도의 대부분을 복종시켰습니다(야마토 왕권).

또한 조선사람들이, 일족이 모두 일본으로 이주해 와 사는 경우도 늘었습니다. 이들
을 도래인이라고 말합니다. 이들에 의해 한자나 유교 등이 전해지고, 백제 왕으로부터
는 불상이나 경전도 보내지는 등, 일본의 기술과 문화가 눈에 띄게 발달했습니다.

어휘정리

ため池(いけ) : 저수지	従(したが)える : 따르게 하다, 복종시키다

⑥ 아스카시대와 쇼토쿠 태자

6세기 일본에서는 야마토 왕권을 유지해 온 호족들 중에서 소가시가 세력을 넓혔습
니다. 소가시는 야마토 왕권의 외교와 재정을 담당하고, 도래인과도 강한 유대관계를

した。

　6世紀の末、聖徳太子は推古天皇を助けて、蘇我馬子とともに政権をにぎりました。

　太子は、豪族たちに対して冠位十二階や憲法十七条を定め、役人としての地位や心構えを示しました。

　また、中国に使者遣隋使を送って文化を取り入れることにつとめました。

　政治の中心が奈良盆地南部の飛鳥地方におかれたので、6世紀の末から8世紀はじめまでのこの時代を飛鳥時代といいます。

　聖徳太子は、それまで渡来人の間で信仰されていた仏教を盛んにし、中国・朝鮮への玄関口にあたる大阪には四天王寺を、大和の斑鳩地方には法隆寺をつくりました。仏教を中心とする、この文化を飛鳥文化といいます。

⑦ 奈良時代と天平文化

　710年、都は、飛鳥地方から奈良の平城京へ移されました。こののち京都に都か移されるまでの間を、奈良時代といいます。

　律令国家が確立した奈良時代に、平城京を中心に天平文化とよばれる国際色ゆたかな貴族文化が栄えました。貴族の国家意識の高まりとともに、歴史書や地誌が編纂されました。

　『古事記』と『日本書紀』という二つの歴史の本と、地名・産物や伝説などを国ごとにまとめた『風土記』、天皇から農民までのいろいろな層の人の作った約4,500首の歌が集められている『万葉集』が作られました。奈良時代の文化は、天平という年号の時もっとも栄えたので、天平文化と呼んでいます。

　遣唐使によって、唐の文化が盛んに取り入れられまた、国家の守る宗教として仏教を大切にしていたので、天平文化は唐の影響の強い仏教を中心としたはなやかな文化でし

가지고 있었습니다.

6세기 말 쇼토쿠 태자는 스이코 천황을 도와 소가우마코와 함께 정권을 잡았습니다.

태자는 호족들에게 관위 12계와 헌법 17조를 정하여 관리로서의 지위와 마음가짐을 나타냈습니다.

또한 중국에 사자 견수사를 보내어 문화를 받아들이는 일에 힘썼습니다.

정치의 중심이 나라 분지 남부의 아스카 지방에 있었기 때문에 6세기 말부터 8세기 초까지, 이 시대를 아스카시대라고 합니다.

쇼토쿠 태자는 그때까지 도래인들 사이에서 신앙되어 온 불교를 융성하게 하고, 중국과 조선에의 현관문에 해당하는 오사카에는 시텐노지를, 야마토의 이카루가 지방에는 호류지를 세웠습니다. 불교를 중심으로 하는 이 문화를 아스카 문화라고 합니다.

어휘정리

ささえる : 떠받치다, 유지하다, 지탱하다	**結(むす)びつき** : 관계, 결합, 결속
役人(やくにん) : 관리, 공무원	**心構(こころがま)え** : 마음의 준비, 각오
示(しめ)す : 가리키다, 보이다, 나타내다	**使者(ししゃ)** : 사자, 사신

 ## 7 나라시대와 덴표 문화

710년, 수도를 아스카 지방으로부터 나라의 헤이죠쿄로 옮겼습니다. 그후 교토로 수도를 옮길 때까지를 나라시대라고 합니다.

율령국가가 확립된 나라시대에 헤이죠쿄를 중심으로 덴표 문화라고 불리는 국제색 짙은 귀족문화가 발달했습니다. 귀족들의 국가의식 고조와 더불어 역사책과 잡지가 편찬되었습니다.

『고사기』와 『일본서기』라고 하는 두 역사책과 지명·산물·전설 등을 나라마다 정리한 『후도키』, 천황에서 농민에 이르기까지 여러 계층의 사람이 지은 약 4,500수의 노래를 모은 『만요슈』가 만들어졌습니다. 나라시대의 문화는 덴표라고 하는 연호의 시대에 더욱 번영하였기 때문에 덴표 문화라고 부릅니다.

견당사에 의해 당의 문화가 활발하게 도입되고, 또 호국종교로서 불교를 중요시하였기 때문에 덴표 문화는 당의 영향을 많이 받은 불교를 중심으로 한 화려한 문화였

た。この時代にはかな文字がなかったので、『万葉集』は、漢字の音や訓で日本語をあらわしており、これを万葉がなといいます。

8 平安時代と国風文化

　8世紀後半になると、朝廷では皇族と藤原氏の勢力争いがくり返され、僧も政治に口出しすることが多くなりました。そこで桓武天皇は、寺院を奈良に残したまま都を長岡京に移し、794年には京都に移して平安京と名づけ、政治の改革にのり出しました。これ以後、鎌倉幕府ができるまでの約400年間を平安時代といいます。

　多くの荘園を持った有力な貴族であった藤原氏は娘を天皇と結婚させ、その皇子を天皇とし、自分は天皇が幼少のときは摂政に、天皇が成人のときは関白となって政治を行いました。これを摂関政治といいます。すなわち、貴族が天皇の代りに政治の権力を持つようになった貴族政治の始まりです。藤原氏は11世紀の初めの道長・寄道父子の時代にもっとも栄えました。

　この平安時代には遣唐使が廃止され、日本の自然や日本人の生活に合った文化が起こりました。唐風文化を消化しつつ、日本の風土や人情にかなったあたらしい文化がおこりました。これを国風文化といいます。

　この新しい文化の中で一番大切なことは、日本の文字(ひらがな・カタカナ)が作られたことです。

　9世紀ごろから、僧たちは経典の書き込みなどのために、万葉がなを簡単にした文字を作り、これがカタカナとなりました。また、宮廷では和歌が再び盛んになり、和歌や手紙が万葉がなに用いられた漢字のくずし字で書かれたことから、ひらがなが生まれました。ひらがなは、おもに女性の間で使われました。

습니다. 이 시대에는 가나 문자가 없었으므로 『만요슈』는, 한자의 음과 훈으로 일본어
를 나타내고 있어, 이것을 만요가나라고 합니다.

어휘정리

はなやか : 화려한 모양

⑧ 헤이안시대와 고쿠후 문화

8세기 후반이 되자 조정에서는 황족과 후지와라시의 세력다툼이 계속되어, 승려도
정치에 참견하는 일이 많았습니다. 그래서 간무천황은 사원을 나라에 남겨놓은 채 수
도를 나가오카쿄로 옮기고, 794년에는 교토로 옮겨 헤이안쿄로 이름짓고 정치개혁에
착수했습니다. 이후 가마쿠라 막부가 생기기까지 약 400년간을 헤이안시대라고 합니
다.

많은 장원을 가진 유력한 귀족이었던 후지와라시는 딸을 천황과 결혼시켜, 그 황태
자를 천황으로 추대하고 자신은 천황이 어릴 때는 섭정으로, 성인이 되고 나서부터는
관백이 되어 정치를 했습니다. 이것을 섭관정치라고 합니다. 즉, 귀족이 천황 대신에
정치 권력을 가지게 된 귀족정치의 시작입니다. 후지와라시는 11세기 초의 미치나가·
요리미치 부자 시대에 가장 번영했습니다.

이 헤이안시대에는 견당사가 폐지되어 일본의 자연이나 일본인의 생활에 맞는 문화
가 일어났습니다. 당풍 문화를 소화해 나가며 일본의 풍토나 인정에 맞는 새로운 문화
가 일어났습니다. 이것을 고쿠후 문화라고 합니다.

이 새로운 문화 중에서 가장 중요한 것은 일본의 문자(히라가나·가타카나)가 만들
어진 것입니다.

9세기경부터 승려들은 경전에 써넣을 글자 때문에 만요가나를 간단히 한 글자를 만
들었는데 이것이 가타카나가 되었습니다. 또 궁정에서는 와카가 다시 유행되어, 와카
나 편지가 만요가나에 사용된 한자의 흘린 글씨로 쓰여진 것으로부터 히라가나가 생
겨났습니다. 히라가나는 주로 여성들 사이에서 사용되었습니다.

　仮名ができてから、女性の手によって日記や随筆・物語などの文学作品がたくさん生まれました。その中で長篇小説『源氏物語』や随筆『枕の草子』がとくに有名です。

⑨ 鎌倉時代と武士の政権

　平氏を倒した源頼朝は、鎌倉を根拠地として武士の政権、幕府を作りあげました。
　1192年、頼朝は、武士の総大将として征夷大将軍に任じられ、鎌倉に武士の政府が生まれました。これを鎌倉幕府といい、幕府の続いた約140年間を鎌倉時代といいます。この時期は貴族と武士の二重政権がありました。
　頼朝の死後、幕府の実権は妻の生家である北条市に移りました。幕府は承久の乱で力を強めましたが、中国の元が攻めてきた元寇をきっかけとして、幕府に不満を持った武士たちが幕府の命令に従わなくなって、幕府は力が衰えました。それで、武士政治に不満を持っていた天皇は、幕府に不満を持つ武士たちに呼びかけて、1333年に鎌倉幕府を滅ぼしました。
　鎌倉時代には、武士がはなばなしく活躍し、民衆も力をつけ、貴族を中心とした伝統文化の上に、武士や民衆にもわかりやすい文化が発達しました。
　文学では、合戦のようすなどを、漢字とかなで力強くえがく軍記物が作られ、なかで

가나가 생기고 나서 여성들의 손으로 일기나 수필·이야기 등 문학작품이 많이 생겼습니다. 그중에서 장편소설 『겐지모노가타리』와 수필 『마쿠라노소시』가 특히 유명합니다.

어휘정리

口出(くちだ)し : 말참견

のり出(だ)す : 타기 시작하다, 착수하다

皇子(おうじ) : 황자 ; 천황의 아들

幼少(ようしょう) : 유소, 나이 어림

かなう : 들어맞다, 적합하다, 꼭 맞다

書(か)き込(こ)み : (책·서류 등의 공간에) 써넣음, 또는 그 써넣은 글자

くずす : (글씨를) 흘리다, (큰돈을) 헐다, 잔돈으로 바꾸다

9 가마쿠라시대와 무사의 정권

헤이시를 무너뜨린 미나모토 요리토모는 가마쿠라를 근거지로 하여 무사정권인 막부를 수립하였습니다.

1192년, 요리토모는 무사의 총대장으로서 정이 대장군에 임명되어 가마쿠라에 무사정권이 생겨났습니다. 이를 가마쿠라 막부라고 하며, 막부가 계속된 약 140년간을 가마쿠라시대라고 합니다. 이 시기는 귀족과 무사의 이중 정권이 있었습니다.

요리토모의 사후, 막부의 실권은 처의 생가인 호죠시에게로 옮겨졌습니다. 막부는 죠큐의 난으로 힘을 강화했지만 중국의 원이 공격해 온 겐코를 계기로 막부에 불만을 가졌던 무사들이 막부의 명령을 따르지 않게 되어, 막부는 힘이 쇠퇴했습니다. 그래서 무사정권에 불만을 가지고 있었던 천황은 막부에 불만을 가진 무사들을 불러들여, 1333년에 가마쿠라 막부를 멸망시켰습니다.

가마쿠라시대에는 무사의 눈부신 활약과 민중의 힘을 더해, 귀족을 중심으로 한 전통문화 위에 무사나 민중에게도 알기 쉬운 문화가 발생했습니다.

문학에서는 전투 모습 등을 한자와 가나로 힘차게 그리는 군기가 만들어지고, 그중

も、平氏の繁栄から没落までをえがいた『平家物語』が有名です。

　また、『新古今和歌集』がまとめられ、『方丈記』や『徒然草』などの随筆集が書かれました。

⑩ 室町時代と下剋上

　鎌倉幕府がたおれたのち、天皇が中心となって行った建武の新政は長く続きませんでした。幕府を倒したときのもっとも有力な武将だった別利尊氏が、反乱を起こし、京都の室町に幕府をたてて政治を始めたのです。

　14世紀の中ごろ、足利義満が3代将軍となり、京都の室町に大邸宅を建てて政治を行いました。そこで、足利氏の幕府を室町幕府といい、幕府が続いた約240年間を室町時代(1338~1573)といいます。

　この時代の社会は安全していませんでした。別利氏によって権力を奪われた天皇が、自分のほうがほんとうの天皇であると主張する一方(南朝)、京都にも新しい天皇ができました(北朝)。この二つの朝廷が争う南北朝の戦いが57年間も続きました。

　1392年、別利氏は南朝と北朝を合体して一つにして、14世紀の末には全国を支配しました。15世紀後半、幕府や守護大名のあいだで争いが起こり、戦いが11年間続きました(応仁の乱)。それで幕府の権威は弱くなりました。

　このころは、家の中で主人の大名より家臣が実力を持っていて、家臣にたおされたりする下剋上が起こるなど、戦乱は全国に広がって約100年間も続くことになりました。

　室町時代後半のこの戦乱の時代を、特に戦国時代といいます。

에서도 헤이시의 번영에서부터 몰락까지를 그린 『헤이케모노가타리』가 유명합니다.

또한 『신코킨와카슈』가 정리되었고, 『호죠키』나 『츠레즈레구사』 등의 수필집이 쓰여졌습니다.

어휘정리

10 무로마치시대와 하극상

가마쿠라 막부가 무너진 후, 천황이 중심이 된 겐무의 신정은 오래가지 못했습니다. 막부를 무너뜨렸을 때, 가장 유력한 무장이었던 아시카가 타카우지가 반란을 일으켜 교토의 무로마치에 막부를 세우고 정치를 시작했던 것입니다.

14세기 중엽, 아시카가 요시미츠가 3대 장군이 되어 교토의 무로마치에 대저택을 세우고 정치를 하였습니다. 그래서 아시카가시의 막부를 무로마치 막부라 하고, 막부가 계속된 약 240년간을 무로마치시대(1338～1573)라고 합니다.

이 시대의 사회는 안정되지 않았습니다. 아시카가시에 의해 권력을 빼앗긴 천황이, 자신이 정통 천황이라고 주장하는 한편(남조), 교토에도 새로운 천황이 생겼습니다(북조). 이 두 조정이 대립한 남북조의 싸움이 57년간이나 계속되었습니다.

1392년 아시카가시는 남조와 북조를 합해 하나로 만들고, 14세기 말에는 전국을 지배하였습니다. 15세기 후반, 막부와 슈고다이묘 사이에서 분쟁이 일어나 싸움이 11년간 계속되었습니다(오닌의 난). 그래서 막부의 권위는 약화되었습니다.

이 무렵은 집안에서 주인인 다이묘보다 가신이 실력을 가지고 있어, 가신에게 쓰러지는 하극상이 일어나는 등, 전란은 전국으로 퍼져서 약 100년간이나 계속되었습니다.

무로마치 후반의 이 전란시대를 특히 전국시대라고 합니다.

実力で主人を倒して大名になった戦国大名は自分の領地が安定するように、産業を盛んにしたり、兵力を増やしたりしました。また、この時代には商工業も発達し、各地方の特色のある特産品も生産されるようになりました。

室町時代の文化は、武士らしさと貴族らしさとが溶け合って、新しい武家文化を作りあげました。また、応仁の乱で京都の家を焼かれ、荘園の年貢も入らなくなった公家のなかには、戦国大名をたよって地方に下る者も現われ、大名も歓迎したので都の文化が城下町に広まりました。

別利義満が京都の北山に建てた金閣寺と別利義政が京都の東山に建てた銀閣寺が有名です。そして、日本の伝統芸術である能楽と狂言が生まれ、日本人の茶をたしなむ風習と茶の湯、そして生け花も、この室町時代に発達しました。

⑪ 安土桃山時代と秀吉の朝鮮侵略

戦国乱世の時代が終わり、全国の統一をめざした織田信長と、全国を統一した豊臣秀吉が政権を握った時代を安土桃山時代といいます。戦国大名である信長の全国統一の夢は、家臣に攻められて死ぬことになり、信長の事業を受けついだ家臣の豊臣秀吉によってついに国内が統一されました。

その後、秀吉は朝鮮や中国にも勢力を広げようとして、朝鮮に二度兵を送りましたが、二度とも失敗に終わりました(文禄・慶長の役)

秀吉は明を征服するため、明の支配下にあった朝鮮に対し、日本への服従と、明に出兵するときの先導役を一方的に命じました。朝鮮は、明との信義に反するとしてこれを拒否しました。秀吉は、まず朝鮮をせめることを決め、1592年、15万人の大軍で朝鮮の侵略を開始しました。5年後にふたたび秀吉は大軍で出兵しましたが、日本軍は苦戦がつ

실력으로 주인을 쓰러뜨리고 다이묘가 된 센고쿠다이묘는 자신의 영지를 안정시키기 위해서 산업을 활성화하기도 하고 병력을 늘리기도 하였습니다. 또 이 시대에는 상공업도 발달해서 각 지방의 특색있는 특산품도 생산하게 되었습니다.

무로마치시대의 문화는 무사다움과 귀족다움이 융화되어 새로운 무가 문화를 만들어냈습니다. 또 오닌의 난으로 교토의 집이 불타고 장원의 연공에도 들지 못하게 된 쿠게 중에는 센코구다이묘를 의지하여 지방으로 내려가는 자도 나타났는데, 다이묘도 환영했으므로 도시의 문화가 성시로 퍼졌습니다.

아시카가 요시미츠가 교토의 기타야마에 세운 금각사와 아시카가 요시마사가 교토의 히가시야마에 세운 은각사가 유명합니다. 그리고 일본 전통예술인 노가쿠와 교겐이 생겨나고, 일본인이 차를 즐기는 풍습과 차도, 그리고 꽃꽂이도 이 무로마치시대에 발달하였습니다.

어휘정리

⑪ 아즈치 모모야마 시대와 히데요시의 조선 침략

전국 난세의 시대가 끝나고, 전국통일을 바랐던 오다 노부나가와 전국을 통일한 도요토미 히데요시가 정권을 잡은 시대를 아즈치 모모야마시대라고 합니다. 센코쿠다이묘인 노부나가의 전국통일의 꿈은 가신에게 공격을 받아 죽게 되자, 노부나가의 사업을 이어받은 가신 도요토미 히데요시에 의해서 마침내 국내가 통일되었습니다.

그후 히데요시는 조선과 중국에도 세력을 넓히려고 조선에 두 번 군대를 보냈지만 두 번 다 실패로 끝났습니다(임진왜란).

히데요시는 명나라를 정복하기 위해 명나라 지배하에 있던 조선에 대해서 일본에 대한 복종과 명나라로 출병할 때 선도역을 일방적으로 명령했습니다. 조선은 명나라와의 신의에 어긋나므로 이를 거부했습니다. 히데요시는 우선 조선을 공격하기로 결정하고 1592년 15만 명의 대군으로 조선 침략을 개시했습니다. 5년 후에 재차 히데요시는 대

づき、秀吉の死とともに全軍が引きあげ、秀吉の朝鮮侵略は終わりました。

　安土桃山時代という名は信長と秀吉の居城の地名によるものです。

　信長は安土に、秀吉は京都の伏見(のちの桃山)に城をきずいたのでこの時代を安土・桃山時代といいます。

　織田信長・豊臣秀吉によって全国統一がなされた時代には、これまでの仏教的色彩をはなれたあたらしい文化がつくりあげられました。この文化を桃山文化といいます。桃山時代の文化は、豪華で雄大なのが特徴です。

　桃山文化は、新興の大名や都市の豪商たちの気風を反映して、現実的で活気にあふれた性格を持っていました。また、朝鮮の文化をはじめ、ポルトガル・イスパニアから伝えられた南蛮文化の影響もみられ、その内容は多彩なものでありました。

　このような桃山文化を代表するものに城郭建築や障壁画などがあります。

⑫ 江戸時代と鎖国政策

　徳川家康は、秀吉によって東海地方から関東地方へ領地を移された後、開拓と治水に力を入れて江戸の町づくりを進めました。

　豊臣秀吉の死後、天下分けめの「関ケ原の戦い」に勝った徳川家康が1603年に幕府を江戸(東京)に開きました。以後徳川家康にはじまる江戸時代(1603~1867)が約260年間もつづきます。武家政権の中でもっとも長く強力な政権となりました。

　3代将軍家光の時、幕府の仕組みや参勤交代の制度が整い、幕藩体制の安定期を迎えま

군으로 출병했으나 일본군은 고전이 계속되어 히데요시의 죽음과 함께 전군이 철수해, 히데요시의 조선 침략은 끝났습니다.

아즈치 모모야마시대라고 하는 이름은 노부나가와 히데요시의 거성인 지명에 의한 것입니다.

노부나가는 아즈치에, 히데요시는 교토의 후시미(나중의 모모야마)에 성을 세웠으므로 이 시대를 아즈치·모모야마시대라고 합니다.

오다 노부나가·도요토미 히데요시에 의해 전국통일이 이루어졌던 시대에는 지금까지의 불교적 색채를 떠난 새로운 문화가 만들어졌습니다. 이 문화를 모모야마 문화라고 합니다. 모모야마시대의 문화는 호화롭고 웅대한 것이 특징입니다.

모모야마 문화는 신흥 다이묘와 도시의 호상들의 기풍을 반영하며 현실적으로 활기에 넘친 성격을 가지고 있었습니다. 또한 조선의 문화를 비롯하여 포르투갈·에스파니아(스페인)로부터 전해진 난반 문화의 영향도 보이며 그 내용은 다채로운 것이었습니다.

이와 같은 모모야마 문화를 대표하는 것으로 성곽 건축과 벽화 등이 있습니다.

어휘정리

めざす : 지향하다, 목표로 하다, 노리다	**先導(せんどう)** : 선도
反(はん)する : 반하다, 위반되다, 어긋나다	**引(ひ)きあげる** : 철수하다, 퇴각하다
豪華(ごうか) : 호화	**豪商(ごうしょう)** : 호상, 대상인, 큰 장사꾼
障壁画(しょうへきが) : 벽화와 병풍·미닫이·장지 등에 그린 그림	

⑫ 에도시대와 쇄국정책

도쿠가와 이에야스는 히데요시에 의해 도카이 지방으로부터 간토 지방으로 영지를 옮긴 후, 개척과 치수에 힘을 쏟아 에도 만들기를 시작하였습니다.

도요토미 히데요시의 사후, 천하를 겨루는 '세키가하라의 전쟁'에서 이긴 도쿠가와 이에야스는 1603년에 막부를 에도(도쿄)에 열었습니다. 이후 도쿠가와 이에야스로 시작되는 에도시대(1603~1867)가 약 260년간이나 계속됩니다. 무가정권 중에서 가장 오래도록 강력한 정권이 되었습니다.

3대 장군인 이에미츠 때, 막부 구조와 산킨코타이 제도가 갖추어지고 막부체제의 안

した。

　幕府は、スペイン人についで、1639年、ポルトガル人の来航を禁止しました。日本に来る貿易船はオランダ船と中国船だけとなりました。また日本人の海外渡航を禁止し、外国との交際を制限しました。この鎖国政策は江戸時代の末まで続きました。

　この時代の文化の特色は、庶民文化が発達したことです。

　室町時代にめばえた民衆の文化は、17世紀の末から18世紀の初めにかけて、上方を中心に、豊かな町人の文化として花開きました。この文化を、そのころの年号をとって元禄文化といいます。商業の発達した大阪の町人を中心に文化が栄え、井原西鶴・近松門左衛門、松尾芭蕉などが活躍しました。また19世紀の初めには文化の中心が江戸に移り小説・歌舞伎・浮世絵など、多彩な町人文化が栄えました。

　しかし18世紀ごろから幕藩体制が揺らぎ始めました。蘭学を通じて世界の動きがわかると、幕府の鎖国政策は世界の動きに合わないと批判する学者もあらわれました。

　18世紀後半になると外国船が日本の近海に現われ始め、ついにアメリカのペリーの来航によって200年あまりつづいた鎖国は終わりました。日本はこれまでオランダ以外にかたくとざしていた門戸をひらき、新しい時代にはいっていくことになりました。

　秀吉の朝鮮侵略から後、朝鮮との国交は断絶しましたが、対馬藩のなかだちで、家康の時に国交が回復しました。その後、将軍が代わるごとに朝鮮からは通信使とよばれる使節が江戸をおとずれるようになりました。

　また対馬藩は、毎年、朝鮮に船を送って貿易を行いました。

정기를 맞이하였습니다.

막부는 스페인에 이어 1639년 포르투갈인의 내항을 금지했습니다. 일본에 오는 무역선은 네덜란드 선과 중국 선만이었습니다. 또한 일본인의 해외 도항을 금지하고 외국인과의 교제를 제한했습니다. 이러한 쇄국정책은 에도시대 말까지 계속되었습니다.

이 시대의 문화 특색은 서민문화가 발달했던 점입니다.

무로마치시대에 싹튼 민중 문화는 17세기 말부터 18세기 초에 걸쳐 가미가타를 중심으로 풍부한 쵸닌 문화로 꽃피었습니다. 이 문화를 그때의 연호를 따서 겐로쿠 문화라고 합니다. 상업이 발달한 오사카의 쵸닌을 중심으로 문화가 발달하고, 이하라 사이카쿠·치카마츠 몬사에몬·마츠오 바쇼 등이 활약했습니다. 또 19세기 초에는 문화의 중심이 에도로 옮겨져 소설·가부키·우키요에 등 다채로운 쵸닌 문화가 번영했습니다.

그러나 18세기경부터 막부체제가 흔들리기 시작했습니다. 난학을 통해 세계의 움직임을 알자, 막부의 쇄국정책은 세계의 움직임에 맞지 않는다고 비판하는 학자도 나왔습니다.

18세기 후반이 되자 외국 배가 일본 근해에 나타나기 시작해, 마침내 아메리카의 페리 내항에 의해 200년 넘게 계속된 쇄국은 끝이 났습니다. 일본은 지금까지 네덜란드 이외에는 굳게 닫고 있던 문호를 개방하고 새로운 시대로 들어가게 되었습니다.

히데요시의 조선 침략 이후, 조선과의 국교는 단절되었으나 쓰시마한의 중개로 이에야스 때에 국교를 회복했습니다. 그후 쇼군이 바뀔 때마다 조선으로부터는 통신사라고 불리는 사절이 에도를 방문하게 되었습니다.

또 쓰시마한은 매년 조선에 배를 보내어 무역을 하였습니다.

어휘정리

天下分(てんかわ)けめ : 천하를 겨루는 판국, 승패의 갈림길

武家(ぶけ) : 무가, 무사   仕組(しく)み : 짜임새, 구조, 계획

参勤交代(さんきんこうたい) : 에도 막부가 다이묘들을 교대로 일정한 기간씩 에도에 머무르게 한 제도   整(ととの)う : 형태가 갖추어지다, 정돈되다

幕藩体制(ばくはんたいせい) : 막부와 藩(はん)에 의하여 지배되던 일본 근세의 정치 체제

めばえる : 싹트다, 사물이 일어나기 시작하다

上方(かみがた) : 교토 부근, 關西 지방   町人(ちょうにん) : 도시에 사는 상인

蘭学(らんがく) : 에도시대 중기 이후에 네덜란드어 서적을 통해 서양학술을 연구하려던 학문

なかだち : 사이에 들어 중간 역할을 함, 중개

19世紀後半の開国を契機に、日本は近代国家へ急成長しました。

さらに新政府は、太政官制という政府のしくみをつくり、江戸を東京と改称し、年号を明治と改め、翌年には政府を京都から東京へ移しました。開国により始まった幕府の変動から、明治政府によって行われた諸改革の一連の動きを明治維新とよんでいます。

廃藩置県、地組改正、徴兵令など、政治や社会の改革を次々と進め、明治憲法を制定し、国会を開設しました。

やがて日清・日露戦争に勝利し、これをきっかけに経済発展をとげました。

明治の文化は伝統文化と欧美文化が対立、統合されていく方向に発展しました。日本は1872年、学制を発布し、全国に小学校を設け、国民は義務教育を受けることになりました。明治時代のはじめ、外国から学ぶことが中心だった科学は、明治時代後半になると、世界的な研究が、日本人の手で行われるようになりました。

近代文学では、夏目漱石の『こころ』など、独自の立場から人間の心に深く踏み込んだ作品を数多く残しました。

14 大正・昭和・平成時代

大正時代には、民主主義の広がりや産業・技術の発達を受けて人々の生活が変化し、大衆文化や都市の文化が発達しました。

大正に入って、デモクラシーの気運が高まり、大正から昭和初期にかけては政堂を中心にした政治が続きました。しかし不況の中で軍国主義が勢力を伸ばし、昭和前記の1930

19세기 후반의 개국을 계기로 일본은 근대국가로 급성장했습니다.

더욱이 신정부는 다죠칸세라고 하는 정부 기구를 만들고, 에도를 도쿄라고 개칭하며 연호를 메이지로 고치고, 다음해에는 정부를 교토에서 도쿄로 옮겼습니다. 개국으로 시작된 막부의 변동에서부터 메이지 정부에 의해 행해진 모든 개혁의 일련의 움직임을 메이지 유신이라고 부릅니다.

번제도를 폐지하고 현제도를 도입, 토지세 개정, 징병령을 공포하는 등 정치나 사회의 개혁을 점진적으로 추진하고 메이지 헌법을 제정하고 국회를 개설했습니다.

마침내 청일·러일 전쟁에서 승리하고 이것을 계기로 경제발전을 이루었습니다.

메이지 문화는 전통문화와 구미문화가 대립, 통합되어 가는 방향으로 발전했습니다. 일본은 1872년 학제를 발포하고 전국에 소학교(초등학교)를 만들어 국민은 의무교육을 받게 되었습니다. 메이지시대 초, 외국에서 배우는 것이 중심이 되었던 과학은 메이지시대 후반이 되자, 일본인 손으로 세계적인 연구가 행해지게 되었습니다.

근대문학에서는 나츠메 소세키의 『고코로』 등 독자의 입장에서 인간의 마음에 깊이 파고든 작품을 많이 남겼습니다.

어휘정리

改(あらた)める : 고치다, 변경하다, 개선하다, 새롭게 하다
設(もう)ける : 마련하다, 베풀다, 만들다, 설치하다
踏(ふ)み込(こ)む : 발을 들여놓다, 무단으로 남의 집에 들어가다, (본질에) 깊이 파고들다, 깊은 데까지 생각을 미치게 하다

---

14 다이쇼 · 쇼와 · 헤이세이시대

다이쇼시대에는 민주주의의 확산과 산업·기술의 발달을 입어 사람들의 생활이 변화하고 대중문화와 도시의 문화가 발달했습니다.

다이쇼에 들어와서는 민주주의의 기운이 고조되어 다이쇼에서부터 쇼와 초기에 걸쳐 정당을 중심으로 한 정치가 계속되었습니다. 그러나 불황 속에서 군국주의가 세력

　年から15年間戦争に突入しました。

　1941年12月18日、日本は、ハワイの真珠湾にあるアメリカ海軍基地を奇襲して、アメリカ・イギリスに宣戦し、ここに太平洋戦争がはじまりました。

　この戦争に敗れた日本は、民主的で富強な国家を目ざして建設を進めていきました。その結果、驚異的な経済成長を成し遂げました。今日の日本は64年間続いた昭和が終り、1989年に平成時代を迎えました。

● 日本の民族

　日本人はどこから来たのかという問題は、学者の間でもいろいろ意見があります。

　日本列島に住みつくようになった日本人は、その言語や風俗などからみて北方や南方などから渡来した人々をもって構成されたと考えられます。

　そして、今からほぼ一万年前のころから新石器時代に入り、土器の使用がおこりました。この文化を縄文文化といいます。

　縄文文化が形成され、その後に渡来した異人種との混血などにより、今日の日本民族が形成されたと考えられています。

을 뻗쳐 쇼와 전기(군기)의 1930년부터 15년간 전쟁에 돌입했습니다.

1941년 12월 18일, 일본은 하와이 진주만에 있는 미해군기지를 기습하고 미국·영국에 선전, 여기서 태평양전쟁이 시작되었습니다.

이 전쟁에서 진 일본은 민주적이고 부강한 국가를 목표로 건설해 나갔습니다. 그 결과, 경이적인 경제성장을 이룩하였습니다. 지금의 일본은 64년간 계속된 쇼와시대가 끝나고 1989년에 헤이세이시대를 맞이하였습니다.

●일본의 민족

일본인은 어디로부터 왔을까 하는 문제는 학자들 사이에서도 여러 의견이 있습니다.

일본열도를 정착하게 된 일본인은 언어나 풍속 등으로 봐서 북방이나 남방 등으로부터 도래한 사람들로 구성되었다고 생각되어집니다.

그리고 지금부터 대략 1만 년 전부터 신석기시대로 들어가는데, 토기의 사용이 일어났습니다. 이 문화를 죠몬 문화라고 합니다.

죠몬 문화가 형성되고, 그후에도 도래한 다른 인종과의 혼혈 등에 의해 오늘날 일본민족이 형성되었다고 생각됩니다.

어휘정리

住(す)みつく : 정주하다, 그자리에 자리잡고 살다

ほぼ : 거의, 대부분, 대개, 대강

●天地を分けた巨人、盤古(漢民族)

　それはそれは大昔、天地はいまだ開けず、この宇宙は混沌として闇につつまれ、ちょうど大きな卵のようでした。その巨大な卵の中に、ひとりの巨人が眠っていました。それが盤古です。盤古はみじろぎもせず、こんこんと眠りつづけ、眠りなから、しだいに成長していきました。そうしておよそ、一万八千年。

　巨人盤古は、長い眠りからさめました。両の眼を見ひらき、あたりお見まわせば、上下、四方なにひとつ見えず、ただ、まっ暗な、どろどろした世界だけ……。

　巨人は、息のつまりそうな、このうっとうしさと、かぎりないゆううつさのために、とうとう耐えきれず、両腕をつき出し、両足をふんばって、「えいっ」とばかり立ち上がりました。大音響がとどろき、巨大な卵が破裂しました。

　何万年もうごかなかった混沌たる暗黒が、ゆるやかに動きを開始しました。そのうちの軽く澄んだものは、しずかに上へ上へとのぼっていって、青い「天」になりました。

　重くにごったものは、しだいに下のほうへ沈んでいって、「地」となりました。混沌した宇宙は、こうしてはじめて天と地に分かれたのです。天と地ができると、盤古は、両腕をかかげて天をささえ、両足で地をふまえて、天地の間にすっくと立ちました。天地が再び合わせることをおそれたからです。

　盤古は、天をささえながら、毎日一丈ずつ背丈がのびていきました。そのたびに、天も毎日一丈ずつ高くなっていきます。盤古が重くなるたびに、それだけ地もふみ固められ、厚さをましていきました。こうして過ぎること、一万八千年。

●천지를 나눈 거인, 반고(漢민족)

아주 아주 먼 옛날, 천지는 아직 열리지 않고, 이 우주는 혼돈으로서 어둠에 쌓여 마치 큰 알과 같았습니다. 그 거대한 알 속에서 한 거인이 잠들어 있었습니다. 그것이 반고입니다. 반고는 몸을 달싹도 않고 정신없이 계속 자고 또 자면서 점점 성장해 갔습니다. 그렇게 하여 거의 일만 팔천 년.

거인 반고는 긴 잠에서부터 눈을 떴습니다. 양 눈을 크게 떠서 주위를 둘러보니, 상하, 사방 무엇 하나 보이지 않고, 단지 캄캄하고 흐물흐물한 세계만이…….

거인은 숨이 막힐 것 같은 이 음울함과 끝없는 우울함 때문에 마침내 참지 못하고 양팔을 내밀고, 양발을 땅에 디디고 '얏'이라고만 하며 일어났습니다. 거대한 알이 파열되었습니다.

몇 만 년이나 움직이지 않았던 혼돈된 암흑이 서서히 움직임을 개시하였습니다. 그 사이에 가볍고 투명한 것은 조용히 위로 위로 올라가서 파란 '하늘'이 되었습니다.

무겁고 탁한 것은 점차적으로 아래쪽으로 가라앉아서 '땅'이 되었습니다. 혼돈된 우주는 이렇게 하여 처음으로 하늘과 땅으로 나눠진 것입니다. 하늘과 땅이 생기자 반고는 양팔을 걷어올려 하늘을 떠받치고 양발로 땅을 힘차게 밟아 천지 사이로 벌떡 일어섰습니다. 천지가 다시 합쳐지는 것을 두려워했기 때문입니다.

반고는 하늘을 떠받치면서 매일 1장(丈)씩 키가 컸습니다. 그때마다 하늘도 매일 1장씩 높아졌습니다. 반고가 무거워질 때마다 그만큼 땅도 밟아서 다져져 두께를 더해 갔습니다. 이렇게 하여 지나간 시간이 1만 8천 년.

어휘정리

みじろぎ : 몸을 조금 움직임	こんこんと : 의식이 없는 모양, 정신없이
見(み)ひらく : 눈을 크게 뜨다	うっとうしさ : 음울함
えいっ : 힘을 들이거나 기합을 넣을 때 지르는 소리	
とどろく : 울려퍼지다	にごる : 탁하게 되다
かかげる : 걷어올리다, 내걸다, 게양하다, 들다, 언급하다	
ささえる : 떠받치다, 지탱하다	ふまえる : 밟아 누르다, 힘차게 밟다
すっくと : 힘차게 일어서는 모양, 벌떡	丈(じょう) : 장(1장은 10자. 약 3m)
ふみ固(かた)める : 밟아서 다지다, 토대·발판을 쌓다	

　盤古は、これ以上、大きくなれぬほど成長し、天も、これ以上、高くなれぬほど高くなりました。

　天と地の間にそびえ立つこの巨人（きょじん）は、巨大な柱のように、いつまでも力のある限り、天をささえつづけていました。

　それからまた、どれほどの年月が過ぎたでしょうか。

　もう天と地が、もとの暗黒のどろどろした世界にもどる心配はなくなりました。世界最初の神である巨人盤古（きょじんばんこ）の仕事は、終わったのです。

　盤古は、この天地を分ける大事業のなかで、もうとっくに、疲（つか）れはてていました。精（せい）も、根（こん）もつきはててしまったのです。そしてある日、枯木（かれき）の朽（く）ち果（は）てるように、倒（たお）れて死にました。

　けれども、この巨人は、天地を分けたあと、美しい世界を創造しようと夢（ゆめ）みていたのです。その証拠（しょうこ）には、彼の死後、天地だけの世界にとつじょ、変化がおこったのです。

　盤古が、死ぬまぎわに、ほーっと吐き出した息は、万物を育てる春風と白雲に変わり、その声は、ごろごろとなる雷（かみなり）になりました。

　左の眼（まなこ）は、光り輝（かがや）く太陽となり、右の眼は美しい月になりました。

　地に倒れた体と手足は、四方の山々に変わり、血は川になって流れました。その肉は肥沃（ひよく）な田畑（たはた）に変わり、すじは道になって四方に走ります。

　髪（かみ）の毛とひげは、天上の数眠りない星となり、皮膚（ひふ）に生えたうぶ毛（げ）は、木や草花となって繁茂（はんも）し、汗（あせ）は万物をうるおす雨や露（つゆ）になりました。

　そして、骨と歯は、きらきら光る宝石や、豊（ゆた）かな鉱物（こうぶつ）となって地下に埋蔵（まいぞう）されたのです。天地を分けた巨人盤古、彼は死んだのちも、こうして新しい世界の創造のために、その身をささげたのでした。

반고는 더 이상 커질 수 없을 정도로 성장하여 하늘도 더 이상 높아질 수 없을 정
도로 높아졌습니다.

하늘과 땅 사이에 우뚝 서 있는 이 거인은 거대한 기둥과 같이 지금까지도 힘이 있
는 한 하늘을 계속 떠받치고 있었습니다.

그리고 나서 또 얼마 정도의 세월이 지났을까요.

더 이상 하늘과 땅이 원래의 암흑과 같은 흐물흐물한 세계로 돌아갈 걱정은 없어졌
습니다. 세계 최초의 신인 거인 반고의 할 일은 끝난 것입니다.

반고는 이 천지를 나누는 대사업으로 이미 오래 전부터 몹시 지쳐 있었습니다. 정력
도 끈기도 다해 기진맥진해 있었던 것입니다. 그러던 어느날 고목이 완전히 썩어버리
듯이 반고는 쓰러져 죽었습니다.

그렇지만 이 거인은 천지를 나눈 다음 아름다운 세계를 창조하려고 꿈꾸고 있었던
것입니다. 그 증거로는 그의 죽음 후 하늘과 땅뿐이었던 세계에 돌연히 변화가 일어난
것이었습니다.

반고가 죽으려는 순간 후하고 내쉰 숨은 만물을 자라게 하는 춘풍과 하얀 구름으로
변하고 그 소리는 우르르거리는 천둥이 되었습니다.

왼쪽 눈은 빛나는 태양이 되고 오른쪽 눈은 아름다운 달이 되었습니다.

땅에 쓰러진 몸과 수족은 사방으로 여러 산으로 변하고, 피는 강이 되어 흘렀습니다.
그 살은 비옥한 논밭으로 변하고 힘줄은 길이 되어 사방으로 뻗어나갔습니다.

머리털과 수염은 천상의 수많은 별이 되고 피부에 난 솜털은 나무와 풀이 되어 초
목이 우거지고 땀은 만물을 적시는 비와 이슬이 되었습니다.

또 뼈와 이는 반짝반짝 빛나는 보석과 광물이 되어 풍부하게 지하에 매장되었습니
다. 하늘과 땅을 나눈 거인 반고, 그는 죽고 나서도 이렇게 새로운 세계의 창조를 위
해 그의 몸을 바친 것이었습니다.

어휘정리

とっくに : 훨씬 전에	**つきはてる** : 다하다
精根(せいこん) : 정력, 기진맥진하다	**朽(く)ち果(は)てる** : 완전히 썩어버리다
まぎわ : 직전, 막 ~하려는 찰나	**ごろごろ** : 천둥이 울리는 소리, 우르르우르르
うぶ毛(げ) : 솜털	**繁茂(はんも)** : 번성, 초목이 무성함
うるおす : 축축하게 하다, 윤택하게 하다	
埋蔵(まいぞう) : 매장, (광물이) 땅속에 묻혀 있음	

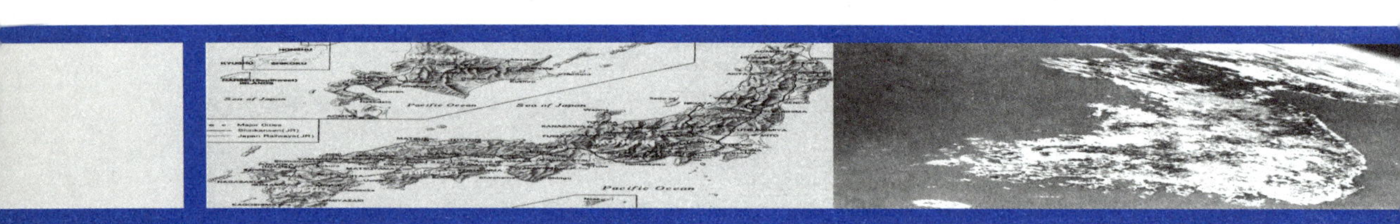

第3章

韓国・日本の地理と気候

1) 地理

韓国は、大統領を元首とする立憲民主共和制の国で、日本と同じように三権分立制度を採用し、国会は日本のように両院制ではなく、単院制であります。地方行政区域は、特別市がソウル一つ、広域市が五つ、道が九つに分かれています。総人口は4,700万人となっています。

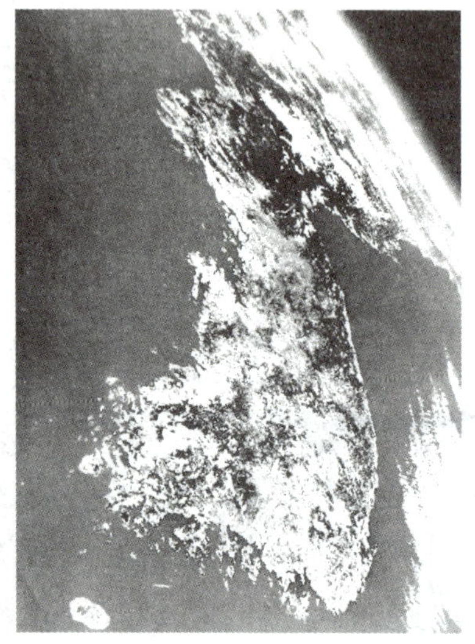

[宇宙에서 바라본 韓半島]

位置は緯度からみますと、日本よりもかなり北に位置しておりますが、ソウルは新潟と同じ緯度線上にあり、仙台よりはやや南寄りです。

日本列島とは玄海灘を隔てて向き合い、北部は鴨緑江と豆満江をはさんで中国大陸に接する韓半島は、総面積南北合わせて約22万㎢です。ちょうどイギリス本土や日本の本州から青森県を除いた広さでございます。そして南北間の最長部がおよそ1,000キロ、東西間のもっとも挟い部分で幅216キロという細長い地形をしています。

韓国の首都ソウルまでは、成田を飛び立って2時間、大阪からは1時間半、福岡からだと1時間のみちのりになります。

さらに釜山までは大阪から1時間余り、福岡からはわずか30分の距離です。

大陸から南北に細長く突き出ており、南の三面が海に囲まれていますので、国土の面積に比べて世界でも珍しいほど海岸線が長く、激しいです。これをリアス式海岸といいますが、海岸線の総延長は17,266キロにも達します。

韓国の山脈は、東海岸に沿って太白山脈が連り、大邱と大田の間には小白山脈が東西に走り、秋風嶺から北を嶺北、南を嶺南と呼びますが、気候、風土など多くがここを境にしております。

 **한국의 지리와 기후**

1) 지리

　한국은 대통령을 원수로 하는 입헌민주공화제 국가로 일본과 마찬가지로 삼권분립 제도를 재용하고, 국회는 일본처럼 양원제가 아니라 단원제입니다. 지방행정구역은 특별시가 서울 한 곳, 광역시가 다섯, 도가 아홉로 나눠져 있습니다. 총인구는 4,700만 명입니다.

　위치는 위도에서 보면 일본보다 상당히 북쪽에 위치하고 있습니다만, 서울은 니가타와 같은 위도 선상에 있고, 센다이보다는 조금 남쪽 근처입니다.

　일본 열도와는 현해탄을 사이로 마주보고 있고, 북부는 압록강과 두만강을 끼고 중국 대륙과 접해 있는 한반도는 총 면적 남북 합하여 약 22만㎢입니다. 정확히 영국 본토나 일본 혼슈에서 아오모리현을 뺀 넓이입니다. 그리고 남북간의 가장 긴 부분이 약 1,000킬로미터, 동서간의 가장 좁은 부분으로, 폭 216킬로미터라고 하는 가늘고 긴 지형을 하고 있습니다.

　한국의 수도 서울까지는 나리타 공항을 출발해서 2시간, 오사카로부터는 1시간 반, 후쿠오카로부터는 1시간 정도의 거리입니다.

　더욱이 부산까지는 오사카로부터 1시간 남짓, 후쿠오카로부터는 겨우 30분의 거리입니다.

　대륙으로부터 남북으로 가늘고 길게 돌출되어 있고, 남쪽 삼면이 바다로 둘러싸여 있으므로 국토의 면적에 비해 세계에서도 드물 정도로 해안선이 길고 복잡합니다. 이것을 리아스식 해안이라고 합니다만, 해안선의 총연장은 17,266km에 달합니다.

　한국의 산맥은 동해안을 따라서 태백산맥이 연속되어 있고, 대구와 대전 사이에는 소백산맥이 동서로 달려서, 추풍령으로부터 북을 영북, 남쪽을 영남이라고 부릅니다만 기후, 풍토 등은 여기를 경계로 하여 많이 다릅니다.

어휘정리

寄(よ)り : 집합, 모임, 근처	隔(へだ)てる : 사이를 떼다, 사이를 가르다
はさむ : 끼우다	飛(と)び立(た)つ : 날아가다, 뛰어오르다
みちのり : 거리, 도정	
余(あま)り : 남은 것, 좀더 됨, 남짓, ～한 나머지	

　韓国は山国であるといわれるくらい、国土の70パーセントが山と丘陵です。特に北部の山は険しく、雄大な印象を与えるので、アジアのアルプスとも呼ばれております。中央の太白山脈は分水嶺をなし、西南に向かって低く延びていますので、西南の方には平野が広がり、穀倉地帯となっております。韓国は準平原地帯をなしています。

　河川は比較的にすくないが、洛東江520km、漢江514km、錦江410kmの流れは水量ゆたかに、ゆったりと大陸的な落ち着きをみせて流れます。

　水の流れは激しくありません。韓国で一番長い川は、北の国境を流れる鴨緑江で、その長さは750キロです。南にある主な川は、洛東江(525キロ)、首都ソウルを河口とする漢江(514キロ)、もっと南下して流れる錦江(401キロ)などであります。韓国は北は山、南は海岸線というように、風景の美しい国であります。

　韓国の山は美しく、雪嶽山、智異山、漢拏山などの秀麗さは心をうばいます。秋空の夕映えにはえて茜色に染まる山並み、あるときは雄々しく毅然として立ちふさがり、あるときは、まろやかな稜線が優雅にやさしく微笑みかけます。

　三面を海にかこまれた韓半島は総延長8,700kmにもおよび、東海岸はとくに南からの暖流と北からの寒流が混り合って天恵の漁場となっております。

　大小の点々と浮かぶ島々は約3,300にのぼり、美しい海岸線とともに景観をみせております。

　わけても海上国立公園の閑麗水道の景勝は、日本の誇る瀬戸内海のそれを凌ぎ、島めぐり、海釣、スキンダイビング、海水浴と海上の一大レジャーランドとしてスポットをあびています。四季折々の自然の変化は実にあざやかで、秀麗な山河とともに、人びとの心を吸いつけてやまないのです。

［雪嶽山］

한국은 산이 많은 나라라고 불리울 정도로 국토의 70%가 산과 언덕입니다. 특히 북부의 산은 험하고 웅대한 인상을 주며, 아시아의 알프스라고도 불리고 있습니다. 중앙의 태백산맥은 분수령을 이루어, 서남쪽을 향해서 낮게 뻗어 있으므로 서남쪽으로는 평야가 펼쳐져, 곡창지대를 이루고 있습니다. 한국은 준평원 지대를 이루고 있습니다.

하천은 비교적 적어 낙동강 520km, 한강 514km, 금강 410km로 흐름은 풍부한 수량으로 느긋하게 대륙적인 안정감을 보이며 흐르고 있습니다.

물의 흐름은 세지 않습니다. 한국에서 가장 긴 강은 북쪽 국경을 흐르는 압록강으로 길이는 750킬로미터입니다. 남쪽에 있는 주된 강은 낙동강(525킬로미터), 수도 서울을 하구로 하는 한강(514킬로미터), 더 남하해서 흐르는 금강(401킬로미터) 등입니다. 한국은 북은 산, 남은 해안선으로 풍경이 아름다운 나라입니다.

한국의 산은 아름답고, 설악산, 지리산, 한라산 등의 수려함은 마음을 빼앗길 정도입니다. 가을 하늘의 저녁 노을에 빛나고, 검붉은 색으로 물드는 산들, 어떤 때는 씩씩하고 의젓하게 앞을 가로막고 서 있고, 어떤 때는 부드러운 능선이 우아하고 상냥하게 미소를 건넵니다.

삼면이 바다로 둘러싸인 한반도는 총연장 8,700km에 달하고, 동해안은 특히 남쪽으로부터의 난류와 북으로부터의 한류가 섞이어 천혜의 어장을 이루고 있습니다.

여기저기 흩어져 있는 크고 작은 섬들이 약 3,300개에 이르고 아름다운 해안선과 함께 경관을 보이고 있습니다.

특히 해상 국립공원의 한려수도의 경승은 일본이 자랑하는 세토나이카이의 경관을 능가하고, 섬일주, 바다낚시, 스킨 다이빙, 해수욕과 해상 일대의 레저랜드로서 각광을 받고 있습니다. 사계절마다 자연의 변화는 실로 눈부시고 수려한 산하와 함께 사람들의 마음을 끌어당기고 있습니다.

어휘정리

丘陵(きゅうりょう) : 구릉	
夕映(ゆうば)え : 석양빛을 받아 반짝이고 빛남	
はえる : 빛나다	茜色(あかねいろ) : 검붉은 빛
雄々(おお)しい : 사나이답고 용감하다	毅然(きぜん) : 의젓한 모양
立(た)ちふさがり : 가로막아 서다	まろやか : 둥근 모양, 순한 모양
暖流(だんりゅう) : 난류	凌(しの)ぐ : 참고 견디어 내다, 능가하다
吸(す)いつける : 빨아서 끌어당기다	やまない : ~해 마지 않다

2) 気候

　韓国は日本と同じく四季の移り変わりがあざやかですが、冬は日本よりやや寒いほうです。南部は三面が海に囲まれていますが、北部はしだいに山地が増えてゆきますので、海洋性気候と大陸性気候の特色を帯びています。

　韓国の気候は温帯性冷帯気候であり、年平均気温は11.8℃ほどで、春、秋は雨が少なく、温和で旅行するのに適した季節になります。夏(6〜9月中旬)には、季節風の影響で高温多湿の気候(月平均気温20〜27℃)になり、冬(12〜2月)は、同緯度帯の他の都市に比べ寒い方です(月平均気温零下5〜0℃)。

　一方、四季がはっきりしているため、ソウル一帯は季節ごとの行事が豊富で、各種の季節のスポーツを楽しむのに絶好の条件をそろえた所と評されています。

　気候は温帯に属しますが、多分大陸性気候と海洋性の中間にちかく、ソウルと南の釜山では、四、五度の気温の差をみせます。

　ソウルの冬の気温は平均0℃から5℃くらいで、冬さなかの厳寒には―10℃から―20℃にさがることもあります。

　南にさがるにしたがい、海洋気候に近づき温和な気候にかわります。

　春と秋がみじかく、季節風が吹く夏は暑いほうですが、日本のように湿度が高くないので、からっとした天気がつづき、わりと凌ぎやすさを感じます。冬は、俗に「三寒四温」といわれますように、三日寒い日がつづくと、四日はあたたかい天気にかわりますので、これもすごしやすいです。

　降雨量は日本にくらべるとすくなく、年平均降雨量は1,000ミリほどです。梅雨入りはだいたい6、7月、雨期も8月までです。年間降雨量の60パセントちかくがこの期間に集中して降ります。

[白頭山　四季]

2) 기후

한국은 일본과 같이 사계절의 변화가 뚜렷합니다만, 겨울은 일본보다 조금 추운 편입니다. 남부는 삼면이 바다로 둘러싸여 있습니다만 북부로 갈수록 점점 산지가 늘어 해양성기후와 대륙성기후의 특색을 띠고 있습니다.

한국의 기후는 온대성 냉대기후이며, 연평균 기온은 11.8℃ 정도이며, 봄, 가을은 비가 적고, 온화해서 여행하기에 적합한 계절입니다. 여름(6~9월 중순)에는 계절풍의 영향으로 고온다습한 기후(월 평균기온 20~27℃)가 되고, 겨울(12~2월)은 같은 위도 기후대의 다른 도시에 비해 추운 편입니다.(월 평균기온 영하 5~0℃)

한편 사계절이 확실하기 때문에 서울 일대는 계절마다 행사가 풍부하고 각종 계절 스포츠를 즐기는 데 절호의 조건을 갖춘 장소로 평해지고 있습니다.

기후는 온대에 속하나 대개 대륙성기후와 해양성기후 중간에 가깝고, 서울과 남쪽 부산에는 4, 5도의 기온 차를 보입니다.

서울의 겨울 기온은 평균 0℃부터 5℃ 정도로 한겨울의 심한 추위에는 -10℃부터 -20℃까지 내려가는 경우도 있습니다.

남쪽으로 내려감에 따라 해양기후에 가까워져서 온화한 기후로 바뀝니다.

봄과 가을이 짧고 계절풍이 부는 여름은 더운 편입니다만, 일본과 같이 습도가 높지 않으므로 활짝 개인 날씨가 계속되어 비교적 견디기 쉽다는 것을 느낄 수 있습니다. 겨울은 흔히 '삼한사온'이라고 말해지듯이 3일 추운 날씨가 계속되면 4일은 따뜻한 날씨로 바뀌므로 이것도 지내기 좋습니다.

강우량은 일본에 비해 적어서 연평균 강우량은 1,000mm 정도입니다. 장마철은 대개 6, 7월, 우기도 8월까지 입니다. 연간 강우량의 60% 가까이가 이 시기에 집중해서 내립니다.

어휘정리

移(うつ)り変(か)わり : 추이, 변천

しだいに : 순서, 차차로, 점점, 차츰, 경과, 되어가는 형편

評(ひょう)する : 평하다, 비평하다, 평가하다

さなか(最中) : 한창 ~인 때(=きっさいちゅう)　　厳寒(げんかん) : 엄한 ; 심한 추위

からっと(=からりと) : 밝고 너른 모양, 활짝, 물기가 아주 없이 잘 마른 모양, 모조리, 몽땅

凌(しの)ぐ : 참고 견디어내다, 헤어나다, 막다, 피하다, 능가하다, 업신여기다

すく(少)なく : 적어서

1) 地理

日本はアジアの東端にあって、弓のような形をした島国でございます。東経122度から154度、北緯20度から46度の間にあります。北端の北海道から南端の沖縄まで、3,000キロにわたる細長い島々からなっていますが、大きな島は北から北海道、本州、四国、九州の四つで、小さな島は4千を越しています。日本の総面積は約38万平方キロで、韓国の約1.6倍、アメリカの約25分の1、カルフォルニア州とはほぼ同じ広さです。この小さな国土に約1億2,000万人の国民が暮らしています。

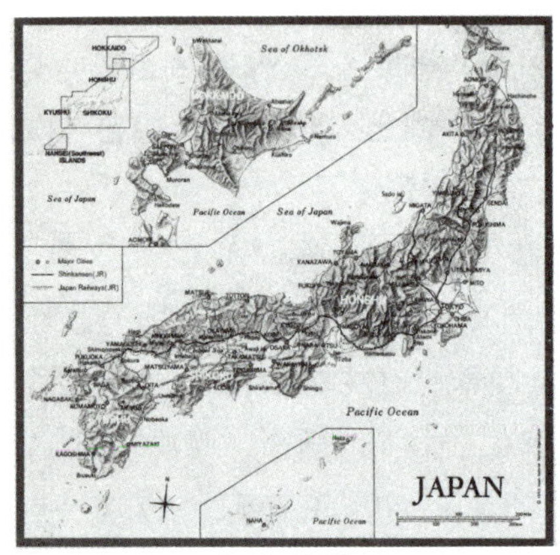

[日本 地圖]

また日本は、国土の大きさの割には驚くほど長い海岸線を持ち、その長さは全長27,353キロメートル以上あります。

東側の海岸は太平洋に面していますが、ごつごつとして切れ込んだ地形が多く、多くの美しい湾や、すぐれた港が点在しています。西海岸は、東海を間にして、アジア大陸の本土に面しており、比較的なごやかな地形を形成しています。

日本は山が多くて、国土の約70%は山地で占められています。大きな平野がないため、川は短く急流をなしています。

本州の中央部は、3,776メートルの富士山をはじめとして3,000メートルを越える険しい山地をなしており、日本のアルプスと呼ばれています。日本列島には、富士山などの、今は噴火活動をしていない休火山や今も盛んに活動している活火山、そして活動をやめた死火山などだくさんの火山があります。日本にはそうした火山活動によってできた湖や温泉が多く、景色のいい所もたくさんあります。しかしその一方で、火山の噴火帯や地殻変動帯に属しているため地震が多く、不安定な地域も少なくありません。

1) 지리

일본은 아시아의 동쪽 끝에 있는 활과 같은 모양을 한 섬나라입니다. 동경 122도에서부터 154도, 북위 20도에서부터 46도 사이에 있습니다. 북단의 홋카이도로부터 남단의 오키나와까지 3,000㎞에 걸치는 가늘고 긴 섬들로 이루어져 있습니다만, 큰 섬은 북으로부터 홋카이도, 혼슈, 시코쿠, 규슈의 4개로, 작은 섬은 4천을 넘고 있습니다. 일본의 총 면적은 약 38만㎢로 한국의 약 1.6배, 미국의 약 1/25, 캘리포니아주와는 거의 같은 넓이입니다. 이 작은 국토에 약 1억 2,000만 명의 국민이 살고 있습니다.

또한 일본은 국토의 크기에 비해서는 놀랄 만큼 긴 해안선을 가지고 있고, 그 길이는 전장 27,353km 이상 됩니다.

동쪽 해안은 태평양을 향하고 있으나 울퉁불퉁 깊이 파인 지형이 많고, 많은 아름다운 만과 훌륭한 항구가 점재해 있습니다. 서해안은 동해를 사이로 두고 아시아 대륙 본토를 향해 있고, 비교적 부드러운 지형을 형성하고 있습니다.

일본은 산이 많아 국토의 약 70%를 산지가 차지하고 있습니다. 큰 평야가 없기 때문에 강은 짧아 급류를 이루고 있습니다.

혼슈의 중앙부는 3,776m의 후지산을 비롯해서 3,000m를 넘는 험한 산지를 이루고 있어 일본의 알프스라고 불리고 있습니다. 일본 열도에는 후지산 등의, 지금은 분화활동을 하고 있지 않은 휴화산과 지금도 활발히 활동하고 있는 활화산, 그리고 활동을 그친 사화산 등 많은 화산이 있습니다. 일본에는 이러한 화산활동에 의해서 생긴 호수나 온천이 많고 경치가 좋은 곳도 많이 있습니다. 그러나 한편으로는 화산의 분화대나 지각 변동대에 속해 있기 때문에 지진이 많아 불안정한 지역도 적지 않습니다.

어휘정리

東端(どうたん) : 동쪽 끝

   *端(はし) : 끝, 시초, 가장자리, 잘라낸 조각, 사물의 중심이 아닌 일부분

わたる : 걸치다, 미치다, 이르다

あ(有)る : 있다, (무게·넓이·높이·거리 따위가) 얼만큼 되다, 죽 ~하다

面(めん)する : 면하다, 향하다, 마주 대하다, 인접하다

ごつごつ : 울퉁불퉁하고 딱딱한 모양, 거친 모양　　**切(き)れ込(こ)む** : 깊이 베다, 쭉 째지다

点在(てんざい) : 점재 : 점점이 흩어져 있음　　**なごやか** : 부드러운, 온화한

2) 気候

　日本は大部分が温帯にあって温暖で、四季の移り変わりがはっきりしています。しかし日本列島は南北に細長く連なっているので、南と北では気候がたいへん違います。九州では桜の花が3月中旬に咲きますが、北海道では5月の中旬に咲きます。また、冬はシベリアからの冷たい風が吹き寄せ、東海側に大雪が降りますが、南の九州では雪はめったに降りませんし、沖縄ではまったく降りません。そして6月から7月は梅雨の季節で、雨がたくさん降ります。夏から秋にかけては台風が日本を襲い、しばしば西日本に風水害をもたらします。

[日本, 富士山]

2) 기후

　일본은 대부분이 온대에 있어서 온난하고 사계절의 변화가 뚜렷합니다. 그러나 일본 열도는 남북으로 가늘고 길게 이어져 있기 때문에 남과 북은 기후가 많이 다릅니다. 규슈에서는 벚꽃이 3월 중순에 핍니다만 홋카이도에서는 5월 중순에 핍니다. 또 겨울은 시베리아로부터의 차가운 바람이 불어와 동해 쪽에 대설이 내립니다만 남쪽의 규슈에서는 눈은 좀처럼 내리지 않고 오키나와에서는 전혀 내리지 않습니다. 그리고 6월부터 7월은 장마철로 비가 많이 내립니다. 여름부터 가을에 걸쳐서는 태풍이 일본을 덮어 종종 서일본에 풍수해를 가져옵니다.

어휘정리

襲(おそ)う : 습격하다, (남의 집을) 느닷없이 방문하다, 물려(이어)받다, 계승하다

しばしば : 자주, 여러 번, 종종, 누차

第4章

ソウルの歴史・文化

漢江や周辺の山地などの美しい自然や古宮、遺跡等の文化遺産に恵まれ、またダイナ

ミックな現代的なビジネスシティーとしての機能を同時に併せ持つソウルは、悠久の歴史の古都でもあります。

ソウルで発見された遺跡から推定しますと、この地域に最初に人類が定住するようになったのは新石器時代のBC4000年頃。また、漢江中下流地域はもちろん、東アジア一帯の広大な流域を支配または交流した百済王国の

[서울의 現在 模襲(江南 一帯)]

最初の首都を現在のソウルの東南地域に定めたという記録があります。

そして出土した考古学資料によって推測しますと、韓民族はこの地域に既に三国時代(BC57~AD668)から政治的な重みを置いていたことになります。しかし、21世紀の大韓民国の首都であり、国際的な政治、経済の中心地として成長しつつある現代のソウルの直接的な起源は、朝鮮王朝の建国(1392年)からだといえます。

1394年に遷都してから「漢城」あるいは「漢陽」と呼ばれてきた現代のソウルは、かつて「壬辰倭乱」(1592~1598年の豊臣秀吉の朝鮮侵略)、日本の侵略(1910~1945年)、そして韓国戦争(1950~1953年)の期間を通し、ソウルの旧市街地や景福宮などの王宮を始めとした主要建築物が相当数破壊されたが、現在は韓半島最大の都市としてその地位を揺るぎないものとしています。

現在のソウルの姿は、何よりも1980年代から本格化した国際的大都市としての大々的な開発と遺跡保存に力を尽くした結果です。1988年に開催されたソウル・オリンピックを含む数々の国際的大偉業を通じ、社会・経済的変化に応じて成長と変貌を重ねた結果誕生したものでございます。

今日のソウルは、巨大都市として成長しました。市の在住人口は1,200万以上で、韓国の全人口の4分の1になって、政治、経済、文化の中心としていくつもの顔をもっています。

서울의 역사

한강과 주변의 산지 등 아름다운 자연과 고궁, 유적 등의 문화유산의 혜택을 입고, 또한 다이나믹한 현대적인 비즈니스 도시로서의 기능을 동시에 같이 가지는 서울은 유구한 역사의 고도이기도 합니다.

서울에서 발견된 유적으로부터 추정해 보면, 이 지역에 최초로 인류가 정착하게 된 것은 신석기시대인 BC 4000년경입니다. 또 한강 중하류 지역은 물론 동아시아 일대의 광대한 유역을 지배 또는 교류한 백제 왕국의 최초의 수도를 현재의 서울 동남지역에 정했다고 하는 기록이 있습니다.

그리고 출토된 고고학 자료에 의해 추측하면 한민족은 이 지역에 이미 삼국시대(BC 57~AD668)로부터 정치적 무게를 두고 있었던 것입니다. 그러나 21세기의 대한민국의 수도이고 국제적인 정치, 경제의 중심지로서 성장해 가는 현대 서울의 직접적인 기원은 조선왕조의 건국(1392년)부터라고 말할 수 있습니다.

1394년에 천도하고 나서 '한성' 또는 '한양'으로 불리어 왔던 지금의 서울은, 일찍기 '임진왜란'(1592~1598년, 도요토미 히데요시의 조선 침략), 일본의 침략(1910~1945년), 그리고 한국전쟁(1950~1953년)의 기간을 통해 서울의 구시가지나 경복궁 등의 왕궁을 비롯한 주요 건축물이 상당수 파괴되었으나 현재는 한반도 최대의 도시로서 그 지위를 흔들림 없이 지키고 있습니다.

현재의 서울 모습은 무엇보다도 1980년대부터 본격화한 국제적 대도시로서의 대대적인 개발과 유적 보존에 진력한 결과입니다. 1988년에 개최된 서울 올림픽을 포함한 수많은 국제적 대위업을 통하여 사회·경제적 변화에 응해서 성장과 변모를 거듭한 결과 탄생할 것입니다.

오늘의 서울은 거대 도시로 성장했습니다. 시 주재 인구는 1,200만 이상이고, 한국의 전 인구의 1/4로, 정치, 경제, 문화의 중심으로서 몇 가지 얼굴을 가지고 있습니다.

어휘정리

遷都(せんと) : 천도

揺(ゆ)るぎない : 확고한, 흔들림 없는

変貌(へんぼう) : 변모

　韓国の総面積は約22万平方キロメートルで、南北に長い半島のほぼ中央部分のやや西寄りに首都ソウルが位置しております。歴史的には古く紀元前18年頃に百済が東南側で国を起し、慰礼城という城を築くことから始まりました。国といいましても部族国家にすぎない規模で、東西に漢江の川が流れ、その流域は肥沃な穀倉地帯をなしていて、北側は、山に囲まれていて、地形がちょうど要塞の役割を果たしてきました。

　このソウルは百済時代は慰礼城、高句麗の時には北漢城、新羅時代には漢州、高麗時代になってから揚州、南京、朝鮮王朝時代には漢陽というように次から次へと名前が変わっていきます。

　ソウルが本格的な都として発展し始めましたのは1392年建国された朝鮮王朝時代からになります。朝鮮王朝の始祖である太祖「李成桂」は新しい王朝のイメージを国内外に植えつける一方、民心を一新するために、建国早々の1394年10月28日、都を今は北側になっている「開城」からソウルに移し、都の名前を「漢城」と改めました。

　政治、経済、文化、教育、交通などすべてに置きましてこの国の中心をなしているソウルは最近、周邊における新都市の開発で人口が少し減りはしましたものの、それでも今の人口1,200万以上の大都会をなしています。

［舊市廳 周邊 一帶］

　また、ソウルは1950年6月25日に勃発した韓国戦争によって、4分の3程度が廃墟と化して、現在の街の姿は戦争の終わった1953年から復元されて出来上がったもので市民や韓国全国民の血と汗の結晶といえます。

한국의 총 면적은 약 22만㎢이며, 남북으로 긴 반도의 거의 중앙 부분의 약간 서쪽 편에 수도 서울이 위치하고 있습니다. 역사적으로 오래되어 기원전 18세기경에 백제가 동남쪽에서 나라를 일으켜 위례성이라고 하는 성을 쌓는 것부터 시작되었습니다. 나라라고 해도 부족국가에 지나지 않는 규모로, 동서로 한강이 흘러, 한강 유역은 비옥한 곡창지대를 이루고 있고, 북쪽은 산으로 둘러싸여 있어서 지형이 마치 요새의 역할을 다해 왔습니다.

이 서울은 백제시대에는 위례성, 고구려 때에는 북한성, 신라시대에는 한주, 고려시대에는 양주, 남경, 조선왕조 시대에는 한양이라고 불렀듯이 계속해서 이름이 변해 갔습니다.

서울이 본격적인 도시로서 발전하기 시작한 것은 1392년 건국된 조선왕조 시대부터입니다. 조선왕조의 시조인 태조 '이성계'는 새로운 왕조의 이미지를 국내외에 심는 한편, 민심을 일신하기 위하여 건국하자마자 1394년 10월 28일 도읍을 지금은 북쪽에 있는 '개성'으로부터 서울로 옮겨 도읍지 이름을 '한성'이라고 새롭게 하였습니다.

정치, 경제, 문화, 교육, 교통 등 모든 면에 있어서 이 나라의 중심을 이루고 있는 서울은 최근 주변에 있어서 신도시 개발로 인구가 조금은 줄었기는 하나, 그래도 지금 인구 1,200만 이상의 대도시를 이루고 있습니다.

또 서울은 1950년 6월 25일에 발발한 한국전쟁에 의해서 3/4 정도가 폐허로 변했고, 현재의 도시 모습은 전쟁이 끝난 1953년부터 복원되어 만들어진 것으로 시민이나 한국의 전 국민의 피와 땀의 결정이라고 말할 수 있습니다.

어휘정리

築(きず)く : 쌓다, 쌓아올리다, 구축하다

穀倉地帯(こくそうちたい) : 곡창지대

要塞(ようさい) : 요새

早々(そうそう) : 서두르는 모양, ～하자마자, 직후

勃発(ぼっぱつ) : 발발, 갑자기 일어남

程度(ていど) : 정도

結晶(けっしょう) : 결정, 노력의 결과

　漢江は韓半島の中部の太白山脈の始流2個所(南は五台山、北は金剛山)から流れ始めて途中、東側郊外にある「両水里」で合流し、ソウルの都心を貫いて西の「黄海」へと流れています。政府、建設交通部発行の全国河川一覧表によりますと総全長が514キロメートルで、漢江に流入する河川は705個、総延長7,256キロメートルとなっています。東の江原道から始まって、忠清道、京畿道を右へ、左へと曲がりくねりながらだいたい北北東から南南西方向に流れ、流域には穀倉地帯となる平野を幾つか抱えており、大きなダムが設置されています。古くは新石器時代から百済の建国、それから三国時代(高句麗、百済、新羅)を経て今日へとソウルを見守り続けてきた漢江は生きた歴史の証人にふさわしい存在です。

　今、漢江を渡って南側の江南地域は大々的にニュータウンが開発され、東は千戸大橋から西は金浦大橋に至るまで23個所の橋で河の南北に結ばれて頻繁な往来をまかなっています。黄海にほど近い下流では「臨津江」と合流し、西海岸は南北軍事分界線(南北境界線)がものものしい雰囲気のなかで、互いに往来が途絶えてすでに半世紀を迎えています。躍進韓国と首都ソウルを紹介する際に「漢江の奇蹟」という言葉がよく使われています。これは、韓国の首都はソウルでソウルを象徴するのは漢江ですから、韓国の奇蹟を、つまり、漢江の奇蹟というのです。

　橋が架けられる以前の漢江には至る所に渡し場があって、渡し船と船頭さんたちが大活躍したものでした。冬場の漢江はよく凍りまして氷の上でスケートを楽しんだり、釣りをしていたものでした。昔の人々が歌い始めていた「ノードル江邊(漢江の岸邊の柳の木)」とか、「漢江水」などという素朴な内容でありますが、今なお広く愛唱されています。南北河邊の両側には広々とした道路が走っています。

[漢江]

한강은 한반도 중부의 태백산맥의 시류(시원지) 2개소(남은 오대산, 북은 금강산)로부터 흐르기 시작해서 도중에 동쪽 교외에 있는 '양수리'에서 합류하여 서울의 도심을 관통해서 서쪽의 '황해'로 흘러가고 있습니다. 정부, 건설교통부 발간의 전국 하천 일람표에 의하면 총 전장이 514km로, 한강에 유입되는 하천은 705개, 총 연장 7,256km가 되어 있습니다. 동쪽의 강원도부터 시작되어 충청도, 경기도를 우로, 좌로 구불구불해 가며 대충 북북동으로부터 남남서 방향으로 흘러 유역에는 곡창지대가 되는 평야를 몇 곳 껴안고 있으며 큰 댐이 설치되어 있습니다. 먼 신석기시대부터 백제의 건국, 그리고 나서 삼국시대(고구려, 백제, 신라)를 거쳐 오늘날에도 서울을 계속 지켜온 한강은 산 역사의 증인에 알맞은 존재입니다.

지금 한강을 건너 남쪽의 강남지역은 대대적으로 신도시가 개발되어 동쪽은 천호대교로부터 서쪽은 김포대교에 이르기까지 23개의 다리에서 강의 남북으로 연결되어 빈번한 왕래를 마련해 주고 있습니다. 황해에 가까운 하류에서는 '임진강'과 합류하고, 서해안은 남북군사분계선(남북경계선)이 삼엄한 분위기 속에서 서로 왕래가 끊기어 이미 반세기를 맞이하고 있습니다. 약진하는 한국과 수도 서울을 소개할 때 '한강의 기적'이라는 말이 잘 사용되고 있습니다. 이것은 한국의 수도는 서울이고 서울을 상징하는 것은 한강이기 때문에, 한국의 기적을 한강의 기적이라고 말하는 것입니다.

다리가 놓여지기 이전의 한강에는 가는 곳마다 나루터가 있어서, 나룻배와 뱃사공들이 대활약한 곳이 있습니다. 겨울철의 한강은 잘 얼어서 얼음 위에서 스케이트를 즐기기도 하고 낚시를 하는 곳이었습니다. 옛날 사람들이 불렀던 '노들강변(한강 연변의 버드나무)'이라든지 '한강수' 등은 소박한 내용이지만 지금까지도 널리 애창되고 있습니다. 남북 하변의 양측에는 넓디 넓은 도로가 뻗어 있습니다.

어휘정리

くねる : 휘어 구부러지다, 구불거리다, (성격이) 비꼬이다, 비뚤어지다, 푸념하다

まかなう : 마련해 공급하다, 조달하다, 밥을 먹게 해주다, 경비를 맡아 처리하다

ほど近(ちか)い : 가깝다, 그리 멀지 않다

ものものしい : 위엄이 있다, 어마어마하다, 장엄하다, 삼엄하다

船頭(せんどう) : 뱃사공

冬場(ふゆば) : 겨울철 ↔ なつば : 여름철

　漢江に一番最初橋が架けられたのは1917年のことで、最初の橋であった第一漢江橋は、まさに都の名物でありました。

　漢江のほぼ中間部分の北側の岸には切頭山殉教博物館（じゅんきょう）があります。南側には永登浦電子工業団地、水産センター、国立墓地、高速バスターミナル、ソウル総合運動場(メインスタジウム、1988年オリンピック大会が開催された所)、遊園地（ゆうえんち）、ソウル競馬場（けいばじょう）、スポーツ公園、水泳場、自然教育場、遊覧船船着場（ふなつきば）、リゾートホテルのウォーカーヒル、百済時代の土城址（あと）、住居址などの名所が続いております。母（はは）なる河、命（いのち）なる河（かわ）そのものです。

● 漢江沿（ぞ）い

[漢江 遊覧船 船着場]

　漢江は、ソウルの真ん中を東西に流れる川です。韓国はかって「漢江の奇蹟」と呼ばれた記録的な産業の急速成長を遂げましたが、その過程で発生した公害で漢江は一時ひどい被害にあいました。しかし、1982年から「漢江総合開発事業」が施行され漢江とその川沿（ぞ）いは新しく生まれ変（か）りました。

　漢江の岸沿いには、オリンピック大路(幸州大橋～ミサリ区間、約40km、市民公園13ヵ所(約6,000,000m²)、貯水池（ちょすいち）、分流下水管（ぶんりゅうげすいかん）、釣場（つりば）、遊覧船乗（ゆうらんせんの）り場（ば）、水上スポーツ場、オリンピック関聯施設がありますし、市民の憩（いこ）いの公園として利用されていて、ヨットやモーターボート、遊覧船に乗ったり、釣りを楽しむ人々で和（なご）やかなムードにあふれています。

　한강에 가장 최초의 다리가 놓여진 것은 1917년의 일로 최초의 다리였던 제1한강교
는 실로 도시의 명물이었습니다.

　한강의 거의 중간 부분의 북쪽 연안에는 절두산 순교 박물관이 있습니다. 남쪽에는
영등포 전자공업단지, 수산센터, 국립묘지, 고속버스 터미널, 서울 종합운동장(메인 스
타디움, 1988년 올림픽 대회가 개최되었던 곳), 유원지, 서울 경마장, 스포츠 공원, 수
영장, 자연 교육장, 유람선 선착장, 리조트 호텔인 워커힐, 백제시대의 토성지, 주거지
등의 명소가 이어져 있습니다. 모태가 되는 강, 생명이 되는 강 그 자체입니다.

● 한강을 따라서

　한강은 서울의 한가운데를 동서로 흐르는 강입니다. 한국은 일찌기 '한강의 기적'이
라고 불리웠던 기록적인 산업의 급속 성장을 이루었습니다만, 그 과정에서 발생한 공
해로 한강은 한때 심한 피해를 보았습니다. 그러나 1982년부터 '한강종합개발사업'이
시행되어 한강과 그 강 연안은 새롭게 태어났습니다.

　한강의 연안을 따라서 올림픽대로(행주대교~미사리 구간 약 40km), 시민공원 13개
소(약 6,000,000㎡), 저수지, 분류하수관, 낚시터, 유람선 타는 곳, 수상 스포츠장, 올림
픽 관련 시설이 있고 시민의 휴식 공원으로서 이용되고 있어서 요트나 모터보트, 유람
선을 타거나 낚시를 즐기는 사람들로 화목한 분위기가 넘치고 있습니다.

어휘정리

かつて : 일찍이
沿(ぞ)い : ～에 따라서
和(なご)やか : 부드러운, 온화한

　現在、ソウル市内で見ることのできる王朝時代の宮廷は、太祖4年(1395年)から隆熙4年(1910年)までの27代515年間続いてきた朝鮮時代に造られたものです。朝鮮王朝の創建と同時に建立された最初の正宮「景福宮」は、朝鮮の首都である漢城(または漢陽；ソウルの古名)当時のエリア内ではやや西北よりにあり、全ての建造物は中国の宮殿と同じく南向きに配置されています。創建当時の資料で宮の周辺の配置を見ると、宮の左右に宗廟と社稷があり、宮の南には大路(今の世宗路)が走っていました。その左右には国家の主要機構が置かれ、現在の鐘路には市が立ち市街地を造っていました。

　朝鮮王朝の宮廷の施設は、初期の200年間にかけて景福宮の内部施設の増築や昌徳宮(1405年)、昌慶宮(1484年)の築造などを通じて規模を広げていましたが、1592年の「壬辰倭乱」(豊臣秀吉の朝鮮侵略)で朝鮮前期の3宮と宗廟が全部焼けました。

　戦争直後の1605年から始まった宮の復旧作業で宗廟(1608年)と昌徳宮(1611年)、昌慶宮(1616年)を再建し、新たに慶熙宮を建立しました。景福宮は、19世紀に入って大規模な改築(1869年)をし、その当時は正宮として使われていたが、1898年からは徳寿宮が国王の居所として使われるようになりました。

［朝鮮時代　王宮］

　현재 서울 시내에서 볼 수 있는 왕조시대의 궁정은 태조 4년(1395년)부터 융희 4년(1910년)까지의 27대 515년간 계속되어 온 조선시대에 건축된 것입니다. 조선왕조의 창건과 동시에 건립된 최초의 정궁 '경복궁'은 조선의 수도인 한성(또는 한양 ; 서울의 옛이름) 당시의 지역 내에서는 조금 서북쪽에 있고, 모든 건조물은 중국의 궁전과 같이 남향으로 배치되어 있습니다. 창건 당시의 자료로 궁의 주변의 배치를 보면 궁의 좌우에 종묘와 사직이 있고, 궁 남쪽에는 대로(지금의 세종로)가 뻗어 있습니다. 그 좌우에는 국가의 주요 기구가 설치되어 있고 현재의 종로에는 시장이 서서 시가지를 만들고 있습니다.

　조선왕조의 궁정 시설은 초기 200년간에 걸쳐 경복궁의 내부 시설의 증축이나 창덕궁(1405년), 창경궁(1484년)의 축조 등을 통해서 규모를 넓혀갔습니다만 1592년의 '임진왜란'(도요토미 히데요시의 조선 침략)으로 조선 전기의 3궁과 종묘가 전부 타버렸습니다.

　전쟁 직후의 1605년부터 시작된 궁의 복구 작업으로 종묘(1608년)와 창덕궁(1611년), 창경궁(1616년)을 재건하고 새롭게 경희궁을 건립하였습니다. 경복궁은 19세기에 들어와 대규모적인 개축(1869년)을 하여, 그 당시는 정궁으로서 사용되고 있었으나 1898년부터는 덕수궁이 국왕이 거처하는 곳으로서 사용되게 되었습니다.

어휘정리

建立(こんりゅう) : 건립

はしる : 달리다, (길, 산맥 따위가) 뻗다, 통하다, 달아나다, 이따금씩 쑤시다, 기울다

市(いち)が立(だ)つ : 장이 서다

焼(や)ける : 구워지다, 뜨거워지다, 빨개지다, 변색하다, 속이 쓰리다, 애먹이다

居所(きょしょ) : 거처

1) 景福宮

ソウルには景福宮を初め、昌徳宮、昌慶宮、徳寿宮、慶熙宮の5つの王宮がありました。景福宮は1395年までに完成していたのです。名前の由来は詩経の「君子万年、爾の景福を介（たす）く」からだと言いいます。

［景福宮　勤政殿］

1592年に豊臣秀吉が朝鮮に侵略してきた時(いわゆる壬辰倭乱)、漢城に侵入してきた日本軍との戦いで宮殿は消失してしまったのです。それ以来不吉（ふきつ）な王宮と言われ、270年余り修復（しゅふく）・使用されなかったため、王宮は荒廃（こうはい）していました。1860年代、高宗の父、興宣大院君が国威宣揚（こくい せんよう）の一環として、民衆に巨額の負担と労力を強（し）いて再建しました。当時の宮殿は総面積41万9,100m²の地に、およそ300の大小の殿閣と附属の建物を添（そ）える華（はな）やかなものであったと言われます。宮殿の完成を期（き）して、1868年に高宗は住居と政務を昌徳宮からここへ移したのです。

1394年現在のソウルの地を首都と定めた時、朝鮮王朝の王宮として創建されました。外郭門の光化門の後方に位置する正門(弘礼門)を始め四つの内郭門があり、勤政殿、四政殿、康寧殿、慈慶殿など多数の殿堂と楼閣が建てられていました。これらの多くは1592年の「壬辰倭乱」の時焼失（しょうしつ）し、1889年高宗の時代に再建されたが、明成皇后弑逆（しいぎゃく）事件の後、高宗は生命の危機を感じ、1896年にこの景福宮を捨ててロシア公使館に移り、後に徳寿宮に王宮を構（かま）えることになりました。このような中、景福宮は廃虚（はいきょ）になったのです。

「併合」（へいごう）後、景福宮の管轄（かんかつ）は総督府（そうとくふ）に移ります。「併合」以前の1909年頃からすでに数多くの建物が破壊され、民間に払（はら）い下（さ）げられました。1910年の日本の強制的な韓日合邦（がっぽう）により、景福宮の姿は大きな打撃を受けました。宮の南側地域に朝鮮総督府を建てたことはもちろん、多くの殿閣（てんかく）が消失（しょうしつ）しました。

その後、旧朝鮮総督府の建物は1945年から1996年まで政府の中央庁舎や国立中央博物館として使われていましたが、取（と）りこわされ、現在、景福宮の本来の姿を復元しようと

1) 경복궁

서울에는 경복궁을 비롯하여 창덕궁, 창경궁, 덕수궁, 경희궁의 다섯 왕궁이 있었습니다. 경복궁은 1395년까지 완성되었습니다. 이름의 유래는 시경의 '君子万年, 介而景福'이라는 말에서 따온 것이라 합니다.

1592년에 도요토미 히데요시가 조선을 침략해 왔을 때(소위 임진왜란), 한성에 침입해 온 일본군과의 싸움으로 궁전이 소실되어 버렸던 것입니다. 그 이후 불길한 왕궁이라 불리어 270여년간 복원·사용되지 않았기 때문에 왕궁은 황폐해 있었습니다. 1860년대, 고종의 아버지인 흥선 대원군이 국위선양의 일환으로서 민중에게 거액의 부담과 노역을 강요해 재건하였습니다. 당시의 궁정은 총면적 41만 9,100㎡의 땅에, 거의 300의 크고 작은 전각과 부속 건물을 곁들여 화려했다고 합니다. 궁전의 완성을 기해서 1868년에 고종은 주거와 정무를 창덕궁에서부터 이곳으로 옮긴 것입니다.

1394년 현재의 서울 땅을 수도로 정했을 때, 조선왕조의 왕궁으로서 창건되었습니다. 외곽문인 광화문의 후방에 위치하는 정문(홍례문)을 비롯하여 4개의 내곽문이 있고, 근정전, 사정전, 강녕전, 자경전 등 다수의 전당과 누각이 세워졌습니다. 이들 다수가 1592년 '임진왜란' 때 소실되고, 1889년 고종 시대에 재건되었으나 명성황후 시해사건 이후 고종은 생명의 위기를 느껴 1896년에 이 경복궁을 버리고 러시아 공사관으로 옮겨, 후에 덕수궁에 왕궁을 짓게 되었습니다. 이런 중에 경복궁은 폐허가 되었던 것입니다.

'합병' 후, 경복궁의 관할은 총독부로 옮겨집니다. '합병' 이전인 1909년경부터 이미 많은 건물이 파괴되고 민간에게 불하되었습니다. 1910년의 일본의 강제적인 한일합방에 의해 경복궁의 모습은 크게 타격을 받았습니다. 궁 남쪽 지역에 조선총독부를 세운 것은 물론 많은 전각이 소실되었습니다.

그후 구 조선총독부 건물은 1945년부터 1996년까지 정부의 중앙청사나 국립중앙박물관으로 사용되고 있었으나 해체되어 현재 경복궁 본래의 모습을 복원하려고 하는 작

어휘정리

不吉(ふきつ)な : 불길한	**修復(しゅふく)** : 수복, 복원, 회복
強(し)いる : 강요하다	**添(そ)える** : 첨부하다, 붙이다, 곁들이다, 더하다
期(き)する : 기하다, 기약하다	**構(かま)える** : 꾸미다, 짓다, 이루다
併合(へいごう) : 병합, 합병	**払(はら)い下(さ)げる** : 불하하다
合邦(がっぽう) : 합방	**取(と)りこわす** : 해체하다, 헐다

する作業が本格的に進んでいます。景福宮の復元は国の重要な政策の1つに拳げられ、1991年6月5日に起工式が行なわれました。

　現在は、王の即位式や文武百官の朝礼などが行われた伝統的な美しさと雄大さが見事な勤政殿、迎賓館の役割をした2階建ての壮麗な慶会楼など、10棟余りの建造物が残るのみとなっています。春ともなればレンギョウやツツジなどの花が咲き乱れ、吉鳥のかささぎが飛び都心とは思えない静かさです。近い将来、景福宮はその雄壮な姿を現わすことだろうと思います。宮内には国立民俗博物館があります。

●主要建造物

① 勤政殿：景福宮の正殿で、国王と朝臣が朝礼を行った所。今、現存しているのは高宗の時代に再建されたものです。

② 思政殿：国王が政治を執り行った所で宮の中心部に位置しています。千秋殿は王と臣下が学問的討論を行った研究所であります。

③ 交泰殿／蛾眉山と煙突：王妃の寝所の交泰殿とその裏庭にある人工の築山の蛾眉山、そしてその間にそびえ立つ赤いレンガの煙突は、慈慶殿一帯と並んでおそらく景福宮内でも美しい空間といえます。

［景福宮　交泰殿］

④ 慈慶殿／十長生煙突：花で飾られた塀の慈慶殿と共に国宝に指定されている。

⑤ 慶会楼：慈慶殿の西にある大きな蓮池の真ん中に48の石柱を使って建てられた楼閣で、国家の重要な宴げや外国使臣の接待が行われました。

⑥ 香遠亭：景福宮北側の神武門の前にある小さな蓮池の中に立つあずまや。春のレンギョウや秋の紅葉が映える頃は一幅の絵のように美しいです。

업이 본격적으로 진행되고 있습니다. 경복궁의 복원은 국가의 중요한 정책의 하나로 1991년 6월 5일 기공식을 거행하였습니다.

현재는 왕의 즉위식이나 문무백관의 조례 등이 행해졌던 전통적인 아름다움과 웅대함이 훌륭한 근정전, 영빈관의 역할을 했던 2층 건물인 장려한 경회루 등 10여 동의 건조물이 남아 있을 뿐입니다. 봄이 되면 개나리나 진달래 등이 만발하고 길조인 까치가 날아 도심이라고는 생각되지 않을 정도로 조용합니다. 가까운 장래, 경복궁이 그 웅대한 모습을 나타낼 것입니다. 궁내에는 국립중앙민속박물관이 있습니다.

어휘정리

挙(あ)げる : 팔을 쳐들다, 거행하다, (예로서) 들다, 거두다, 천거하다, 드날리다
雄大(ゆうだい) : 웅대

● 주요 건조물

① 근정전 : 경복궁의 정전으로 국왕과 조신이 조례를 행하던 곳. 지금 현존해 있는 것은 고종 때에 재건된 것입니다.

② 사정전 : 국왕이 정치를 집행하던 곳으로 궁의 중심부에 위치해 있습니다. 천추전은 왕과 신하가 학문적 토론을 행하던 연구소입니다.

③ 교태전/아미산과 굴뚝 : 왕비의 침소인 교태전과 그 뒤뜰에 있는 인공적으로 만든 산인 아미산, 그리고 그 사이에 우뚝 서 있는 빨간 벽돌의 굴뚝은 자경전 일대와 나란히 아마도 경복궁 내에서 가장 아름다운 공간이라고 말할 수 있습니다.

④ 자경전/십장생 굴뚝 : 꽃으로 꾸며진 담장인 자경전과 함께 국보로 지정되어 있습니다.

⑤ 경회루 : 자경전 서쪽에 있는 큰 연못 한가운데에 48개의 석주를 사용해 만들어진 누각으로, 국가의 중요한 연회나 외국 사신의 접대가 행해졌습니다.

⑥ 향원정 : 경복궁 북쪽의 신무문 앞에 있는 작은 연못 안에 서 있는 정자. 봄의 진달래와 가을 단풍이 물드는 무렵에는 한 폭의 그림같이 아름답습니다.

어휘정리

朝臣(ちょうしん) : 조신, 조정의 신하   **煙突(えんとつ)** : 굴뚝
あずまや : 정자   **紅葉(こうよう)** : 홍엽, 단풍
映(は)える : 빛나다, 어울리다, 돋보이다

●光化門

景福宮は高い石築の塀をめぐらし、東西南北に建春・迎秋・光化・神武の4つの門楼を配しておりました。朝鮮王朝が漢陽(現在のソウル)を首都と定めた翌年の1395年、景福宮が創建された時に光化門が正門として造られたが、壬辰倭乱の時に消失しました。

[光化門]

その後大院君により再建されましたが、「併合」後の1926年、王宮内に朝鮮総督府によって門は積石軸を残して焼け落ちました。正門の光化門は、東の建春門近くに立ちのかされてしまい、それすらも韓国動乱のとき共産軍によって焼かれてしまいました。

いまの光化門は再建されたものです。なお、光化門の城壁の石垣は、博文寺の建設に利用されたと記録されています。この門を元の位置に戻して再建させたのは朴正熙大統領で、1968年のことであります。

●建春門

景福宮には四つの門があって、東が建春門、南が光化門、西が迎秋門、北が神武門でございます。

建春門は景福宮の東門です。東の方角は春にあたりますので、建春門となづけられています。中央には虹霓門を設けました。石積みの上に門楼が設けられています。

●勤政殿

壮麗華美をきわめた宮殿でございます。この宮殿は、1867年11月に復元された南殿、すなわち、景福宮の正殿でございます。

最近(2001年)の補修によってきれいになりました。この宮殿では、国王の即位式をはじめ、文武百官の侍立する朝賀の礼、日本でいう、朝見の議がとりおこなわれました。ほ

●광화문

경복궁은 높은 석축 담을 둘러쌓아, 동서남북에 건춘·영추·광화·신무의 4개의 문루를 배치하고 있었습니다. 조선왕조가 한양(지금의 서울)을 수도로 정했던 익년인 1395년, 경복궁이 창건된 때에 광화문이 정문으로 건조되었으나 임진왜란 때에 소실되었습니다.

그후 대원군에 의해 재건되었습니다만 '합병' 후인 1926년, 왕궁 내 조선총독부에 의해 문은 적석축을 남기고 불에 타서 내려앉았습니다. 정문인 광화문은 동쪽의 건춘문 가까이 퇴거되어 버리고 그것조차도 한국전쟁 때 공산군에 의해 불타버리고 말았습니다.

지금의 광화문은 재건된 것입니다. 광화문 성벽의 돌담은 박문사의 건설에 이용되었다고 기록되어 있습니다. 이 문을 원래 위치로 되돌려 재건시킨 것은 박정희 대통령으로, 1968년의 일입니다.

어휘정리

塀(へい) : 담	焼(や)け落(お)ちる : 불에 타서 내려앉다
立(た)ちのく : 퇴거하다, 물러나다	石垣(いしがき) : 석벽, 돌담

●건춘문

경복궁에는 4문이 있는데, 동문이 건춘문, 남문이 광화문, 서문이 영추문, 북문이 신무문입니다.

건춘문은 경복궁의 동문입니다. 동쪽 모퉁이는 봄에 해당하므로 건춘문이라고 이름 지어졌습니다. 중앙에는 홍예문을 만들었습니다. 적석 위에 문루가 설치되어 있습니다.

어휘정리

なづける : 명명하다, 이름을 짓다	設(もう)ける : 마련하다, 베풀다, 만들다

●근정전

장엄하고 화려하기 그지없는 궁전입니다. 이 궁전은 1867년 11월에 복원된 남전, 즉 경복궁의 정전입니다.

최근(2001년)의 보수 공사로 깨끗해졌습니다. 이 궁전에서는 국왕의 즉위식을 비롯하여 문무백관이 시립하는 조하의 례, 일본에서 말하는 배알의 의식이 행해졌습니다.

かにも、外国の使臣に謁見をたまうなど、国家おおやけの儀式がひんぱんにおこなわれました。

　一国の帝王王権を象徴するにふさわしいこの殿閣の奥まったところには、玉座がしつらえられております。四方を石の欄干と十二支の石像に二重にとりかこまれたこの殿閣は、現存する朝鮮時代の木造建築のなかでは最も規模が大きいとされます。

　青空のほうへ、のびのびとのびあがるように、絶妙な軒の線。これぞ、まさしく韓国美の極致といっていいすぎではありません。御影石の石畳を敷きつめた前庭には、ご覧のように、大理石を手ぎわよく処理した品階石すなわち、百官の位をあらわす石の標が、ずらりと両脇にながれて、立っております。

　正一品から、従九品の位階をあらわすこの品階石は、正殿にむかって、東側は文臣、西側は武臣、すなわち文武官の堵列の秩序をもの語っております。

　勤政殿の内部は大広間になっています。その正面中央にしつらえてあるのが、国王のおすわりになる玉座でございます。玉座のうえはご覧の通り、日月と峰、松の木と滝をえがいた屏風が張り巡らされております。

　日月、すなわち太陽と月は、国王と王妃を象徴し、連なる峰は王の尊厳と王権の揺るぎなきを、そして、四海は民草を、滝と松は国運のいやさかえあらんことを、それぞれあらわします。

　玉座のまうえ、天井には番いの黄金の竜が如意宝珠をはさんでむかいあっているレリーフが、大広間の柱、極彩色の装飾をほどこした枓栱の華やかさとひとつに溶けあい、朝鮮建築の粋をほこります。

［勤政殿　內部］

그 외에도 외국 사신들의 알현 등 국가의 공식적인 의식이 빈번하게 행해졌습니다.

일국의 제왕 왕권을 상징하기에 어울리는 이 전각의 안쪽에는 옥좌가 마련되어 있습니다. 사방을 돌 난간과 십이지의 석상으로 이중으로 둘러싸인 이 전각은 현존하는 조선시대 목조 건축 중에서 가장 규모가 크다고 합니다.

푸른 하늘로 자유롭게 뻗어나가듯이 절묘한 처마의 선. 이것이야 말로 바로 한국미의 극치라고 말해도 지나치지 않습니다. 대리석을 납작하게 전면에 깔아놓은 앞 마당에는 보시는 바와 같이 대리석을 솜씨 좋게 처리한 품계석, 즉 백관의 위치를 나타내는 돌로 만든 품계석이 양쪽에 죽 늘어서 있습니다. 정1품부터 종9품의 위계를 나타내는 이 품계석은 정전을 향해서 동측은 문신, 서측은 무신, 즉 문무관의 도열의 질서를 말해 주고 있습니다.

근정전의 내부는 넓은 방으로 되어 있습니다. 그 정면 중앙에 마련되어 있는 것이 국왕이 앉으시는 옥좌입니다. 옥좌 위에는 보시는 바와 같이 일월과 봉우리, 소나무와 폭포를 그린 병풍이 온통 둘러쳐져 있습니다.

일월, 즉 태양과 달은 국왕과 왕비를 상징하고, 이어져 있는 봉우리는 왕의 존엄과 왕권의 흔들림 없음을, 그리고 사해는 백성을, 폭포와 소나무는 국운의 더욱 번창함 있기를 각각 나타냅니다.

옥좌의 바로 위 천정에는 한 쌍의 황금으로 된 용이 여의보주를 사이에 두고 마주 보고 있는 부조가 있고, 넓은 방의 기둥, 극채색의 장식을 입힌 부조의 화려함과 하나로 어우러져 조선 건축의 정수를 자랑합니다.

어휘정리

壮麗華美(そうれいかび) : 장엄하고 화려함	侍立(じりつ) : 귀인, 특히 왕을 곁에 모시고 섬
朝賀(ちょうが) : 조하 ; 조정에 나아가 임금에게 하례함	
朝見(ちょうけん) : 조현 ; 신하가 천자를 뵘	たまう : 주시다, 내리시다
しつらえる : (건물, 방에) 설비[마련]하다	のびのび : 자유롭게 뻗을 대로 뻗어나는 모양
のびあがる : 몸을 펴서 발돋음하다	まさしく : 바로, 틀림없이, 확실히
敷(し)きつめる : 전면에 깔다	手(て)ぎわ : 솜씨
標(しるべ) : 길안내, 길잡이, 도표	ずらりと : 여럿이 늘어선 모양, 죽
堵列(とれつ) : 도열	大広間(おおひろま) : 썩 넓은 방
張(は)り巡(めぐ)らす : 온통 둘러치다	四海(しかい) : 사해, 사방의 바다, 천하, 세계
民草(たみぐさ) : 민초, 백성	いやさか(え) : 이전보다 더욱 번창함
レリーフ(=リリーフ) : 부조, 돌을 새김	ほどこす : 베풀다, 세우다, 채색하다

●慶会楼

景福宮のなかでも、いちばんユニークな建築美をみせるのが慶会楼です。池のなかに建つ、この楼閣は、ご覧のとおり、情緒に富み、岸べに花が咲きみだれる早春の趣は、とくに美しいものです。

［景福宮 慶會樓］

景福宮では、勤政殿につぐ規模の、この楼閣では、君王と群臣、そして外国の使節たちが、宴を張り、交歓した王宮のレセプションホールであります。

この慶会楼が建てられたのは、朝鮮王朝第3代国王、太宗12年、西紀で1412年、朝鮮王朝がはじまって間もない頃のことです。日本でも南北朝の合一がなってから間もないころのことです。

この慶会楼もまた、壬辰倭乱の兵火により燎け落ちました。のち、ずっと、あとになって、高宗4年、1867年に再建されました。

この楼閣の建築につかわれた石材は、江華島産の花崗巌、すなわち、みかげいしであります。眺めもすばらしく、楼上からは、西に仁旺山、背後に北岳山、南には南山がみはらせます。

かつての南北調節委員会のソウル会談のときは、北側の代表たちを、ここに招き、もてなしたこともあります。この慶会楼は2001年の春、あたらしくなおしました。

●峨嵋山煙突

宮中の煙突であり、もとは、勤政殿の北にあった康寧殿、交泰殿の煙突でした。八角形の優雅な造りの、この煙突は、磚すなわち土を焼いて長方形のレンがに似せてつくった建材をつかっております。それに、うつくしい草花や鳥獣のレリーフをほどこしてあります。寝殿に付属したオンドルの排煙施設であります。優雅な宮廷生活がしのばれる煙突です。

●경회루

경복궁 중에서도 가장 독특한 건축미를 보이는 경회루입니다. 연못 속에 세워진 이 누각은 보시는 바와 같이 정서가 풍부하고 연못가에 꽃이 만발하는 초봄의 정취는 특히 아름답습니다.

경복궁에서는 근정전 다음 가는 규모의 이 누각에는 군왕과 군신, 그리고 외국의 사절들이 주연을 베풀고 교환한 왕궁의 리셉션 홀입니다.

이 경회루가 세워진 것은 조선왕조 제3대 국왕 태종 12년(서기 1412년), 조선왕조가 시작된 지 얼마 안되는 때입니다. 일본에서도 남북조의 합일이 되고 나서 얼마 안되는 무렵의 일입니다.

이 경회루도 또한 임진왜란의 병화로 타내려 앉았습니다. 나중에 한참 후가 되어, 고종 4년, 1867년에 재건되었습니다.

이 누각의 건축에 사용된 석재는 강화도산의 화강암입니다. 전망도 훌륭하여 누각 위에서부터는 서쪽으로 인왕산, 뒤쪽으로 북악산, 남으로는 남산을 전망할 수 있습니다.

이전에 남북조절위원회의 서울 회담 때에는 북측 대표들을 이곳에 초청해 접대한 적이 있습니다. 이 경회루는 2001년 봄에 새롭게 단장했습니다.

어휘정리

兵火(へいか) : 병화, 전화	**みはらす** : 전망하다, 멀리 바라보다

●아미산 굴뚝

궁중의 굴뚝입니다. 원래는 근정전 북쪽에 있던 강녕전, 교태전이라고 하는 궁전의 굴뚝이었습니다. 8각형의 우아한 조영의 이 굴뚝은 磚(전), 즉 흙을 구워서 장방형의 벽돌 모양으로 만든 건축 재료를 사용했습니다. 게다가 아름다운 풀과 꽃, 새와 짐승의 부조를 채색하였습니다. 침전에 속해 있는 온돌의 배연시설입니다. 우아한 궁정 생활을 엿볼 수 있는 굴뚝입니다.

어휘정리

磚(せん) : 흙을 구워서 네모나게 한 벽돌	**鳥獣(ちょうじゅう)** : 금수 : 새와 짐승
しの(偲)ぶ : 그리워하다, 연모하다	

● 香遠亭

　景福宮内の名物、香遠亭は蓮池のなかに建つ、優美なたたずまいの六角の四阿であります。読んで字のごとく、かぐわしい芳香が、遠くまで、たちこめるあずまやという意味です。

　香遠とは、蓮華のことを指します。蓮の花の、かぐわしさが遠く一里四方におよぶ、といった雅語でございます．香遠亭の、一幅の絵をみるような美しさは、丹塗り、すなわち、あかく塗装をほどこした欄干の橋によって、いっそう引き立ちます。

　四季おりおりの景色も、じつに麗しいものがあります。春には桃の花、つつじが咲きこぼれ、夏は、滴るような緑が、南の風をまとったさわやかさ、蓮池いっぱいにひろがります。くれない燃えたつ秋ともなれば、詩情あふれる情趣に胸をしめつけられそうです。

2) 昌徳宮・秘苑

　昌徳宮は本来1405年に離宮として建造されたが、「壬辰倭乱」時に焼失し1611年に再建されました。以後、慶熙宮と共に正宮の役割を果たしてきました。庭園の秘苑は韓国式庭園文化の真髄を見せてくれる美しい庭でございます。庭園内を一周するのに1時間20分ほどがかります。ユネスコに登録されている世界文化遺産でございます。

[昌徳宮]

　昌徳宮は朝鮮王朝歴代27人の国王のうちもっとも強力な権力基盤を造り上げて、518年という長い王朝の基盤を築いたと評価される第3代目の太宗時代の1405年に景福宮の離宮として造られました。また、9代目の成宗王の時、1470年から1494年国王がなくなるまでの24年間、正宮として使用されました。

● 향원정

경복궁 내의 명물인 향원정은 연못 안에 서 있는 우아한 모습의 6각의 정자입니다. 읽는 글자 그대로 향기로운 냄새가 멀리까지 자욱하게 끼이는 정자라고 하는 의미입니다.

향원이란 연꽃을 가리킵니다. 연화의 향기로움이 멀리 10리 사방으로 미친다라고 하는 좋은 말입니다. 향원정의 한 폭의 그림을 보는 듯한 아름다움은 단청, 즉 붉게 단청을 칠한 다리에 의해서 한층 돋보입니다.

사계절마다의 경치도 실로 아름답습니다. 봄에는 복숭아꽃, 진달래가 어우러져 만발하고, 여름은 물방울이 떨어질 듯한 녹음이 남풍을 휘감은 상쾌함, 연못 가득히 퍼집니다. 다홍색으로 타오르는 가을이 되면 시정 넘치는 정취에 가슴을 단단히 조이는 듯합니다.

어휘정리

かぐわしい : 향기롭다	**芳香(ほうこう)** : 방향 ; 향기로운 냄새
たちこめる : 자욱이 끼다	**蓮華(れんげ)** : 연화, 연꽃
一里(いちり) : 1리(한국의 10리)	**雅語(がご)** : 우아한 말, 바르고 좋은 말
丹塗(にぬ)り : 붉은 칠을 함, 또는 그런 것	**塗装(とそう)** : 도장
引(ひ)き立(た)つ : 돋보이다, 두드러지다	**つつじ** : 철쭉 ; 진달래
咲(さ)きこぼれる : 꽃이 많이 피다	**滴(したた)る** : (물 따위가) 방울져 떨어지다
まとう : 얽히다, 달라붙다, 감기다	**くれない** : 다홍, 주홍색
しめつける : 단단히 죄다, 세게 조르다	

2) 창덕궁 · 비원

창덕궁은 원래 1405년에 이궁(별궁)으로 지어졌으나 '임진왜란' 때 소실되고 1611년에 재건되었습니다. 이후 경희궁과 함께 정궁의 역할을 하여 왔습니다. 정원인 비원은 한국식 정원 문화의 진수를 보여주는 아름다운 정원입니다. 정원 내를 일주하는 데에 1시간 20분 정도가 걸립니다. 유네스코에 등록되어 있는 세계 문화유산입니다.

창덕궁은 조선왕조 역대 27인의 국왕 중 가장 강력한 권력 기반을 만들어 내어 518년이라고 하는 오랜 왕조의 기반을 구축했다고 평가되는 제3대 태종 시대인 1405년에 경복궁의 이궁으로 건조되었습니다. 또 9대인 성종 왕 때, 1470년부터 1494년 국왕이

　1592年壬辰の乱の際、都のすべての建物がそうでありましたように、昌徳宮も例外なく焼き払われましたが、19年後の1611年15代目の光海君によって建てなおされ、1865年景福宮が復元されるまで270余年という長い間、正宮として使用されました。

3) 徳寿宮

　壬辰倭乱の直後、ソウルの王宮が全て破壊された時に国王の臨時宮として使われ、当時は慶運宮と呼ばれていました。「徳寿宮」という名称は本来上王(隠退した上王)の居所を示す普通名詞で、強制退位(1907年)させられた高宗がましましたためにつけられた名であります。明成皇后閔妃弑逆事件後、1896年に高宗がここを改修して主要王宮となり、大韓帝国の成立(1897年)もここで公布されました。この時、伝統の宮廷様式の正殿の外に、周辺に西洋スタイルの建造物と庭園が加えられ、東西文化が折衷した特異なスタイルに生まれ変わりました。現在宮内では野外音楽会が開かれたり、宮の入口(大漢門)周辺では週末ごとに守門将交代式が行われています。

［徳寿宮］

● **主要建造物**

　① 中和殿：中和門—正殿に当たる建造物で1902年完工したが火災で焼失し、現存の建物はその後再建されたものです。

　② 石造殿：英国人の設計で1901年に起工、1909年に完工したネオルネサンス様式の建

돌아가실 때까지의 24년간 정궁으로서 사용되었습니다.

　1592년 임진왜란 때 도읍 전체 건물이 그러했듯이 창덕궁도 예외없이 타버렸습니다
만 19년 후인 1611년 15대 광해군에 의해 재건되어, 1865년 경복궁이 복원되기 까지
270여 년이라는 긴 세월 동안 정궁으로서 사용되었습니다.

어휘정리

真髓(しんずい) : 신수, 진수, 사물의 참뜻

3) 덕수궁

　임진왜란 직후, 서울 왕궁이 모두 파괴되었을 때, 국왕의 임시궁으로서 사용되고 당
시에는 경운궁이라고 불리고 있었습니다. '덕수궁'이라는 명칭은 본래 상왕(은퇴한 상
왕)의 거처를 나타내는 보통명사로, 강제 퇴위당한(1907년) 고종이 사셨기 때문에 붙
여진 이름입니다. 명성황후 민비 시해사건 이후, 1896년에 고종이 이곳을 수리하여 주
요 왕궁으로 하고 대한제국의 성립(1897년)도 이곳에서 공포했습니다. 이때 전통적인
궁정양식인 정전 외에 주변에 서양 스타일의 건조물과 정원이 첨가되어 동서문화가 절
충된 특이한 양식으로 변모했습니다. 현재 궁내에서는 야외음악회가 열리기도 하고 궁
입구(대한문) 주변에서는 주말마다 수문장 교대식이 행해지고 있습니다.

어휘정리

隱退(いんたい) : 은퇴　　　　　　　　居所(いところ) : 있는 곳, 거처
まします : 계시다, ます의 높임말　　　弑逆(しいぎゃく) : 시해
公布(こうふ) : 공포　　　　　　　　折衷(せっちゅう) : 절충

● 주요 건조물

　① 중화전 : 중화문─정전에 해당하는 건조물로 1902년 완공되었으나 화재로 소실
　　되고 현재의 건물은 그후 재건된 것입니다.

　② 석조전 : 영국인의 설계로 1901년에 기공, 1909년에 완공된 네오 르네상스 양식

物。朝鮮王朝500年最後の建造物で、現在は宮中遺物展示館として使われています。

●大漢門

大漢門は徳寿宮の正門です。1904年一度焼失され、現在のは1906年に建て直して比較的新しい作りになっています。慶運宮の頃は大安門と呼ばれていましたが、宮殿が徳寿宮という名に変わってから正門も今の大漢門に改称されました。前面3間の単層門で1919年3.1独立運動の際には多くの群衆がこの門の前に集まって独立万歳を叫んだものでした。以前この正門は今の位置よりずっと前の道路側にあったものです。

［大漢門］

●世宗大王像

世宗大王は朝鮮王朝第4代目の国王で、1419年即位してから在位32年の間、歴代の国王の中ではもっともほまれ高く数多くの業績を残しています。それで大王と呼ばれています。在位期間中、宮中の中に賢者を集めるという意味をもった集賢殿という学問を研究する官庁を設けて活字を改良したり、歴史、地理、医学、倫理、楽譜などの本を発行したり、日時計、測雨器、水時計などを発明しました。

［世宗大王 業績；測雨器, 仰釜日影］

의 건물. 조선왕조 500년 최후의 건조물이고 현재는 궁중 유물전시관으로 사용되고 있습니다.

● 대한문

대한문은 덕수궁의 정문입니다. 1904년에 한 번 소실되었고, 현재의 건물은 1906년에 개축되어 비교적 새 건물입니다. (덕수궁이) 경운궁(으로 불릴) 때에는 대안문으로 불렸습니다만 궁전이 덕수궁으로 바뀌고 나서 정문도 지금의 대한문으로 개칭되었습니다. 전면 3칸의 단층문으로 1919년 3.1 독립운동 때에는 많은 군중이 이 문 앞에 모여서 독립만세를 외쳤습니다. 이전에 이 정문은 지금 위치보다 훨씬 앞의 도로쪽에 있었습니다.

어휘정리

焼失(しょうしつ) : 소실, 불타서 없어짐
建(た)て直(なお)す : 고쳐 다시 짓다, 개축하다, 재건하다
叫(さけ)ぶ : 외치다

● 세종대왕상

세종대왕은 조선왕조 제4대 국왕으로 1419년 즉위하고 나서부터 재위 32년간 역대 국왕 중에서는 가장 칭송받는 수많은 업적을 남겼습니다. 그래서 대왕으로 불리고 있습니다. 재위 기간 중 궁중 안에 현자를 모집한다는 의미를 가진 집현전이라는 학문을 연구하는 관청을 설치하여 활자를 개량하기도 하고 역사, 지리, 의학, 윤리, 악보 등의 책을 발행하기도 하고 해시계, 측우기, 물시계 등을 발명하였습니다.

어휘정리

もっと(最)も : 가장
ほまれ : 명예, 영예, 자랑거리
業績(ぎょうせき) : 업적

● 静観軒

　1900年に建てられた西洋式建物で、この国に初めてコーヒーが上陸した所として知られます。高宗皇帝は度々ここを訪れては御茶やコーヒー香りを味わったり、音楽を聴かれたといいます。

4) 昌慶宮

[昌慶宮]

　他の王宮は南向きなのに対し、ここは東向きに建っているのが特色でございます。壬辰倭乱当時に焼失しましたが、1616年に再建されました。その後、昌徳宮の補助宮殿としての役割も果たしました。ここから歩道橋を渡って宗廟も観覧できます。

5) 慶熙宮

　壬辰倭乱以後の1620年に完工し、景福宮が再建されるまで、昌徳宮と共に280年あまりの間朝鮮王朝の正宮としての役割を果たしてきました。東の昌徳宮に対し西宮と呼ばれました。日本軍によって強制撤去されましたが、最近、一部復元作業が始められ、崇政殿(正殿)などが既に立て直されています。宮内にはソウル市立美術館が建設中です。

[慶熙宮]

● 정관헌

1900년에 세워진 서양식 건물로, 우리나라에 처음으로 커피가 상륙한 장소로 알려
져 있습니다. 고종 황제는 자주 여기를 찾아와서는 차와 커피 향을 음미하거나 음악을
들으셨다고 합니다.

어휘정리

度々(たびたび) : 여러번, 자주

味(あじ)わう : 맛보다, 음미하다

4) 창경궁

다른 왕궁은 남향인데 비하여 이곳은 동향으로 세워진 것이 특색입니다. 임진왜란
당시에 소실되었으나 1616년에 재건되었습니다. 그후 창덕궁의 보조 궁전으로서의 역
할을 하였습니다. 여기서부터 보도교를 건너서 종묘도 관람할 수 있습니다.

5) 경희궁

임진왜란 이후 1620년에 완공해서 경복궁이 재건되기까지 창덕궁과 함께 280년 넘
게 조선왕조의 정궁으로서의 역할을 다해 왔습니다. 동쪽의 창덕궁에 비해 서궁이라고
불렸습니다. 일본군에 의해 강제 철거되었으나 최근 일부 복원작업이 시작되어 숭정전
(정전) 등이 이미 재건되었습니다. 궁내에는 서울 시립미술관이 건설 중입니다.

어휘정리

立(た)て直(なお)す : 고쳐(다시) 짓다, 개축하다, 재건하다

6) 宗廟

　朝鮮王朝の歴代の国王とその王妃、さらに後世になって追叙された父王およびその王妃の位牌を祀って祭祀、祭事を執り行なった所です。儀礼を重視する儒学を統治思想として建国された朝鮮王朝は儒教そのものを国家のイデオロギーとしていただけに最も神聖な場所とされました。

　儒教の経典には都の基盤施設の配置に関しての指針が出ています。まず、「王は南を向いて国を治めるべし」とし、「右社稷、左宗廟、即ち西側には土と穀物の神をまつる社稷壇をおいて経済的な安泰を図り、さらに東側に先祖を祀る宗廟をおいて理念的な柱とする」となっています。

　正殿は一軒一軒ごとに1人の王の位牌を祀っているために左右に長く、水平線が強調されて神霊との関わりからして荘厳さと勇壮さとが共存する独特な形式になっています。

　歴代27人のうち、在位途中で廃位させられた3人、即ち6代目の端宗、10代目の燕山君と15代目の光海君を除いた24人の国王のうち19人の国王と30人の王妃の位牌が祀ってあります。一番左の第1室に初代目の太祖をはじめ22代目までの国王と王妃に至るまで49位の位牌が19室に渡って順々に続いています。

　西側にある別棟の永寧殿には初代太祖の先祖をはじめ、6代目の端宗と23代目から最後の27代目まで、6人の国王と後世になって国王もしくは王妃に追贈された方たちの位牌34位が16室に渡って祀られています。

［宗廟祭禮樂］

　正殿と永寧殿は1592年の戦乱によって一度焼失されたものを1608年に建て直し、その後また数回の重建のすえに今日の姿として伝わっています。

　王室の支配理念である儒教の根幹をなす施設で、王宮より先に建設されるほど重要視されたこの宗廟は中国の制度を基礎にしながらも、古代からの韓国的特性を十分に活かした絶妙な構図と厳粛なただずまいを見せてくれます。

6) 종묘

조선왕조 역대 국왕과 그 왕비, 더욱이 후세에 이르러 추서된 부왕 및 그 왕비의 위패를 모셔 제사하고, 제사의식을 지낸 곳입니다. 의례를 중시하는 유학을 통치이념으로 건국된 조선왕조는 유교 그 자체를 국가의 이데올로기로 삼고 있었던 만큼 가장 신성한 장소로 여겼습니다.

유교의 경전에는 도읍지의 기반 시설의 배치에 관해서 지침이 나와 있습니다. 우선 "왕은 남쪽을 향하여 나라를 다스려야 한다."라고 하여 "우사직 좌종묘, 즉 서쪽으로는 땅의 신과 곡물의 신을 섬기는 사직단을 두어 경제적 안태(安泰)를 도모하고, 또한 동쪽에 조상을 제사지내는 종묘를 두어 이념적인 지주로 한다."라고 되어 있습니다.

정전은 한 채 한 채마다 한 사람의 왕의 위패를 모시고 있기 때문에 좌우로 길게 수평선이 강조되며, 신령과의 교통으로 장엄함과 용장함이 공존하는 독특한 형식으로 되어 있습니다.

역대 27인 중에서 재위 도중에 폐위된 3인, 즉 6대째의 단종, 10대째의 연산군과 15대째의 광해군을 제외한 24인의 국왕 중 19인의 국왕과 30인의 왕비의 위패가 모셔져 있습니다. 가장 왼쪽의 제1실에 가장 처음 대인 태조를 비롯하여 22대째까지의 국왕과 왕비에 이르기까지 49위의 위패가 19실에 걸쳐서 순서대로 이어져 있습니다.

서쪽에 있는 별채의 영녕전에는 초대 태조의 선조를 비롯하여, 6대의 단종과 23대부터 최후의 27대까지 6인의 국왕과 후세에 이르러 국왕 또는 왕비에 추서된 분들의 위패 34위가 16실에 걸쳐서 모셔져 있습니다.

정전과 영녕전은 1592년의 전란(임진왜란)에 의해서 한때 소실된 것을 1608년에 재건하고, 그후 또 수 회의 중건 끝에 지금의 모습으로 전해지고 있습니다.

왕실의 지배 이념인 유교의 근간을 이루는 시설로, 왕궁보다 먼저 건설될 정도로 중요시된 이 종묘는 중국의 제도를 기초로 하면서도 고대로부터의 한국적 특성을 충분히 살린 절묘한 구도와 엄숙한 모습을 보여줍니다.

어휘정리

追叙(ついじょ) : 추서 : 사후에 위계나 훈작 등을 수여함

安泰(あんたい) : 안태 : 편안하고 무사함

追贈(ついぞう) : 추증, 추서

ただずまい : 서 있는 모양, 모습, 자연물에 의해 빚어지는 분위기

7) 社稷壇

社は地の神を、稷は穀物の神をそれぞれ表わします。三国時代(BC537〜AD668)以来、

[社稷壇]

これらの神に祭祀を行う壇を作り、祭ったのが「社稷壇」です。王朝の歴代の国王たちの位牌をまつり祭祀を行った宗廟とあわせて、社稷壇は王朝において最も神聖なものとされる施設で、宗社(すなわち宗廟と社稷)は国家成立の基本を示す言葉だったのです。したがって、現在の社稷壇も朝鮮王朝の遷都以来、王朝の建築物としては宗廟と共に最も初期に作られました。

　古代中国の礼制(宮廷内の祭礼制度法)に従って、王宮の右(西方)に位置し、宮の左(東方)に位置した宗廟と対をなしています。

8) 東十字閣

　安国洞から三清洞の入口のまがり角に建ててある古風の高台は東十字閣と呼ばれる、石の基壇の上に木造で建てた建物です。

　景福宮を守る、今でいう警備用の高台で西側にも西十字閣がありましたが、完全になくなり今は東十字閣だけが残っております。石の壁には弾の痕が目立ちますが、韓国戦争の時のはげしかった当時の戦況が偲ばれます。

7) 사직단

社(사)는 지신을, 稷(직)은 곡물신을 각기 나타냅니다. 삼국시대(BC 537~AD 668) 이후, 이들 신에게 제사를 지내는 단을 만들어 제사지낸 곳이 '사직단'입니다. 역대 왕조의 국왕들이 위패를 모시고 제사를 지낸 종묘와 함께 사직단은 왕조에 있어서 가장 신성하게 여기는 시설로, 종사(즉 종묘와 사직)는 국가성립의 기본을 나타내는 말이었습니다. 따라서 현재의 사직단도 조선왕조의 천도 이후, 왕조의 건축물로서는 종묘와 함께 가장 초기에 만들어졌습니다.

고대 중국의 예제(궁정 내의 제례제도법)를 따라서 왕궁의 오른쪽(서쪽)에 위치하고 궁의 왼쪽(동쪽)에 위치했던 종묘와 대조를 이루고 있습니다.

어휘정리

対(つい)をなす : 쌍[짝]을 이루다

8) 동십자각

안국동으로부터 삼청동 입구로 도는 모퉁이에 세워져 있는 고풍스런 高台(높은 망대)는 동십자각이라고 불리는, 돌 기단 위에 목조로 세워진 건물입니다.

경복궁을 지키는, 지금 말로 하면 경비용의 고대이고 서쪽에도 서십자각이 있었으나 완전히 없어져 지금은 동십자각만이 남아 있습니다. 돌 벽에는 탄알 흔적이 눈에 뜨이는데, 한국전쟁 때의 격심한 당시의 전황을 연상할 수 있습니다.

어휘정리

高台(たかだい) : 고대, 돈대
弾(たま) : 총알, 탄알

1) 国立中央博物館

国立中央博物館は1908年朝鮮王室博物館として出発してから、1945年光復後、景福宮のなかに国立博物館として正式に開館されました。

［國立中央博物館］

国立中央博物館は13万5千余点の収蔵遺物の中で、約5,000点の遺物を18の展示室に常設展示しており、レザーディスクプレーや、タッチスクリーン等各種の案内施設を備えている世界的水準の博物館です。国内外の展示活動のほかにも遺物の収集、保存、研究、調査、社会教育活動、学術資料発刊、国際文化交流活動等を通じて韓国の伝統文化遺産の保存及び文化創造の中枢的な役割を果しております。

なお、国立中央博物館は、文化の時代となる21世紀と韓国の統一を見据えて、竜山公園に韓国5,000年の歴史と文化を目の当たりにできる東洋最大規模の博物館を建立しております。この新しい博物館は、国民に文化民族としての誇りを呼び起こし、21世紀の文化の主役としての地位を確固なものにしていくことでしょう。

2) 国立民俗博物館

国立民俗博物館は伝統と現代が一つになった文化の殿堂です。まんなかのたてものは(五重式建物)、法住寺というお寺にある八相殿を、右の三重式建物は金山寺にある弥勒殿を、左の二層建物は華厳寺にある覚皇殿をかたどってつくったものです。

韓国民族の伝統的な生活様式や習慣に民族の心がわかる国立民俗博物館は、韓国の伝統的な生活文化を総合的に見ることができる博物館です。韓国民族の生活史をテーマにした三つの展示館に総4,300余点が展示され、それぞれには先史時代から朝鮮時代までの資料、衣食住生活資料、冠婚葬祭をはじめ各種儀礼や芸能娯楽を再現しています。また屋外には韓国伝統家屋も展示されています。

1) 국립중앙박물관

국립중앙박물관은 1908년 조선왕실박물관으로 출발해서, 1945년 광복 후 경복궁 안에 국립박물관으로서 정식으로 개관되었습니다.

국립중앙박물관은 13만 5천여 점의 소장유물 중 약 5,000점의 유물을 18개 전시실에 상설 전시하고 있으며, 레이저 디스크나 터치 스크린 등 각종 안내 시설을 갖추고 있는 세계적 수준의 박물관입니다. 국내외 전시활동 외에도 유물의 수집과 보존, 연구, 조사, 사회교육 활동, 학술자료 발간 및 국제문화교류 활동 등을 통해 우리의 전통문화유산의 보존 및 문화창조의 중추적인 역할을 하고 있습니다.

한편 국립중앙박물관은 21세기 문화의 시대와 통일한국을 대비하여 용산공원에 한국 5천 년 역사와 문화를 한눈에 볼 수 있는 동양 최대 규모의 박물관을 건립하고 있습니다. 이 새로운 박물관은 국민들에게 문화민족의 긍지를 불러일으키고, 21세기 문화의 주역으로서의 지위를 확고히 다져나갈 것입니다.

어휘정리

収蔵(しゅうぞう) : 수장 ; 거두어 깊이 간직함	**中枢(ちゅうすう)** : 중추
見据(みす)える : 눈여겨보다, 응시하다	**目(ま)の当(あ)たり** : 눈앞, 목전, 직접

2) 국립민속박물관

국립민속박물관은 전통과 현대가 하나가 된 문화의 전당입니다. 5중식 건물, 법주사라고 하는 절에 있는 팔상전을, 우측의 3중식 건물은 금산사에 있는 미륵전을, 좌측의 2층 건물은 화엄사에 있는 각황전을 본떠 만든 것입니다.

한국 민족의 전통적인 생활양식과 습관에서 민족의 마음을 알 수 있는 국립민속박물관은 한국의 전통적인 생활문화를 종합적으로 볼 수 있는 박물관입니다. 한국 민족의 생활사를 테마로 한 세 전시관에 총 4,300여 점이 전시되어 각 실에는 선사시대부터 조선시대까지의 자료, 의식주 생활자료, 관혼상제를 비롯하여 각종 의례나 예능오락을 재현하고 있습니다. 또 옥외에는 한국 전통 가옥도 전시되어 있습니다.

어휘정리

かたどる : 본뜨다, 모방하다, 나타내다

3) 光化門一帯

[世宗路 全景]

光化門とその前に伸びる世宗路、そして光化門の裏に威厳のある姿でそびえ立つ北岳山に至る地域は、歴史の都市ソウルに残る「旧市街」の中心であり、メトロポリス・ソウルの象徴ともいえる「中心街(civic-center)」でもあります。

世宗路交叉点の碑閣(碑石の立つ楼閣)から光化門に伸びる世宗路には、国家の中枢機能を担う機関と施設が集中しており、光化門をくぐった向こう側には昔の王朝時代の国家の中心「景福宮」が位置しております。

景福宮の北側には、「青瓦台」(大統領官邸)があり、青瓦台の前には、韓国の国花である無窮花の花園の「無窮花広場」、歴代大統領が訪問した国から贈られた贈り物とソウルの略史がうかがえる展示館「孝子洞サランバン」があります。

4) 市庁・徳寿宮一帯

世宗路交叉点の南側から徳寿宮に続く「太平路」一帯は、朝鮮末期になって初めて首都の中心地として編入された比較的新しい地域でございます。20世紀の初め、高宗王(1863〜1907)の新しい居住地である慶雲宮(現在の徳寿宮)の前の広場(現在の市庁前の広場)を造ったとき、世宗路に次ぐ都心としての機能が始まりました。

現在の市庁前の広場の東と南には、ハイクラス・ショッピング・エリアと韓国最高の金融街、ビジネス・エリアがあり、これに関聯したビルや施設はますます増えつつあります。

一方、西側にはソウル市議事堂、学校、教会、外国公館などが位置し、最近では「貞洞劇場」が新しくオープンするなど、文化の面でも脚光を浴びています。ソウルの主要日刊紙の本社も大半がこの地域にあります。

ソウルは、訪れる観光客に様々なショッピングのチャンスを提供してくれます。市内には南大門市場や東大門市場のような昔ながらの市場から専門市場、高級デパート、ショッピングモールなどのスポットが多いです。最高級のブランド品ショップが立ち並

3) 광화문 일대

광화문과 그 앞에 뻗은 세종로, 그리고 광화문 뒤에 위엄있는 모습으로 솟아 있는 북악산에 이르는 지역은 역사의 도시 서울에 남은 '구시가'의 중심이며, 메트로폴리스·서울의 상징이라고도 말할 수 있는 '중심가'입니다.

세종로 교차점의 비각(비석이 서 있는 누각)으로부터 광화문으로 뻗어 있는 세종로에는 국가의 중추기능을 담당하는 기관과 시설이 집중되어 있고, 광화문을 빠져나간 건너편에는 옛 왕조시대의 국가의 중심 '경복궁'이 위치해 있습니다.

경복궁 북쪽에는 '청와대(대통령 관저)'가 있고, 청와대 앞에는 한국의 국화인 무궁화 화원인 '무궁화 광장'과 역대 대통령이 방문했던 국가로부터 선사받은 물건과 서울의 약사를 엿볼 수 있는 전시관 '효자동 사랑방'이 있습니다.

어휘정리

> **くぐる** : 빠져나가다, 잠수하다
>
> **贈(おく)る** : 보내다, 주다, 선사하다, 추서하다, 추증하다

4) 시청·덕수궁 일대

세종로 교차로의 남쪽으로부터 덕수궁으로 이어지는 '태평로' 일대는 조선 말기에 처음으로 수도의 중심지로 편입된 비교적 새로운 지역입니다. 20세기 초 고종왕(1863~1907)의 새로운 주거지인 경운궁(현재의 덕수궁) 앞의 광장(현재의 시청앞 광장)을 만들었을 때, 세종로 다음 가는(세종로에 버금가는) 도심으로서의 기능이 시작되었습니다.

현재의 시청 앞 광장의 동쪽과 남쪽에는 하이클래스 쇼핑 지역과 한국 최고의 금융가, 비즈니스 지역이 있고 이에 관련된 빌딩이나 시설은 점점 늘어나고 있습니다.

한편 서쪽에는 서울시 의사당, 학교, 교회, 외국 공사관 등이 위치하고 최근에는 '정동극장'이 새로 개장하는 등 문화면에서도 각광을 받고 있습니다. 서울의 주요 일간지의 본사도 대부분이 이 지역에 있습니다.

서울은 찾아오는 손님들에게 여러 가지 쇼핑 기회를 제공해 줍니다. 시내에는 남대문시장과 동대문시장과 같은 옛날 그대로의 시장에서부터 전문 시장, 고급 백화점, 쇼핑몰 등의 장소가 많습니다. 최고급 브랜드 상점이 줄지어 있는 명동이나 압구정동, 합

ぶ明洞や狎鴎亭洞、リーズナブルな値段<ruby>ねだん</ruby>のハイパーマーケット、さらにあちこちに散らばる個性的な店を加<ruby>くわ</ruby>えれば、ソウルは一大<ruby>いちだい</ruby>ショッピングタウンと言えることができます。

5) 世宗文化会館

世宗文化会館は韓国固有の建築様式を再現した、韓国最大の豪華な文化ホールです。

クラシック音楽の演奏会<ruby>えんそうかい</ruby>から伝統舞踊まで幅広<ruby>はばひろ</ruby>い催<ruby>もよお</ruby>しが開かれ、また国際会議場などの施設もあります。公演スケジュールは「世宗文化ガイド」、「エスコートソウル」に載<ruby>の</ruby>っています。

［世宗文化會館］

6) 南大門市場

南大門は国宝第一号に指定<ruby>してい</ruby>されている重要文化財で、そのほとりが南大門市場です。南大門市場は韓国最大の伝統的で古典的な市場で、エネルギッシュな総合卸<ruby>おろ</ruby>し市場であります。ソウルの中心街にあり、周辺には特級ホテルが集中し、観光客のショッピング・スポットとして有名です。

その面積においても韓国最大級で、11,000以上の店がびっしり並んでおり、昔ながらではの市場の雰囲気があふれます。野菜、花、アクセサリー、メガネ、民俗工芸品、衣類、生活用品、靴、カバン、電気製品に至るまで品目別<ruby>ひんもくべつ</ruby>に区域<ruby>くいき</ruby>が分かれ、価格面でもデパートや一般スーパーより10〜20%安いのもメリットです。

리적인 가격의 하이퍼마켓, 또한 여기저기에 흩어져 있는 개성적인 상점을 더하면 서울은 일대 쇼핑타운이라고 말할 수 있습니다.

어휘정리

～に次(つ)ぐ : ～에 버금가다
大半(たいはん) : 태반, 과반, 대부분
観光客(かんこうきゃく) : 관광객
スポット : 점, 반점, 장소, 지점
加(くわ)える : 가하다, 더하다

5) 세종문화회관

세종문화회관은 한국 고유의 건축양식을 재현한 한국 최대의 호화스런 문화 홀입니다. 클래식 음악의 연주회에서부터 전통무용까지 폭넓은 공연이 열리고, 또 국제회의장 등의 시설도 있습니다. 공연 스케줄은 '세종문화가이드', '에스코트 서울'에 실려 있습니다.

어휘정리

幅広(はばひろ) : 폭이 넓음   **催(もよお)す** : 개최하다, 열다, 불러일으키다
載(の)る : 놓이다, 얹히다, 실리다

6) 남대문시장

남대문은 국보 제1호로 지정되어 있는 중요문화재이며, 그 주위가 남대문시장입니다. 남대문시장은 한국 최대의 전통적이고 고전적인 시장으로, 활기 넘치는 종합도매시장입니다. 서울의 중심가에 있고, 주변에는 특급 호텔이 집중되어 있어 관광객의 쇼핑 장소로서 유명합니다.

그 면적에 있어서도 한국 최대급으로 1만 1천 개 이상의 상점이 빽빽이 늘어서 있고, 옛날 그대로의 시장 분위기가 넘칩니다. 야채, 꽃, 액세서리, 안경, 민속공예품, 의류, 생활용품, 구두, 가방, 전자제품에 이르기까지 품목별로 구역이 나뉘어져 가격면에서도 백화점이나 일반 슈퍼보다 10～20% 싼 것도 장점입니다.

［南大門市場］

　子供服とアクセサリーは南大門市場の代表的な品目であり、世界的な名声も得ています。主に地方の商人たちが集る夜12時以後、卸売りの時間帯にはごった返す人波や車で圧倒されます。

7) 明洞・明洞聖堂

●明洞

　明洞はソウルの中心地にあって「ソウルの銀座」と呼ばれています。この辺には南大門市場を始め、ロッテ、新世界、メトロ・ミドパといった百貨店が集中する抜群のショッピング・ロケーションです。ソウルの魅力がぎっしり詰まったソウルの繁華街明洞はいつも人であふれています。

　明洞には一流ブランドのブテイックからカジュアルなデザイナー・ブテイック、カバン・アクセサリー・輸入衣類・スポーツ用品専門店、化粧品のディスカウント・ショップといった様々なフアッション店舗がひしめいています。

　また、老舗、高級レストランから大衆食堂までの各種レストランやカフェなどが立ち並び、必要なアイテムと予備に合わせたショッピングやグルメが思うままに楽しめます。

●明洞聖堂

　明洞の名物である明洞聖堂は、1898年韓国で最初に完成した棟瓦構造の聖堂であり、純粋なゴシック様式の建物です。本堂の高さは23m、塔の高さは45mであります。この建物に使われた棟瓦は国内で造られたものであるにもかかわらず、その形と色について他のものと違いを見せています。

아동복과 액세서리는 남대문시장의 대표적 품목이며 세계적인 명성도 얻고 있습니다. 주로 지방 상인들이 모이는 밤 12시 이후의 도매 시간대에는 북적대는 인파와 차들로 압도됩니다.

어휘정리

びっしり : 빈틈없이 들어 차 있는 모양, 빽빽이

メリット : 장점, 적극적인 효과, 공적

卸売(おろしう)り : 도매

ごったがえす : 몹시 혼잡하다, 붐비다

7) 명동 · 명동성당

● 명동

명동은 서울 중심지에 있어 '서울의 긴자'라고 불리고 있습니다. 여기에는 남대문시장을 비롯하여 롯데, 신세계, 메트로 미도파 등 백화점이 집중해 있는 발군의 쇼핑 지역입니다. 서울의 매력이 가득찬 서울의 번화가 명동은 언제나 사람들로 넘치고 있습니다.

명동에는 일류 브랜드의 부티끄로부터 캐주얼 디자인의 부티크, 가방·액세서리·수입 의류·스포츠 용품 전문점·화장품의 할인 매장이라고 하는 여러가지 패션 점포가 북적거리고 있습니다.

또한 노포, 고급 레스토랑으로부터 대중 식당까지의 각종 레스토랑과 카페 등이 줄지어 있고, 필요한 아이템과 예비를 위한 쇼핑이나 미식가가 마음대로 즐길 수 있습니다.

● 명동성당

명동의 명물인 명동성당은 1898년 한국에서 최초로 완성된 용마루 기와 구조로 된 성당으로 순수한 고딕 양식 건물입니다. 본당의 높이는 23m, 탑의 높이는 45m입니다. 이 건물에 사용된 용마루 기와는 국내에서 만들어진 것임에도 불구하고 그 모양과 색에 있어서 다른 것과 다릅니다.

[明洞聖堂]

　明洞大聖堂は民主化の聖地としても有名です。かつて軍事独裁政権時代、明洞聖堂は民主化勢力の集会場として、軍事政権は明洞大聖堂で民主化の集会を持つ民主化運動家及び市民たちを解散することができませんでした。これは、韓国のカトリックは政治的な影響力があって、明洞大聖堂が持っている象徴的な意味がおおきかったからです。最近、労動者たち、特に、外国の労動者たちの集会所としても利用されています。

8) 南山公園・ソウルタワー・安重根義士記念館

　南山公園は海抜265mの緑豊かな公園で、頂上には高さ240mのソウルタワーが建っております。このタワーは1975年8月、ソウルの民放三局が共同出資をおこない、総合電波施設をかねた観光展望塔として建設しております。ソウルタワーは世界で二番目の高さです。モスクワ・タワーが海抜537メートルとしてトップ、このタワーは海抜479.7メートルの高さです。（東京タワーは333メートル）

[南山公園]

　市内中心部のどこからでも見えるので目じるしになり方角を知るのに便利ですし、夜は色鮮やかなライトが点滅します。ソウル市民の憩いの場所としても名高く、40分で1回転するタワー展望台からソウルの街はもとより、晴れた日には仁川の海も眺められます。

　南山公園の中には安重根義士の銅像と記念館があります。安重根義士は伊藤博文を射殺した人で、韓国では英雄です。

명동 대성당은 민주화의 성지로도 유명합니다. 일찍이 군사 독재정권 시대에 명동 성당을 민주화 세력의 집회장으로서 군사정권은 명동 대성당에서 민주화 집회를 가지는 민주화 운동가 및 시민들을 해산시킬 수가 없었습니다. 왜냐하면 한국의 가톨릭은 정치적인 영향력이 커서 명동 대성당이 가지고 있는 상징적인 의미가 컸기 때문입니다. 최근 노동자들, 특히 외국 노동자들의 집회장소로 이용되고 있습니다.

어휘정리

抜群(ばつぐん) : 발군	**ぎっしり詰(つ)まる** : 가득[꽉] 차다
ひしめく : (많은 사람이 모여) 밀치락달치락, 웅성대다, 북적거리다	
老舗(しにせ) : 노포 ; 대대로 내려온 유명한 가게	
グルメ(=しょくつう) : 식통 ; 요리의 맛에 정통함, 또는 그런 사람	
棟瓦(むねがわら) : 용마루 기와	

8) 남산공원 · 서울 타워 · 안중근 의사 기념관

남산공원은 해발 265m의 녹음이 우거진 공원으로 정상에는 높이 240m의 서울 타워가 서 있습니다. 이 타워는 1975년 8월, 서울 민영방송 3국이 공동 출자하여 종합전파 시설을 겸한 관광 전망탑으로 건설되었습니다. 서울 타워는 세계에서 두 번째의 높이라고 합니다. 모스크바 타워가 해발 537m로서 가장 높고, 이 남산 타워는 479.7m의 높이입니다. (동경 타워는 333m)

시내 중심부의 어디에서나 볼 수 있으므로 안표가 되어 방향을 알기에 편리하고 밤에는 선명한 색의 불빛이 점멸합니다. 서울 시민의 휴식장소로서도 유명하고 40분에 1회전하는 타워 전망대로부터 서울 시가는 물론, 청명한 날에는 인천 바다도 조망할 수 있습니다.

남산공원 안에는 안중근 의사의 동상과 기념관이 있습니다. 안중근 의사는 이토오 히로부미를 사살한 사람으로 한국에서는 영웅입니다.

어휘정리

目(め)じるし : 안표, 표지, 표적	**方角(ほうがく)** : 방위, 방향
点滅(てんめつ) : 점멸 ; 등불이 켜졌다 꺼졌다 함	**もとより** : 처음부터, 원래, 물론
眺(なが)める : 전망하다, 멀리보다, 방관하다	**射殺(しゃさつ)** : 사살

9) 仁寺洞・タプゴル公園

●仁寺洞

古風で趣のある骨董美術品ストリート。骨董品や画廊、茶道具店、喫茶店、書道文具店、陶磁器店、木工・金属・螺鈿漆器・紙工芸品店、婚礼用菓子店など、古き良き香りに満ちた通りです。仮面劇に使う仮面を制作販売する店や、歴史が磨き込まれた薬だんすを天井まで積んだ店、ショーウインドーには大小の筆がびっしり並んでいたり、民画(屏風に貼るための朝鮮王朝時代の絵)や文官・武官の衣装に付けた文様の絵が飾ってあったり、思いながら一軒一軒ゆっくり見たくなります。

［仁寺洞］

(古美術品は持ち出し禁止が多いので注意。)昔のデザインで作った今の製品もあり、古いものや細工の込んだものは高価ですが、おみやげにびったりな小品も揃っています。

●タプゴル公園

1897年、韓国で最初の公園として造られたタプゴル公園は、以前パゴダ公園(パゴダとは仏塔のこと)と呼ばれていました。1万㎡にも満たない小さな公園です。この地は1467年に建てられた仏教の寺・大圓覚寺の跡であります。

公園を三・一門から入って真っ正面に立っている銅像が、天道教第3代教主であり三・一独立宣言文への筆頭署名者である孫秉熙像であります。更に右に亀碑石を見ながら進むと、公園の中心に大きく翼を広げたように建っているのが、三・一運動独立宣言書の刻まれた記念碑です。又、公園の真中にある八角亭と呼ばれる建物で、当時独立宣言が読み上げられました。

［탑골公園］

9) 인사동 · 탑골공원

● 인사동

고풍스런 분위기가 있는 골동미술품 거리. 골동품과 화랑, 차도구점, 찻집, 서예문구점, 도자기점, 목공·금속·나전칠기·종이공예품점, 혼례용 과자점 등 고풍스런 향기가 가득찬 거리입니다. 가면극에 사용하는 가면을 제작 판매하는 상점과 세월과 함께 닦여온 약장을 천장까지 쌓아놓은 상점, 쇼윈도우에는 붓이 빽빽이 진열되어 있고, 민화(병풍에 붙이기 위한 조선왕조시대의 그림)와 문관·무관의 의상에 붙였던 문양의 그림이 장식되어 있기도 하여, 천천히 생각하면서 한 집, 한 집을 보고 싶어집니다.

(고미술품은 반출 금지가 많으므로 주의.) 옛 디자인으로 만든 지금의 제품도 있습니다. 오래된 것과 세공이 들어간 것은 고가이지만 선물로 딱 알맞은 소품도 갖춰져 있습니다.

어휘정리

● 탑골공원

1897년 한국에서 최초의 공원으로 조성된 탑골공원은 이전에는 파고다 공원(파고다란 불탑을 말함)이라고 불렸습니다. 1만㎡도 안되는 작은 공원입니다. 이 땅은 1467년에 지어진 불교의 절·대원각사 터입니다.

공원을 3.1문으로부터 들어가 정면에 서 있는 동상이 천도교 제3대 교주인 3.1독립선언문의 필두서명자인 손병희 동상입니다. 또 오른쪽에 거북비석을 보면서 나아가면, 공원 중심에 크게 날개를 펼친 듯이 서 있는 것이 3.1독립선언서가 새겨진 기념비입니다. 또 공원의 한가운데에 있는 팔각정이라고 불리는 건물에서 당시 독립선언이 낭독되었습니다.

　公園の裏側に当たる土塀沿（どべいぞ）いには、2mほどの高さのレリーフ10枚が並んでいます。これは全体の扉（とびら）に当たる説明文に続いて、韓半島の9道と済州道での独立運動の中で、各道の最も典型的な闘（たたか）いを描いたものであります。

10) 東大門市場

　東大門は宝物第一号に指定（してい）されている重要文化財で、東大門のほとりが東大門市場です。この市場は市場といっても露店商（ろてんしょう）ではなく、大きなビル内に専門店が入っているのが特徴です。大きく二つのエリアに分かれます。一つは北側にある広蔵市場や東大門総合市場、平和市場などの旧商店街エリアで、もう一つは東大門市場の西側にあるフレアタウン、ミリオレ、ドウサンタワーなどここ数年の間にできたモール・スタイルの新商店街エリアです。どちらも卸（おろし）・小売（こうり）専門ですが、旧エリアは問屋（とんや）の性格が強く、新エリアはイベント開催や最新設備を備えた高層

［東大門市場］

ビルなど一般の人が楽しめるショッピングエリアとして注目されている。広蔵市場や東大門総合市場は韓国の民族衣装(韓服)やシルクが安くて外国人にも有名です。大体午前10時から明（あ）け方（がた）の3時まで開いているが、ショッピング・モールごとに違うので実質（じっしつ）24時間ショッピングができます。特にナイトショッピングが最近人気集中です。

공원의 뒤쪽에 해당하는 담벽에는 2m 정도의 높은 부조 10장이 나란히 있습니다. 이것은 전체의 첫 페이지에 해당하는 설명문에 이어서 한반도 9도와 제주도까지의 독립운동 중에서 각 도의 가장 전형적인 전투를 묘사한 것입니다.

跡(あと) : 유적, 자취, 흔적, (발)자국, 뒤, 필적
土塀(どべい) : 토담
扉(とびら) : 문짝, (책의) 안 겉장, 속표지; 본문 앞의 첫페이지
闘(たたか)う : 싸우다

10) 동대문시장

동대문은 보물 제1호로 지정된 중요문화재이며, 동대문 일대가 동대문시장입니다. 이 시장은 시장이라고 해도 노점상이 아니라 큰 빌딩 내에 전문 상점이 들어 있는 것이 특징입니다. 크게 두 지역으로 나눠집니다. 하나는 북쪽에 있는 광장시장과 동대문 종합시장, 평화시장 등의 구 상점가 지역이고, 또 하나는 동대문시장의 서쪽에 있는 프레아타운, 밀리오레, 두산타워 등 최근 몇 년 사이에 생긴 몰 스타일의 신상점가 지역입니다. 어느쪽도 도·소매 전문입니다만, 구 지역은 도매상 성격이 강하고 새로운 지역은 이벤트 개최나 최신 설비를 갖춘 고층 빌딩 등 일반인이 즐기는 쇼핑 지역으로서 주목받고 있습니다. 광장시장이나 동대문 종합시장은 한국의 민족의상(한복)이나 실크가 싸서 외국인에게도 유명합니다. 대체로 오전 10시부터 새벽 3시까지 열리고 있으나 쇼핑 몰마다 다르므로 실제로는 24시간 쇼핑이 가능합니다. 특히 나이트 쇼핑이 최근 인기가 집중되고 있습니다.

卸(おろし)・小売(こうり) : 도·소매
問屋(とんや) : 도매상
明(あ)け方(がた) : 새벽
実質(じっしつ) : 실질, 실제 내용

11) 梨泰院・戦争記念館

●梨泰院

南山の南裾に広がる商店街で、米軍基地に隣接しているため横文字の看板が多く、アメリカ人を初め外国人の姿の方が目立つ、インターナショナルな雰囲気の街です。ハミルトンホテルを中心に東西に長く伸びており、歩道もあるので、足で気に入ったものを探す買い物町でもあります。狙い目は皮革製品とジーンズ、そしてバッグです。その他エアジャケットやスポーツシューズなどのアメリカングッズの店や、西洋食レストランなどが、この街の風景を彩っています。

[梨泰院]

●戦争記念館

　戦争について生きた教育の場として人気がある戦争記念館は1994年6月10日に開館しました。5千年の間に幾度となく繰り返された外国からの侵略から国を守ってきた抗争史、軍事遺物資料などを集め、展示している戦争教訓の生きた教育の場です。展示室は、護国追慕室、戦争歴史室、韓国戦争室、ベトナム・海外派兵室、国軍発展室、大型装備室、防産装備室など7つの常設展示室と特別展示室としての戦場体験室があります。

　展示室資料は古代から現代に至るまで護国関聯の各種資料と為国献身された方がたの偉業に関する資料の総1万3,670点を実物と複製品、ディオラマ、写真、記録画、映像などの多様な技法で立体的かつ力動的に展示しており、私たちの護国の歴史が一目でわかるようになっております。

[戦争記念館]

11) 이태원 · 전쟁기념관

● 이태원

　남산의 산 남쪽 기슭으로 펼쳐진 상점가로서 미군 기지에 인접해 있기 때문에 횡문자의 간판이 많고, 미국인을 비롯하여 외국인 모습이 눈에 띄는 국제적인 분위기의 거리입니다. 헤밀턴 호텔을 중심으로 동서로 길게 뻗어 있고, 보도도 있으므로 걸으면서 마음에 드는 것을 찾는 쇼핑거리입니다. 노릴 만한 것은 피혁제품과 청바지 종류, 그리고 가방입니다. 그 외에 에어자켓이나 스포츠 슈즈 등의 미국 상품의 상점이나 서양식 레스토랑 등이 이 거리의 풍경을 채색하고 있습니다.

어휘정리

裾(すそ) : 옷단, 옷자락, 산기슭, 하류(=ふもと), 맨 아래
隣接(りんせつ) : 인접　　　　　ジーンズ : 고운 능직무명, 진바지(청바지 따위)
バッグ : 백, 휴대용 가방, 여자용 백
彩(いろど)る : 색칠하다, 채색하다, 화장하다, 장식하다

● 전쟁기념관

　전쟁에 대해서 산 교육의 장으로서 인기가 있는 전쟁기념관은 1994년 6월 10일에 개관하였습니다. 5천년간 수없이 계속되어 온 외국의 침략으로부터 나라를 지켜온 항쟁사, 군사 유물자료 등을 모아 전시하고 있는 전쟁교훈의 산교육장입니다. 전시실은 호국추모실, 전쟁역사실, 한국전쟁실, 베트남·해외 파병실, 국군발전실, 대형장비실, 방산장비실 등 7개의 상설 전시실과 특별 전시실로서의 전장 체험실이 있습니다.

　전시실 자료는 고대로부터 현대에 이르기까지의 호국 관련의 각종 자료와 나라를 위하여 몸을 바친 분들의 위업에 관한 자료 총 13,670 점을 실물과 복제품, 디오라마, 사진, 기록화, 영상 등의 다양한 기법으로 입체적이면서도 역동적으로 전시하고 있어, 한국인의 호국역사를 한눈으로 알 수 있게 되어 있습니다.

어휘정리

幾度(いくど=いくたび) : 여러 번, 몇 번
ディオラマ(= ジオラマ) : 디오라마, 투시화
かつ : 동시에, 한편으로는, 또 그 위에

12) 西大門刑務所

　韓国の民族は、日本帝国による強制占領という痛みを抱えてきました。この時間は民

族のプライドが傷つけられ、民族自らの発展が中断されるなど、苦難の歴史でありました。それと同時に、韓国人には歴史的な現実に屈したり、妥協したりせず、民族の独立に向ける闘争の歴史があり、そのおかげで今の私たちが存在し得るのです。

　西大門刑務所歴史館はこのような歴史を引き継ぐための教育の場として開館しました。明日を狙う若者たちはもちろん全国民が、国のために命を捧げた烈士たちの志を偲び、屈辱的な過去の歴史を克服するために、国を愛し民族を愛する志を習う場となりますことを祈念して建てた歴史館でございます。

［西大門刑務所］

●1階：追悼の場

　愛国烈士たちが投獄された西大門刑務所を先端の映像を通じて振り返えり、その足跡を通って彼らの崇高なる魂を偲ぶためにつくられました。

●2階：歴史の場

　烈士たちの義挙を通じて暗鬱な歴史と、それを克服するための抵抗を継承、発展させ、数々の拷問にも屈せず志を曲げなかつた歴史の現場をふりかえるためにつくられました。

12) 서대문형무소

　한국 민족은 일본 제국에 의한 강제 점령이라는 아픔을 안고 있습니다. 이 시간들은 민족의 자존심이 상처받고 민족 스스로의 발전이 중단되는 등 고난의 역사였습니다. 그와 동시에 한국인에게는 역사적인 현실에 굴복하거나 타협하지 않고 민족의 독립을 향한 투쟁의 역사가 있어, 그 덕분에 지금 우리들이 존재할 수 있는 것입니다.

　서대문형무소 역사관은 이와 같은 역사를 이어받기 위한 교육의 장으로 개관했습니다. 내일을 목표로 하는 젊은이들은 물론 전 국민이 나라를 위해서 목숨을 바친 열사들의 뜻을 기리고 굴욕적인 과거의 역사를 극복하기 위하여 나라를 사랑하고 민족을 사랑하는 마음을 배우는 장이 될 것을 기원하며 만든 역사관입니다.

어휘정리

屈(くっ)する : 굽히다, 구부리다, 꺾다, 굴복시키다, 꺾이다, 굴복하다

妥協(だきょう) : 타협

引(ひ)き継(つ)ぐ : 이어받다, 계승하다

狙(ねら)う : 겨누다, 겨냥하다, 노리다, 목표로 하다

捧(ささ)げる : 바치다

偲(しの)ぶ : 그리워하다, 연모하다

志(こころざし) : 뜻, 마음

祈念(きねん) : 기념, 기원

●1층 : 추도의 장

　애국열사들이 투옥된 서대문형무소를 선단의 영상을 통해 되돌아보고 그 발자취를 통하여 그들의 숭고한 넋을 기리기 위해 만들었습니다.

●2층 : 역사의 장

　열사들의 의거를 통하여 암울한 역사와 그것을 극복하기 위한 저항을 계승, 발전시키고 수많은 고문에도 굴하지 않고 뜻을 굽히지 않았던 역사의 현장을 되돌아보기 위해서 만들었습니다.

● 地下1階：体験の場

いまにも暴力と拷問にくるしむ愛国烈士たちの悲鳴が聞こえて来そうなところです。

[地下1層, 體驗의 場]

最後まで意志を曲げなかった彼らの勇気を直接体験して見ることができます。

　愛国烈士たちを拘禁し、拷問していた悪名高い保安課の地下監獄は愛国烈士たちを拷問するところでした。ここでは日帝が犯した残酷な各種の拷問模様を、文献と考証を通じて再現しました。日帝が韓国を強制的に侵略しながらおおっぴら言いふらした言葉のうちの一つは、「朝鮮人と干し魚はたたいてやらなければならない」との屈辱的な暴言でした。

● 地下監獄と柳寛順烈士獄舎

　日帝は独立運動に参加した女性だけを投獄、収監するために1916年、女舎を新築しました。この建物の地下には独房が設けられ、重要な独立烈士だけを収容し、残酷な拷問をするところとして利用されました。その後、1934年頃獄舎を改築しながら地下監獄は埋め立てられたが、学界と独立運動団体の申し入れて1992年、独立公園を造成するとき発掘、復元しました。復元された地下監獄の面積は190m²で、四方1mにもならない狭い独房が4つあります。

　特に、ここは柳寛順烈士が日帝の苛酷な拷問を受けたあげく殉国したところで、別名「柳寛順窟」ともいいます。

● 지하 1층 : 체험의 장

지금도 폭력과 고문에 괴로워하는 애국열사들의 비명소리가 들려올 것 같은 곳입니다. 마지막까지의 의지를 굽히지 않았던 그들의 용기를 직접 체험해 볼 수 있습니다.

애국열사들을 구금하고, 고문하고 있었던 악명높은 보안과의 지하 감옥은 애국열사들을 고문하는 곳이었습니다. 여기서는 일제가 저지른 잔혹한 각종 고문 모양을 문헌과 고증을 통하여 재현했습니다. 일제가 한국을 강제적으로 침략하면서 공공연하게 퍼뜨린 말 중 하나는 "조선인과 건어는 두들겨 패지 않으면 안된다."라는 굴욕적인 폭언이었습니다.

어휘정리

振(ふ)り返(かえ)る : 뒤돌아보다, 회고하다

足跡(あしあと) : 발자취, 업적

模様(もよう) : 무늬, 모양, 상황, 동정, 기미

おおっぴら : 까놓고 서슴지 않는 모양, 공공연한 모양

言(い)いふらす : 선전하다, 말을 퍼뜨리다

干(ほ)し魚(うお) : 건어, 말린 물고기

たたく : 치다, 때리다, 묻다, 매우 싼 흥정을 하다, 다 써버리다, 심한 말을 함부로 해내다

屈辱(くつじょく) : 굴욕

暴言(ぼうげん) : 폭언

● 지하 감옥과 유관순 열사 옥사

일제는 독립운동에 참가했던 여성만을 투옥, 수감하기 위해 1916년 여자 옥사를 신축했습니다. 이 건물 지하에는 독방이 설치되어 중요한 독립열사만을 수용해서 참혹한 고문을 하는 곳으로 이용되었습니다. 그후 1934년 경 옥사를 개축하면서 지하 감옥은 덮어 묻었으나, 학계와 독립운동단체의 신청으로 1992년 독립공원을 조성할 때 발굴 복원했습니다. 복원된 지하 감옥의 면적은 190㎡로 사방 1m도 채 되지 않은 좁은 독방이 4개 있습니다.

특히 이곳은 유관순 열사가 일제의 가혹한 고문을 받아 순국한 곳으로 별명이 '유관순 굴'이라고도 합니다.

● 第9・10・11・12・13獄舎

　1987年にソウル拘置所が京畿道義旺市に移る当時、獄舎は15棟だったが、歴史性と保存価値を考えて第9・10・11・12・13獄舎・中央舎・らい病舎を保存しました。なかでも3棟の獄舎(第10・11・12獄舎)と死刑場は1988年2月20日史蹟第324号として指定されました。

● 死刑場

　この建物は、日帝が1923年に建てた木造の建物で、西大門刑務所をはじめ、全国から死刑宣告を受けて投獄された愛国烈士たちの死刑が行われた場所であります。日帝の侵略と蛮行に立ち向かい、西大門刑務所に投獄され祖国の自主独立への願望を胸に抱いたまま刑場の露となった愛国烈士たちの魂が残っているここは、史蹟第324号として指定されました。

［死刑場］

● 追慕碑

　祖国の独立のために日帝の侵略に立ち向かい、西大門刑務所に投獄された、愛国烈士たちの魂を慰めるための追慕碑です。前面には西大門刑務所で日帝の残酷な拷問に耐えられず、獄中で殉国した愛国烈士たちと、死刑の執行で殉国した烈士たちの名を刻み入

● 제 9, 10, 11, 12, 13 옥사

1987년 서울 구치소를 경기도 의왕시로 옮길 당시, 옥사는 15동이었으나 역사성과
보존가치를 생각해서 제9, 10, 11, 12, 13 옥사·중앙사·나병병사를 보존하였습니다.
그중에서도 3동의 옥사(제 10, 11, 12옥사)와 사형장은 1988년 2월 20일 사적 제324호
로 지정되었습니다.

어휘정리

> 残酷(ざんこく)な : 잔혹, 혹독
> 埋め(うずめ)る : 묻다, 매장하다, 메우다, 채우다
> 棟(むね) : 용마루, 마룻대, 동, 채(가옥을 세는 조동사)
> らい病(びょう) : 나병, 문둥병

● 사형장

이 건물은 일제가 1923년에 세운 목조 건물로 서대문형무소를 비롯하여 전국에서부
터 사형선고를 받아 투옥된 애국열사들의 사형이 집행되었던 장소입니다. 일제의 침략
과 만행에 대항하고 서대문형무소에 투옥되고 조국의 자주독립에의 희망을 가슴에 품
은 채 형장의 이슬이 된 애국열사들의 혼이 남아 있는 이곳은 사적 제324호로 지정되
었습니다.

어휘정리

> 立(た)ち向(む)かう : 마주 대해 서다, 맞서다, 대항하다, (목적, 목적지를) 향하다

● 추모비

조국의 독립을 위해 일제의 침략에 대항하여 서대문형무소에 투옥된 애국열사들의
넋을 위로하기 위한 추모비입니다. 전면에는 서대문형무소에서 일제의 잔혹한 고문에
견디지 못하고 옥중에서 순국한 애국열사들과 사형집행으로 순국한 열사들의 이름을

れました。今のところ、資料によって考証された殉国烈士だけを記録しています。

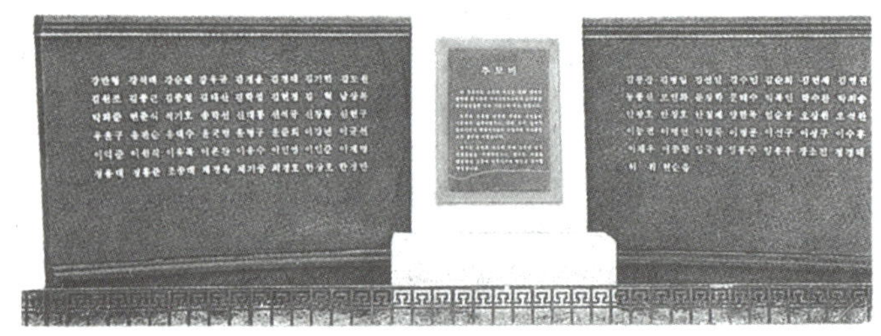

[追慕碑]

●塀望楼

韓民族の独立への意志をおさえるには低すぎた塀。

投獄者の脱獄を防ぎ、動静を監視するために作られた塀と望楼の一部を原型どおり保存しました。

●殉国先烈追念塔

　この追念塔は祖国の独立のために日帝の侵略に立ち向かって殉国した愛国烈士たちを追念するために建てられました。追念塔の中央には、国旗を彫刻した彫刻像が22.3mの高さで築造され、太極旗は全国14道全域から起こった我が民族の独立への意志と情神を象徴しています。

●3・1独立宣言記念塔

　3・1独立宣言記念塔は1963年8月15日に再建国民運動本部が主管となって国民の誠金を集め、3・1独立万歳運動の現場タプゴル公園に建てました。

새겨 넣었습니다. 지금 시점에서 자료에 의해 고증된 순국열사만을 기록하고 있습니다.

어휘정리

●담장망루

한민족의 독립의지를 막기에는 너무 낮은 담.

투옥자의 탈옥을 막고 동정을 감시하기 위해 만들어진 담장과 망루의 일부를 원형대로 보존하였습니다.

어휘정리

●순국선열 추념탑

이 추념탑은 조국의 독립을 위하여 일제의 침략에 대항하여 순국한 애국열사들을 추념하기 위해 세워졌습니다. 추념탑의 중앙에는 국기를 조각한 조각상이 22.3m의 높이로 축조되고, 태극기는 전국 14도 전 지역에서 일어난 우리 민족의 독립의지와 정신을 상징하고 있습니다.

●3.1독립선언 기념탑

3.1독립선언 기념탑은 1963년 8월 15일, 재건국민운동본부가 주관이 되어서 국민의 성금을 모아 3.1독립만세운동의 현장 탑골공원에 세웠습니다.

1) 汗蒸幕

　汗蒸幕とは約600年前朝鮮時代の世宗大王が民の病気治療のため発明したといわれるもので、特殊な石と土を積み上げてドーム(幕)を作って松の木を燃やし、ドームの中を熱します。入ると、体と骨を温めることによって、血液循環と新陳代謝を良くし各種の病気治療にすぐれた効果があるといいます。

　汗蒸幕とは、科学的根拠に依る昔からの民間療法で、幕の中を加熱すると遠赤外線が発生すると共に体深く浸透し高温治療に依って新陳代謝が良くなり各種の成人病の治療と皮膚の老化予防に優れた効果があります。各種疾病治療等に応用されている汗蒸は高熱物理治療法で、特に東洋女性特有の産後性各種疾患に絶対的な効果があります。最近ではアメリカ等先進各国でも神経痛治療法と体力鍛錬法に汗蒸が利用されており、日本でも長寿、減量及び皮膚美容等に注目を集めております。

2) 公演

●貞洞劇場：伝統芸術常設公演

　1997年始まり、今年で6年めを迎える貞洞劇場「伝統 芸術 常設 公演」はもう外国人観光客の間では必須コースになったプログラムです。プンムル、伝統舞踊、パンソリ、器楽演奏など多彩なプログラムと貞洞劇場だけの特別なサービスでその楽しみを加える貞洞劇場の「伝統芸術常設劇場」です。韓国伝統芸術のおもしろさと感動に出会えます。

●乱打専用劇場(NANTA Theater)

　1997年の初演以後、客席の平均占有率110％という記録を打ち立ててきた「NANTA」はサムルノリのリズム(Korean Traditional Rhythm and Beat)を素材にドラマ化した作品として韓国初のNon-Verbal Performance(非言語劇)です。

1) 한증막

한증막이란 약 600년 전 조선시대의 세종대왕이 백성의 병치료를 위해 발명했다고 전해지는 것으로, 특수한 돌과 흙을 쌓아올려 돔식으로 막을 만들어 소나무를 불태워 돔 안을 가열합니다. 들어가면 몸과 뼈를 따뜻하게 함으로써 혈액순환과 신진대사를 좋게 하고 각종 병치료에 효과가 있다고 합니다.

한증막이란 과학적 근거에 의한 옛날부터의 민간치료로, 막 안을 가열하면 원적외선이 발생함과 동시에 몸 깊숙히 침투해 고온 치료에 의한 신진대사를 좋게 하고 각종 성인병 치료와 피부의 노화방지에 뛰어난 효과가 있습니다. 각종 질병 치료 등에 응용되고 있는 한증막은 고열물리치료법으로, 특히 동양 여성 특유의 산후성 각종 질환에 절대적인 효과가 있습니다. 최근에는 미국 등 선진 각국에서도 신경통 치료법과 체력단련법에 한증이 이용되고 있고, 일본에서도 장수, 감량 및 피부 미용 등에 주목을 받고 있습니다.

어휘정리

治療(ちりょう) : 치료	疾患(しっかん) : 질환

2) 공연

●정동극장 : 전통예술 상설공연

1997년에 시작하여 올해로 6년째를 맞이하는 정동극장 '전통예술 상설공연'은 이미 외국인 관광객들 사이에서는 필수 코스가 된 프로그램입니다. 풍물, 전통무용, 판소리, 기악연주 등 다채로운 프로그램과 정동극장만의 특별한 서비스로 그 즐거움을 더하는 전통예술 상설극장입니다. 한국 전통예술의 재미와 감동을 만날 수 있습니다.

어휘정리

常設(じょうせつ) : 상설	器楽(きがく) : 기악

●NANTA 전용극장(NANTA Theater)

1997년 초연 이후, 객석의 평균 점유율 100%라고 하는 기록을 세운 'NANTA'는 사물놀이의 리듬을 소재로 드라마화한 작품으로서 한국 최초의 비언어극입니다.

韓国のサムルノリを西洋の演劇様式に取り入れたこの作品は、大型厨房を舞台にして4人の料理師が登場し、結婚披露宴のための料理を作る過程で各種の厨房器具(なべ、フライペン、皿など)を持ってサムルノリを演奏するという内容で構成されています。「NANTA」はパワーとスピード感に主眼を置きながらも、わかりやすい筋とドラマがあるため老若男女とわず誰でも楽しめるように作られております。

3) 韓国の特産物、高麗人蔘

　高麗人蔘は韓国に自生する薬草で、すでに4~5千年前から東北アジア諸国の韓方医たちによって薬用として使用されて以来その霊妙な効能が認められ仙薬、又は霊薬として今日に伝わってきたものです。

　人蔘に対する歴史上の記録によれば中国の前漢元帝時代(BC33~48)史遊の「急就章」で始まり、中国後漢の献帝建安年代(AD196~220)張仲景の「傷寒論」には人蔘の処方に関する詳細な記録があり、更に中国梁大(AD483~496)陶弘景の医学書である『神農本草経』には人蔘の産地、品質、薬効及び応用に関するくわしい説明があり「最も品質の良い人蔘は韓国から渡来したものである」と書いてあります。このような事実は明朝時代(AD1368~1644)李時珍の『本草綱目』でもよく裏付けられています。

　高麗人蔘の原産地は韓国の深山でありましたが需要が増加するにつれて自然生の山蔘だけでは需要がまかないきれず約千年前から人工栽培による生産が始まったものと伝えられています。

　人蔘は東北向きのゆるやかな傾斜地を選び肥えもせず配水のよい砂質壌土で雨が少なく昼夜間の気温の差が大きい所で栽培しています。

한국의 사물놀이를 서양의 연극 양식으로 도입한 이 작품은 대형 주방을 무대로 하여 4명의 요리사가 등장하는데, 결혼 피로연을 위한 요리를 만드는 과정에서 각종 주방기구(냄비, 프라이 팬, 접시 등)를 가지고 사물놀이를 연주하는 내용으로 구성되어 있습니다. '난타'는 힘과 속도감에 주안을 두면서도 알기 쉬운 줄거리와 드라마가 있기 때문에 남녀노소 불문하고 누구나 즐길 수 있도록 만들어져 있습니다.

어휘정리

3) 한국의 특산물, 고려인삼

고려인삼은 한국에 자생하는 약초로, 이미 4~5천 년 전부터 동북아시아 여러 나라의 한방의들에 의해 약용으로 사용된 이래 그 영묘한 효능이 인정되어 선약 또는 영약시되어 오늘날에 전승되어 왔습니다.

인삼에 대한 역사적인 첫 기록은 중국 전한원제시대(BC33~48)에 사유(史遊)의 '급취장'에서 찾아볼 수 있고, 중국 후한 헌제 건안연대(AD196~220) 장중경의 '상한론'에도 인삼의 처방에 관한 자세한 기록이 있으며, 역시 중국 양나라(AD483~496)의 도홍경이 저술한 의서 『신농본초경』에는 인삼의 산지, 품질, 약효 및 응용에 관한 구체적 설명과 '인삼 중에 가장 품질이 좋은 것은 한국으로부터 도래한다.'고 기록되어 있습니다. 이와 같은 사실은 중국 명조시대(AD1368~1644), 이시진의 『본초강목』에서 더욱 잘 뒷받침해 주고 있습니다.

고려인삼의 원산지는 한국의 심산이었으나 수요가 증가됨에 따라 자연생인 산삼에만 의존할 수가 없어 약 천 년 전부터 인공재배를 시작하게 되었다고 전해집니다.

인삼은 동북향의 완만한 경사지로서 배수가 잘되고 지나치게 기름지지 않은 사질 양토에 심으며 생육기에는 강우가 적고 주야간 기온차가 큰 곳에서 재배합니다.

　特に化学肥料は使わず青草だけを基肥として使用し日覆をした陰の下で4年から6年間自然的に育てた後採掘する霊草です。韓国においては既に三国時代(BC57~AD668)から高麗人蔘は強壮ならびに強精作用に特効があるばかりでなく凡ゆる病気(状)に対しても特効のある薬として尊重されてきました。

　このような効能は中国は物論東南アジア諸国まで広く認識されています。最近その成分と効能が科学的に実証されながら今や高麗人蔘は世界人の健康食品として広く愛用されています。

　高麗人蔘の学名は「Panax Ginseng」であり「Panax」という言葉はキリシャ語の「Panacea」すなわち「万能薬」という意味からきたものです。

⑦ 仁川国際空港からソウル市内まで

1) 東北亜の中心地、仁川国際空港

　北東アジアのハブ空港を目指して1992年11月着工された仁川国際空港が8年余にわたる第一段階の工事が完了され、いよいよ2001年3月29日世界の空に向かい翼を広げました。

　仁川国際空港はソウルの都心から西へ52km、仁川からは15km離れた永宗島と竜遊島の間の海を埋め立てた1,700万坪の敷地に建設された最先端の海上空港です。今度の第一段階の建設に投入された工費は7兆8,000億ウォンであるそうです。第二段階の工事の内容は10車線の道路や地下鉄などを2006年までに完成させ、世界トップクラスの空港を目指しています。

　重要施設としては、年間2,700万人の旅客と1時間8,400個の手荷物が処理できる旅客ターミナルをはじめ、年間170万トンの貨物の処理ができる貨物ターミナル、年間17万回の航

또한 화학비료는 사용하지 않고 산야초만을 쓰며 반음 반양의 일복하에서 4년부터 6년간 자연적으로 자란 후에 채취하는 영초입니다.

한국에서는 이미 삼국시대(BC57~AD668)부터 고려인삼은 강장 및 강정작용에 특효가 있을 뿐 아니라 모든 병에 대해서도 특효가 있는 약으로 존중되었습니다. 이러한 효능은 중국은 물론 동남아 여러 국가까지도 널리 인식되었습니다. 최근 그 성분과 효능이 과학적으로 입증되면서 세계인의 건강식품으로 널리 애용되어지고 있습니다.

고려인삼의 학명은 'Panax Ginseng'이라고 하며 이 'Panax'란 그리스어의 'Panacea', 즉 '만능약'이란 뜻에서 유래된 것입니다.

어휘정리

自生(じせい) : 자생	**まかなう** : 마련해 공급하다, 조달하다
肥(こ)える : 살이 찌다, (땅이) 비옥해지다	**採掘(さいくつ)** : 채굴
強壮(きょうそう) : 강장	**万能薬(ばんのうやく)** : 만능약

 7 인천국제공항으로부터 서울 시내까지

1) 동북아의 중심지, 인천국제공항

동북아시아의 허브 공항을 목표로 1992년 11월 착공된 인천국제공항이 8년 여에 걸친 제1단계 공사가 완료되어, 드디어 2001년 3월 29일 세계의 하늘을 향하여 날개를 펼쳤습니다.

인천국제공항은 서울 도심에서 서쪽으로 52km, 인천에서는 15km 떨어진 영종도와 용유도 사이의 바다를 매립한 1,700만 평의 부지에 건설된 최첨단의 해상공항입니다. 이번 제1단계 건설에 투입된 공사비는 7조 8,000억 원이라고 합니다. 제2단계 공사의 내용은 10차선 도로, 지하철 등을 2006년까지 완성시켜, 세계 톱클래스의 공항이 되는 것을 목표로 하고 있습니다.

중요시설로서는 연간 2,700만 명의 여객과 시간당 8,400개의 수하물을 처리할 수 있는 여객터미널을 비롯하여, 연간 170만 톤의 화물 처리가 가능한 화물터미널, 연간 17

어휘정리

埋(う)め立(た)てる : 메우다, 매립하다	**滑走路(かっそうろ)** : 활주로

空機運航が可能な3,750mの2本の滑走路、世界三番目といわれる高さ100.4mの管制塔などがあります。

　地理的に仁川国際空港は北東アジアの中心部、日本の東京、中国の北京・上海、韓国のソウル・仁川など北東アジアの主要都市のほぼ中央に位置しており、韓国の政治、経済、文化の中心地で、人口2千万、国内総生産高の40%以上を占めている首都圏を背にしています。

　地形的には航空機の離着陸区間に高い山がないので運行に何の障害もなく、風の98%が年中南北方向に吹き、視程200m以下の濃い霧の発生時間が年52時間程度で、世界主要航空路線とのつながりに制約がまったくない、名実ともに北東アジアのハブ空港になると思います。

　仁川国際空港を通じて出入国する乗客は「サッカー競技場の60倍の広さ」と言われる旅客ターミナルで右往左往しているうちに迷子になる恐れもありますので、空港利用方法について知っておいた方がいいでしょう。まず、入国です。

　仁川国際空港の入国は旅客ターミナル1階で行われます。到着した旅客は機内で作成した入国申告書とパスポートを提出して入国手続きを終えた後、手荷物を引き渡されます。手荷物の受け取り台は、出た方向の左側から1〜23番の番号が振られています。大型手荷物の場合は17〜18番の台で受け取ります。税関に申告するもの(400ドルを越える物)があれば赤の検査台、申告するものがなければ緑のラインを通じて出ます。

　出国する際は旅客ターミナル3階で手続きを済ませることになります。3階の手入り口は、車が進入できる旅客ターミナル東側のゲートに近い方から1〜14番の番号が振られています。大韓航空やアシアナ航空を利用する場合はチェックイン・カウンターがターミナルの東側にありますので、1〜7番の手入り口の前で車を降りるのが便利でしょう。乗

만 회의 항공기 운항이 가능한 3,750m 길이의 2개의 활주로, 세계에서 3번째라는 높이 100.4m의 관제탑 등이 있습니다.

지리적으로 인천국제공항은 동북아시아의 중심부, 일본의 도쿄, 중국의 베이징, 상하이, 한국의 서울, 인천 등 동북아시아의 주요 도시의 거의 중앙에 위치해 있고, 한국의 정치, 경제, 문화의 중심지이며, 인구 2천만, 국내 총생산고의 40% 이상을 차지하고 있는 수도권을 배후로 삼고 있습니다.

지형적으로는 항공기의 이착륙 구간에 높은 산이 없어서 운항에 아무런 장해가 없고, 바람의 98%가 연중 남북 방향으로 불며, 시정 200m 이하의 짙은 안개의 발생 시간이 연 52시간 정도여서 세계 주요 항공노선과의 연결에 제약이 전혀 없는 명실공히 동북아시아의 허브 공항이 되리라고 생각합니다.

인천국제공항을 통하여 출입국하는 승객들은 '축구장 60배 크기'라는 여객터미널에서 우왕좌왕하다 길을 잃어버릴 염려가 있으므로 공항 이용법에 대해 알아두는 편이 좋겠지요. 먼저, 입국입니다.

인천국제공항의 입국은 여객터미널 1층에서 이루어집니다. 도착한 여객은 기내에서 작성한 입국신고서와 여권을 제출하여 입국수속을 마친 후 수하물을 찾습니다. 수하물 수취대는 나오는 방향의 왼쪽부터 1~23번의 번호가 매겨져 있습니다. 대형수하물의 경우는 17~18번 수취대에서 수취합니다. 세관에 신고할 물건(400달러가 넘는 물건)이 있으면 적색 검사대, 신고할 물건이 없으면 녹색 검사대를 통하여 나오면 됩니다.

출국할 때에는 여객터미널 3층에서 수속을 마치게 됩니다. 3층 입구는 자동차가 진입할 수 있는 여객터미널 동쪽 게이트에 가까운 곳에서부터 1~14번의 번호가 붙여져 있습니다. 대한항공이나 아시아나항공을 이용하는 경우는 체크인 카운터가 동쪽에 있으므로 1~7번의 입구 앞에서 차를 내리면 편리하겠지요. 승객은 자신이 탈 항공회사

어휘정리

管制塔(かんせいとう) : 관제탑

離着陸(りちゃくりく) : 이착륙

濃(こ)い霧(きり) : 짙은 안개

右往左往(うおうさおう) : 우왕좌왕

振(ふ)る : 흔들다, 날리다, 떼다, 나누다

番号(ばんごう)を振(ふ)る : 번호를 매기다

客は自分の乗る航空会社のカウンターに行って、発券と手荷物預けを行います。手続き
後、搭乗券とタッグを受け取って約10mほど進むとすぐ保税区域に入るゲートが現れま
す。保安チェック、税関申告、出国審査カウンターを経て、免税店などがある保税区域
に進みます。44の搭乗ゲートのうち、搭乗券に書かれた搭乗口の番号を確認して出発ラ
ウンジに移動し、搭乗通路を通って2階に降り、搭乗するようになっています。

●その他のサービス施設

　旅客ターミナルの中央ホールの2階にはビジネスセンターと情報通信センターが設けら
れています。中央ホールをはさんで2個所のビジネスセンターは5〜30人用の会議室が7室
あり、効率的な会議の進行のため先端の視聴覚装備が備えられています。通訳と翻訳
サービス、ホテルや航空券、レンターカーの予約など、あらゆるビジネス関連のサービ
スも共に提供されております。また、情報通信センターには空港利用者がインターネッ
トやファックスなどを利用できるようになっています。それに空港の旅客ターミナルの
至るところにはインターネットのできるマルチメディア型公衆電話も設置されていま
す。

　飛行機の乗り継ぎ客のためには、90室規模のミニホテル(エアガーデン・ホテル)が旅客
ターミナル4階の東西両側に設けられています。そして、旅客ターミナルの地下1階には
フィットネス・サウナ施設やボウリング場などの施設もあります。

　その他に、旅客ターミナルには8,200坪あまりの敷地が大きく東側と西側に分けられ、
総176ヶ所の売り場がありまして、お土産や旅行用品、衣類、ゴルフ用品など幅広い商品
を売っています。到着階の地上1階にはファンシー用品やフィルム、コンビニエンススト
アなどがあり、出発階の地上3階には旅行用品、カバン、ファッション衣類の店がありま
す。2階と4階には文房具店、雑誌・新聞専門店、記念品店などがあります。

의 카운터로 가서 발권과 수하물 예탁을 합니다. 수속 후 탑승권과 수화물표를 받아
약 10m 정도 나아가면 보세구역으로 가는 게이트가 나타납니다. 보안 체크, 세관 신고,
출국심사 카운터를 거쳐 면세점 등이 있는 보세구역으로 갑니다. 44개의 탑승 게이트
중 자신의 탑승권에 적힌 탑승구 번호를 확인하고 출발 라운지로 이동하여 탑승 통로
를 통하여 2층으로 내려가 탑승하도록 되어 있습니다.

●기타 서비스 시설

여객터미널 중앙홀 2층에는 비지니스센터와 정보통신센터가 설치되어 있습니다. 중
앙홀을 중심으로 2개소의 비지니스센터는 5~30인용의 회의실이 7실이 있고, 효율적인
회의 진행을 위해 첨단의 시청각 장비가 갖춰져 있습니다. 통역과 번역 서비스, 호텔
이나 항공권, 렌터카 예약 등 모든 비지니스와 관련된 서비스도 함께 제공되고 있습니
다. 또, 정보통신센터에는 공항 이용자가 인터넷이나 팩스 등을 이용할 수 있도록 되
어 있습니다. 그리고 공항 여객터미널의 곳곳에는 인터넷을 할 수 있는 멀티형 공중전
화도 설치되어 있습니다.

통과여객을 위해서는 90실 규모의 미니호텔(에어가든 호텔)이 여객터미널 4층에 동
서 양쪽으로 있습니다. 그리고 여객터미널 지하 1층에는 휘트니스 사우나 시설이나 볼
링장 등의 시설도 있습니다.

그밖에 여객터미널에는 8,200평 규모의 부지가 동서로 나뉘어 총 176개소의 매장이
있으며, 선물이나 여행용품, 의류, 골프용품 등 폭넓은 상품을 팔고 있습니다. 도착층
의 지상 1층에는 펜시용품이나 필름, 콘비니엔스 스토어 등이 있고, 출발층인 지상 3
층에는 여행용품, 가방, 패션의류점이 있습니다. 2층과 4층에는 문방구점, 잡지·신문
전문점, 기념품점 등이 있습니다.

어휘정리

發券(はっけん) : 발권

預(あず)ける : 맡기다

視聴覚(しちょうかく) : 시청각

乗(の)り継(つ)ぐ : 다른 탈것으로 갈아타고 목적지로 가다

文房具店(ぶんぼうぐてん) : 문방구점

　免税店は出発階である地上3階に2,400坪の規模で設けられています。世界的な免税店専門会社のDFSソウルと韓国観光公社、ロッテ、エギョンがそれぞれ売り場をオープンしております。

　食堂は中央ミレニアムホールを中心にした東と西のターミナルの地下1階、地上3階、4階に、34個所のレストランがありまして、窓から飛行機の離着陸する姿を見ながら、韓・和・中・洋食の料理が味わえます。

2) 仁川国際空港からの入国の挨拶

　ようこそお越しくださいました。心より歓迎申しあげます。皆様をご案内する○○旅行社のガイド、○○○と申します。今回の日程3泊4日間、皆様のお供を仰せつかりましたが、ご不便なところと、お気づきのことがございましたら、どしどしおっしゃってください(ませ)。

　せっかくのご旅行、実り多きものになりますよう、心がけてお供をつとめさせていただきます。ですが、なにぶん、まだまだ駈け出しですので、至らぬ点も多く、お気に召さぬこともございましょうが、よろしく、お願い申しあげます。

　今皆さんが着いたこの仁川国際空港は2001年3月29日開港しました。広くて大きい空港ですし、施設の面でもすばらしい国際空港です。

3) ソウルの紹介

　ソウルの歴史は遠く三韓時代にさかのぼります。大陸から伝えられた金属文化の影響が、漢江以南の半島南部には、北部よりもおくれておよんだことは事実であります。この地域には、紀元前三世紀から、紀元前四世紀以後に鉄器文化が青銅器文化と同時に伝

면세점은 출발층인 지상 3층에 2,400평 규모로 설치되어 있습니다. 세계적인 면세점 전문회사인 DFS서울과 한국관광공사, 롯데, 애경이 각각 매장을 오픈하고 있습니다.

식당은 중앙 밀레니엄홀을 중심으로 동서 터미널 지하 1층, 지상 3, 4층에 34개소의 레스토랑이 있어서, 창으로 비행기가 이착륙하는 모습을 보면서, 한식·중식·일식·양식 요리를 맛볼 수가 있습니다.

2) 인천국제공항에서의 입국인사

참으로 잘 오셨습니다. 진심으로 환영합니다. 여러분을 안내할 ○○여행사 가이드 ○○○이라고 합니다. 이번 일정의 3박 4일간 여러분과 함께하기로 분부를 받았습니다만, 불편한 점과 느끼신 점이 있으시면 척척 말씀해 주십시오.

모처럼의 여행 많은 결실을 맺도록 정성으로 안내를 해드리겠습니다. 하지만 다소간 아직 신참이라 모자라는 점도 많고, 마음에 들지 않는 점도 있겠지만 부디 잘 부탁드립니다.

여러분이 지금 도착한 이 인천국제공항은 2001년 3월 29일 개항했습니다. 넓고 큰 공항이며, 시설면에서도 훌륭한 국제공항입니다.

어휘정리

ようこそ : 노고에 대하여 감사의 뜻을 나타내는 말, 또는 상대의 방문을 환영할 때 쓰는 말
仰(おお)せつかる : 분부[지시]를 받다　　　気(き)づき : 눈치챔, 알아차림
どしどし : 쉴사이 없이, 척척, 죽죽, 줄줄　　　なにぶん : 다소간, 부디, 아무쪼록, 여하튼
駆(か)け出(だ)し : 첫발, 신출내기(＝しんまい)

3) 서울의 소개

서울의 역사는 멀리 삼한시대에까지 올라갑니다. 대륙으로부터 전하여진 금속문화의 영향이 한강 이남의 반도 남부에는 북부보다도 늦게 미친 것은 사실입니다. 이 지역에는 기원전 3세기부터 기원전 4세기 이후에 철기문화가 청동기문화와 동시에 전해

えられ、このためこの地域の原始社会は、部族社会にかわっていきました。

そして、それはお互いに聯盟体を形成するようになりました。こうして形成されたのが、ふつう「三韓」と呼ばれる馬韓、辰韓、弁韓の三つの部族連合であります。

馬韓は漢江流域以南、半島南部の西南地域を、辰韓は慶尚道の洛東江の東部を、弁韓は洛東江の西方地域をさすものでありました。

わけても50余部族をひきいる馬韓は、当時、中国の魏—これは、日本でいう『魏志倭人伝』の、あの魏のことですが—、その魏が侵略してきて、支配していた帯方郡を攻めるほど強大な勢力をもっておりました。伝説によりますと、高句麗から流れてきた流民の一団が、漢江流域に定着してつくったのが、温祚を指導者とする百済部族であったといいます。この部族勢力が、その後五~六代にわたり、馬韓の諸部族をまとめて成長していき、百済という古代王国になります。その百済部族が定着したとされるところが、いまの仁川と、漢江北岸のソウル近郊、河北慰礼城(北漢城)であります。この勢力が、ふたたび漢江をわたり、いまの京畿道広州郡に定着したということですが、その正確なプロセスは、つまびらかにされてはおりません。だいたい、それは百済の古爾王(234～286)の代のことであったとおもわれます。

これを河南慰礼城と申します。百済の近肖古王(346～375)は、北の高句麗に攻めこみ、平壌城のたたかいで高句麗の故国原王(331～371)は戦死します。近肖古王時代に百済は黄海道と半島の西南部を掌握します。

一方故国原王の死後、二代の王が続いたのち、高句麗には、偉大な国王が登場しました。あの有名な広開土王(391～413)であります。

広開土王は偉大な征服者でありましたが、そのあとをついだ長寿王(413～491)も、それに劣らぬ豪傑で、英主でありました。長寿王は大軍をひきいて、百済を攻め込み、今のソウル地域は高句麗の領域になり、南平壌と呼ばれるようになります。

のち、新羅の真興王14年(553年)には、新羅領土となり、新州と名を改められ、真平王26年(604年)にはふたたび北漢山州、景徳王16年(757)には、漢州の漢陽郡となります。

져 이 때문에 이 지역의 원시사회는 부족사회로 변하였습니다.

그리고 이는 서로 연맹체를 형성하게 되었습니다. 이렇게 해서 형성된 것이 보통 '삼한'이라고 불리는 마한, 진한, 변한의 세 부족 연합입니다.

마한은 한강 유역 이남, 반도 남부의 서남 지역을, 진한은 경상도의 낙동강의 동부를, 변한은 낙동강의 서방지역을 가리키는 것이었습니다.

그중에서도 50여 부족을 이끄는 마한은 당시 중국의 위나라 ― 이것은 일본에서 말하는 『위지왜인전』의 그 위를 말합니다만 ― 그 위나라가 침략해 와서 지배하고 있었던 대방군을 공격할 만큼 강대한 세력을 가지고 있었습니다. 전설에 의하면 고구려로부터 흘러들어온 유민 일단이 한강 유역에 정착해서 만든 것이 온조를 지도자로 하는 백제 부족이었다고 말합니다. 이 부족세력이 그후 5~6대에 걸쳐 마한의 여러 부족을 통합하여 성장하여 백제라고 하는 고대 왕국이 됩니다. 그 백제 부족이 정착했다고 하는 장소가 지금의 인천과 한강 북쪽 해안의 서울 근교 하북 위례성(북한성)입니다. 이 세력이 재차 한강을 건너서 지금의 경기도 광주군에 정착했다고 합니다만 그 정확한 과정은 상세하게는 되어 있지 않습니다. 대체로 그것은 백제의 고이왕(234~286)대 것으로 생각되어집니다.

이것을 하남 위례성이라고 합니다. 백제의 근초고왕(346~375)은 북의 고구려를 공격해 들어가 평양성의 싸움에서 고구려의 고국원왕(331~371)은 전사합니다. 근초고왕 시대에 백제는 황해도와 반도의 서남부를 장악합니다.

한편 고국원왕의 사후 2대의 왕이 계승된 이후 고구려에는 위대한 국왕이 등장했습니다. 저 유명한 광개토왕(391~413)입니다.

광개토왕은 위대한 정복자였습니다만 그 뒤를 이은 장수왕(413~491)도 이에 못지 않은 호걸로 영주였습니다. 장수왕은 대군을 이끌고 백제를 공격하여 지금의 서울 지역은 고구려의 영토가 되고 남평양이라고 불리게 됩니다.

후에 신라의 진흥왕 14년(553)에는 신라 영토가 되어 신주로 이름을 바꿔 진평왕 26년(604년)에는 다시 북한산주, 경덕왕 16년(757)에는 한주의 한양군이 됩니다.

어휘정리

わけても : 그중에서도, 특히
ひきいる : 거느리다, 인솔하다, 이끌다, 통솔하다
つまびらか : 자세함, 소상함

　高麗朝に入っては、太祖23年(940)に楊洲、さらに文宗王22年(1068)には南京、忠烈王34年(1308)には漢陽府に改められました。こうした理由からソウルの東郊には百済初期の古墳群と共に6世紀半ば以後の新羅古墳ものこっております。

　朝鮮王朝にかわるや、太祖3年(1394)のとき、国都になります。当時の名は漢城府でありました。当時、まだ草ぶかい里にすぎなかったこの地に、わずか7ヵ月で壮麗な王宮が造営され、東西南北にそれぞれ巨大な門楼が建てられ、都大路を行きかう民百姓は、太平の世をうたい、全国に撃壌のうたごえがみちみちたとのことです。ソウルは、こうして27代518年にわたって、朝鮮王朝の都として栄えつづけました。

　王朝500年にわたり、ソウルは、いくたびか深刻な災難にあいました。その最たるものが、あの16世紀末壬辰戦乱でございます。都にきそい建つ王宮と楼閣のほとんどが焼け落ち、まちは廃墟と化したのです。

　のち、1910年8月19日に、韓国と日本ががっぺいされてから以来、1945年8月15日の解放独立を迎えるまでソウルは、日本の韓国統治の中心地となったのです。

　現在のソウルは市域613km^2、1,200万以上の市民をかかえる大韓民国の首都として、日に日に発展し、繁栄をかさねております。

　ソウルには、王朝500年の栄華の名残りを色濃くやどす、古宮や城門、楼閣とともに、おびただしい遺跡、史蹟と遺物が、この地をおとずれる人びとに、大きな感銘をいだかせてくれます。

[서울 全景]

고려왕조로 들어와서는 태조 23년(940)에 양주, 더욱이 문종왕 22년(1068)에는 남
경, 충렬왕 34년(1308)에는 한양부로 변경하였습니다. 이런 이유로부터 서울의 동교
(동쪽 교외)에는 백제 초기의 고분군과 함께 6세기 중엽 이후의 신라 고분도 남아 있
습니다.

조선왕조로 바꾸자 태조 3년(1394) 때, 도읍지가 됩니다. 당시의 이름은 한성부였습
니다. 당시 아직 초목이 무성한 마을에 지나지 않았던 이 땅에 겨우 7개월로 장려한 왕
궁이 조영되어 동서남북 제각각 거대한 문루가 세워지고 도읍지 대로를 오고가는 백
성들의 태평성가의 노래가 전국에 흘러넘쳤다고 합니다. 서울은 이렇게 하여 27대 518
년에 걸쳐서 조선왕조의 도읍지로서 계속 번창하였습니다.

왕조 500년에 걸쳐 서울은 몇 차례 심각한 재난을 당했습니다. 그중 가장 두드러진
것이 저 16세기 말 임진왜란입니다. 도읍지에 다투어 서 있는 왕궁과 누각의 대부분이
불에 타 내려앉고 도시는 폐허로 변하였습니다.

이후 1910년 8월 19일에 한국과 일본이 합병되고 나서부터 1945년 8월 15일의 해방
과 독립을 맞이하기까지 서울은 일본의 한국통치의 중심지가 되었던 것입니다.

현재 서울은 시역 613㎢, 1,200만 이상의 시민을 껴안은 대한민국의 수도로서 나날
이 발전해 번영을 거듭하고 있습니다.

서울에는 왕조 500년 영화의 자취를 진하게 간직한 고궁이나 성문, 누각과 함께 매
우 많은 유적, 사적과 유물이 이곳을 찾아오는 사람들에게 큰 감명을 품게 해줍니다.

어휘정리

門楼(もんろう) : 문루, 문 위에 지은 다락집   行(ゆ)きかう : 오가다, 왕래하다

撃壤(げきじょう) : 격양(태평성대를 노래함)   みちみちる : 넘칠 정도로 그득 차다

最(さい)たる : 무리 중에서 그 경향이 가장 두드러진, 그중에서 으뜸 가는 것은

きそう : 다투다, 경쟁하다, 겨루다   焼(や)け落(お)ちる : 불에 타서 내려 앉다

まち : ① 町(まち) : 집이 많이 군집하여 있는 곳, 도회, 지방단체의 하나인 町(ちょう, 한국의
　　　읍에 해당함) ② 街(まち) : 상가 따위가 밀집된 곳, 번화한 거리

かか(抱)える : (껴)안다, (돌볼 일을) 책임지다   名残(なご)り : 자취, 흔적, 추억, 기념

色濃(いろこ)い : 기색이 짙다, 어떤 경향이 심하다

やどす : 잉태하다, 머금다, 모습을 비추다

おびただしい : (수량이) 엄청나다, 매우 많다, (정도가) 심하다

いだ(懐)く : (마음에) 품다

4) ワールドカップサッカー大会競技場

　皆さんご存じの2002年サッカーワールドカップ大会のソウル競技場があの向こう側にあります。ソウル市庁舎より西南側へ9キロ、63,930人収容可能で、部分的に屋根のついている形で、1998年11月着工して2001年12月31日に完成しました。

　FIFA(フイフア、国際サッカー聯盟)は1996年5月31日、本部のあるスイスのチューリヒで、2002年度第17回ワールドカップ大会を韓国と日本で共同開催すると決定しました。これによって両国は開催準備を着々と進めまして、開幕式は2002年5月31日ソウルの上岩サッカー専用球場で行なわれて、閉幕式は2002年6月28日、横浜競技場で開かれました。

　韓国と日本でそれぞれ半分ずつの試合を開催し、韓国、日本ともに10の都市で開かれました。(韓国：ソウル、仁川、水原、大田、大邱、蔚山、釜山、全州、光州、済州)

　ワールドカップ大会はすべての世界人のサッカーを通じた親善と友誼を堅める意味以外にも国家経済全般に波及効果が大きな大型行事で根ざして行っています。

　1994年アメリカワールドカップでは40億ドル、1998年フランスワールドカップでは30億ドルの観光収入を上げたことで推定しています。

　一方2002年ワールドカップでは日本が1兆円、韓国が8兆ウォン程度(大会前の期待)の経済的な波及効果を期待しているくらい、ワールドカップは国家のマーケティングとしていちばん確かな位置を占めています。(2002年韓・日ワールドカップでは韓国の歴史的な4強進出で11兆5,000億ウォンの経済的な波及効果があるだろうと推定しています。)

［上岩 월드컵 蹴球競技場］

4) 월드컵 축구대회 경기장

여러분이 아시는 바와 같이 2002년 월드컵 축구대회의 서울 경기장이 저쪽에 있습니다. 서울시 청사로부터 서남쪽으로 9km, 63,930명을 수용할 수 있고, 부분적으로 지붕이 딸려 있는 형태로 1998년 11월 착공해서 2001년 12월 31일에 완성되었습니다.

FIFA(국제축구연맹)는 1996년 5월 31일, 본부가 있는 스위스의 취리히에서 2002년도 제17회 월드컵 대회를 한국과 일본에서 공동개최한다고 결정했습니다. 이에 의해 양국은 개최 준비를 착착 진행하여, 개막식은 2002년 5월 31일 서울의 상암 축구 전용 구장에서 개최하고, 폐막식은 2002년 6월 28일 요코하마 경기장에서 개최하였습니다.

한국과 일본에서 각각 반씩 시합을 개최하고, 한국, 일본이 같이 10개 도시에서 개최하였습니다.(한국 : 서울, 인천, 수원, 대전, 대구, 울산, 부산, 전주, 광주, 제주)

월드컵 대회는 전세계인의 축구를 통한 친선과 우의를 다지는 의미 외에도 국가경제 전반에 파급효과가 큰 국제적인 이벤트 행사입니다.

1994년 미국 월드컵에서는 40억 달러, 1998년 프랑스 월드컵에서는 30억 달러의 관광수입을 올린 것으로 추정되고 있습니다.

한편 2002년 월드컵에서는 일본이 1조 엔, 우리나라가 8조 원 정도의(대회 전의 기대) 경제적 파급효과를 기대하고 있을 정도로 월드컵은 한 국가의 마케팅으로서도 가장 확실한 위치를 차지하고 있습니다.(2002 한·일 월드컵은 한국의 역사적 4강 진출로 11조 5,000억 원의 경제 파급효과가 있을 것으로 추정하고 있습니다.)

어휘정리

友誼(ゆうぎ) : 우의(=友情〈ゆうじょう〉)

波及(はきゅう) : 파급

根(ね)ざす : 뿌리내리다, 기인하다

5) 汝矣島・国会議事堂・63ビル

●汝矣島

漢江の中の島で広さ87万平です。その昔は大雨が降るたびに河が氾濫したりして全く

［汝矣島］

使い物にならないということで島の名前が『君にでもくれてやる』という意味だそうですが、今となってはご覧の通りの発展ぶりです。初めに南北1,390メートルの麻浦大橋で結ばれ、昔は王室に仕える馬を飼育したり、牧場として使われましたが、後に1954年1月から1958年3月、今の金浦空港がオープンする前まで国際空港の役割を果たしていました。この中の島が本格的に開発され出したのは1968年1月からで一つの水上理想都市が出来上がったとして騒がれたものです。

　汝矣島には国会議事堂をはじめ、住居地域、官公署、商店街などに区別されており、KBS、MBC、SBSのテレビ放送3社、教会、学校などがあるほかに、金融や証券関係会社の本社や政府ならびに経済団体の関係機関がぎっしりと立ち並ぶ、ニューヨークのワールストリートか東京の大手町のような金融の中心街になっております。汝矣島は以前大集会などが開かれていた5.16広場であった所に今ちょっとした公園が造られています。

●国会議事堂

　この堂々とした建物は、韓国の国会議事堂であります。敷地10万坪、建坪2万5千坪、総工事費140億ウオンを投じて6年がかりの工事の末、1975年に完成した石造建物です。地上6階建て、高さ70mのこの議事堂は現在単院制でありますが将来の両院制にそなえ、民議院議事堂(300席ほど)参議院議事堂(100席ほど)をそれぞれに設けています。

　建築はドーリア式(古代ギリシア式)、ルネッサンス風の古典様式に韓国固有の建築様式とモダンな感覚を取り入れた建築美を見せています。使った建材は、イタリア産と国

5) 여의도 · 국회의사당 · 63빌딩

● 여의도

한강 안의 섬으로 넓이 87만 평입니다. 그 옛날은 큰비가 내릴 때마다 강이 범람하기도 하여 전혀 쓸모없는 것으로 섬 이름이 '그대에게라도 준다'라고 하는 의미라고 합니다만 지금은 보시는 바와 같이 발전하고 있습니다. 처음으로 남북 1,390m의 마포대교가 연결되어 옛날에는 왕실에서 사용하는 말을 사육하거나 목장으로 사용되었습니다만, 나중에는 1954년 1월부터 1958년 3월, 지금의 김포공항이 개항되기 전까지 국제공항의 역할을 다하고 있었습니다. 그런 섬이 본격적으로 개발되기 시작한 것은 1968년 1월부터로, 하나의 수상 이상도시가 만들어졌다고 떠들썩하였습니다.

여의도에는 국회의사당을 비롯하여 주거지역, 관공서, 상점가 등으로 구별되어 있고, KBS, MBC, SBS 텔레비전 방송 3사, 교회, 학교 등이 있는 외에도 금융이나 증권 관계 회사의 본사나 정부 및 경제 단체의 관계기관이 꽉 들어차 있는, 뉴욕의 월 스트리트라던가, 동경의 오오데 마찌와 같은 금융 중심가가 되어 있습니다. 여의도는 이전에는 대집회 등이 열렸던 5.16 광장이었던 곳에 지금은 자그마한 공원이 조성되어 있습니다.

어휘정리

ぶ(振)り : 모습, 모양, 태도	仕(つか)える : 시중들다, 봉사하다, 섬기다
飼育(しいく) : 사육	牧場(ぼくじょう) : 목장
騒(さわ)ぐ : 떠들다, 시끄러워하다, 허둥대다, 동요하다	
なら(並)びに : 및, 또	

● 국회의사당

이 당당하게 서 있는 건물은 한국의 국회의사당입니다. 부지 10만 평, 건평 2만 5천 평, 총공사비 140억 원을 투자하여 6년간의 공사 끝에 1975년에 완성한 석조건물입니다. 지상 6층 건물로, 높이 70m의 이 의사당은 현재 단원제입니다만 앞으로의 양원제를 대비하여 민의원 의사당(300석 정도), 참의원 의사당(100석 정도)을 제각각 마련해 놓고 있습니다.

건축은 도리아식(고대 그리이스식), 르네상스 풍의 고전 양식에 한국 고유의 건축양식과 근대 감각을 도입한 건축미를 보이고 있습니다. 사용한 건축 재료는 이탈리아산

産の大理石と花崗巌からなります。

　国会議事堂は桜の花が咲く春先には見学コースとしてもなかなかの場所で、漢江敷地の公園から純福音教会前を通って国会議事堂の中庭に至るまで人出で賑いを見せます。また、臨時国会や定期国会の会期中でなければ傍聴券も要りませんのでパスポートなど身分証明書さえあれば気軽に入れます。

●63ビル

　金色に輝く韓国で一番高いビル。地上60階、地下3階(合わせて63階)、264mの高さを誇るソウルのシンボルです。全面二重反射ガラスなので、陽光を受けて輝き、ゴールデンタワーとも言われます。高速エレベーターで昇る展望台からはオリンピック施設や金浦空港などが眺められ、また夜景も素晴しいものです。別館の地下1階には、400種約2万匹の魚が見られる水族館63シーワールドや、一般の10倍ものスクリーンを備えたアイマックス映画館などもあります。レストランも揃っており、59階の洋風レストランや56階の和食レストランで、夜景をみながらの食事もすばらしい。

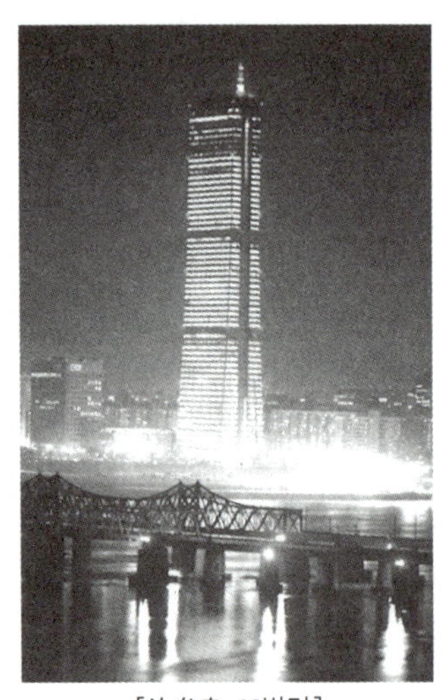

［汝矣島 63빌딩］

6) 切頭山聖地と韓国のカソリック教

　漢江北岸、切り立つ崖の上に建つ建物は異色の存在であります。
　この丘陵は、もと蚕頭峰と呼ばれておりました。韓国のキリシタン(切支丹)迫害史上

과 국산 대리석과 화강암으로 되어 있습니다.

국회의사당은 벚꽃이 피는 봄의 초순에는 견학 코스로서도 그만인 장소로, 한강 부지의 공원으로부터 순복음교회 앞을 지나 국회의사당의 정원 가운데에 이르기까지 많은 인파로 북적거립니다. 또 임시국회나 정기국회의 회기중이 아니면 방청권도 필요하지 않으므로 여권 등 신분증명서만 있으면 가볍게 들어갈 수 있습니다.

어휘정리

設(もう)ける : 마련하다, 만들다, 기다리다
取(と)り入(い)れる : 안에 넣다, 거두어들이다, 받아들이다, 도입하다
人出(ひとで) : 많은 사람이 그곳에 모임, 인파
傍聴(ぼうちょう) : 방청
身分証明書(みぶんしょうめいしょ) : 신분증명서

●63빌딩

황금색으로 빛나는 한국의 가장 높은 빌딩. 지상 60층, 지하 3층(합해서 63층), 264m의 높이를 자랑하는 서울의 상징입니다. 전면 2중 반사 유리이므로 태양빛을 받아 빛나는 골든 타워라고도 불립니다. 고속 엘리베이터로 오르는 전망대로부터는 올림픽 시설이나 김포공항 등이 바라다보이고, 또 야경도 멋집니다. 별관의 지하 1층에는 400종약 2만 마리의 고기를 볼 수 있는 수족관 63씨월드와 일반의 10배 크기의 스크린을 갖춘 아이맥스 영화관 등도 있습니다. 레스토랑도 갖추어져 있고, 59층의 서양식 레스토랑이나 56층의 일식 식당에서 야경을 보면서 식사를 하는 것도 멋집니다.

어휘정리

そろう : 갖추어지다, 모이다, 잘 어울리다, 일치하다, 맞다

6) 절두산성지와 한국의 가톨릭교

한강 북쪽 연안 깎아지른 듯이 솟은 절벽 위에 세워진 건물은 이색적인 존재입니다. 이 언덕은 원래 잠두봉이라 불리우고 있었습니다. 한국의 그리스도교 박해사상 이

名高い1866年の、ときの執権者大院君による一大迫害の地でございます。この迫害は1872年までつづきましたが、弾圧がはじまってわずか数カ月のあいだに、韓国に在留していたフランス人神父12人のうち、9人が処刑されました。なお、全迫害期間を通じて、8,000人をこえるキリシタンが刑場の露と消えました。その刑場が、あの丘陵でございます。

切頭山の名のいわれであり、首切り山という意味であります。丘の上に建つ、あの建物は、その100周年を記念して建てられた教会でございます。教会の中には、初期のカソリック書籍や、殉教者たちの遺物および責め道具などが陳列されております。境内に建つのは、韓国人としては最初の神父であった金大建の銅像であります。

7) 新村・梨花女子大学校

●新村

新村は文字通り、新しい村ですが、開発の歴史は、かなり古い地域であります。

ソウルには国立のソウル大学校をはじめ、名門私立大学の延世大学、高麗大学、梨花女子大学、韓国外国語大学、西江大学などがありますが、新村といえば、延世大学、西江大学と、女子大の梨花女子大学校等があります。

●梨花女子大学校

朝鮮王朝末期の1886年に開校、キリスト教系列の女子大学で、日本の御茶の水女子大に匹敵する学校といえます。

28の学部と大学院で構成されており、学生数は20,600余名です。よく、韓国の半分を動かしている大学といった皮肉っぽい声が聞かれるほどに、この国の指導者クラスの人た

름 높은 1866년의, 그때의 집권자였던 대원군에 의한 일대 박해지입니다. 이 박해는 1872년까지 계속되었습니다만 탄압이 시작된 지 불과 수개월 사이에 한국에 주재하고 있는 프랑스 신부 12명 중 9명이 처형되었습니다. 더욱이 전 박해기간을 통해서 8,000명이 넘는 그리스도교인이 형장의 이슬로 사라졌습니다. 그 형장이 저 언덕입니다.

절두산이란 이름이 말하듯이 목을 자르는 산이라는 의미입니다. 언덕 위에 세워진 저 건물은 그 100주년을 기념해서 세워진 교회입니다. 교회 안에는 초기의 가톨릭 서적과 순교자들의 유물 및 고문 도구 등이 진열되어 있습니다. 경내에 세워진 것은 한국인으로서는 최초의 신부였던 김대건 동상입니다.

어휘정리

切(き)り立(た)つ : 깎아지른 듯이 솟아 있다, 우뚝 솟아 있다
崖(がけ) : 낭떠러지, 벼랑, 절벽
丘陵(きゅうりょう) : 구릉, 언덕
ときの : 그[이]때
責(せ)め道具(どうぐ) : 고문용구
境内(けいだい) : (신사, 사찰의) 경내, 구내

7) 신촌 · 이화여자대학교

● 신촌

신촌은 문자 그대로 새로운 마을입니다만, 개발의 역사는 꽤 오래된 지역입니다.

서울에는 국립 서울대학교를 비롯하여 명문 사립대학인 연세대학, 고려대학, 이화여자대학, 한국외국어대학, 서강대학 등이 있습니다만 신촌이라고 하면 연세대학, 서강대학, 여자대학인 이화여자대학 등이 있습니다.

● 이화여자대학

조선왕조 말기의 1886년에 개교, 그리스도교 계열인 여자 대학으로 일본의 오차노미즈 여자대학에 필적하는 학교라고 말할 수 있습니다.

28학부와 대학원으로 구성되어 있고, 학생 수는 20,600여 명입니다. 흔히 한국의 반을 움직이게 하는 대학이라고 하는 빈정대는 소리가 들릴 정도로 이 나라의 지도자급

ちの奥さんにこの女子大学出身者が多いということです。

　梨花女子大学にはちょっとした博物館があって一般に公開しています。自然史博物館と歴史博物館がありまして、国宝クラスの文化財も展示されています。特に正門を入り、右側にある歴史博物館には女子大学らしく、近代から現代に至るまでの女性史について紹介されています。

　光化門か市庁舎前から西の方へ、梨花女子大学にたどり着く手前一帯には左右にウェディングドレスの店と美容室がずらりと並んでいます。ウエディングドレスの店はその数が90を数えます。

8) 独立門

1895年2月、米国から帰国した徐載弼博士が組織した独立協会を中心に、迎恩門を撤去（てっきょ）

[獨立門]

し、そこに韓国、中国や日本、ロシアとその他の西欧列強（せいおうれっきょう）と同じ自主独立国家であることを国内外に宣布（せんぷ）するために独立門の建立に取りかかり、1896年から国民全体を対象にした募金運動（ぼきん）をくり広げ（ひろ）、そのお金で工事を始めました。

　独立門は韓国最初の西洋式建物で、フランスの凱旋門（がいせんもん）をモデルとしており、高さ14.28m、幅11.48mで、45cm×30cm規格の白い花崗岩約1,850個で築き上げられました。中央には虹霓門（こうげいもん）の形をしております。

사람들의 부인 중에 이 여자 대학 출신자가 많다고 하는 것입니다.

이화여자대학에는 조그만 박물관이 있어 일반에게 공개하고 있습니다. 자연사박물관과 역사박물관이 있어서 국보급의 문화재도 전시되어 있습니다. 특히 정문을 들어서, 우측에 있는 역사박물관에는 여자대학답게 근대에서부터 현대에 이르기까지의 여성사에 대해서 소개하고 있습니다.

광화문이나 시청사 앞에서부터 이화여자대학에 다다르는 바로 앞 근처에서부터 일대에는 좌우로 웨딩드레스 상점과 미용실이 줄지어 늘어서 있습니다. 웨딩드레스 상점은 그 수가 90을 헤아립니다.

어휘정리

8) 독립문

1895년 2월, 미국으로부터 귀국한 서재필 박사가 조직한 독립협회를 중심으로 영은문을 철거하고, 거기에 한국이 중국이나 일본, 러시아와 그 외의 서구 열강과 같은 자주독립국가임을 국내외에 선포하기 위한 독립문 건립에 착수하여 1896년부터 국민 전체를 대상으로 한 모금운동을 펼쳐서 그 돈으로 공사를 시작하였습니다.

독립문은 한국 최초의 서양식 건물로 프랑스의 개선문을 모델로 하고 있고, 높이 14.28m, 폭 11.48m로 45㎝×30㎝ 규격의 하얀 화강암 약 1,850개를 쌓아 올렸습니다. 중앙에는 홍예문의 형태를 하고 있습니다.

어휘정리

第5章

ソウル近郊とその外の地域

1) 分断の現場,板門店

　板門店は、南北の軍事停戦委員会の会談場として広く知られている所です。

　最近は、南北間の赤十字会談など、世界のニュースのスポットをあびてきました。ソウルからわずか56kmのところにある、幅4kmのDMZ内にあります。

　DMZとは、「Demilitarized Zone」の略字で非武装地帯のことですが、DMZは西側の漢江河口から、東の北緯39度線の東海岸まで、休戦ラインを中心に、南と北へ、それぞれ2kmの幅を持たせてひかれた境界線が、延長241kmに達します。

　したがって、幅4kmのDMZは、板門店軍事停戦会談場を除きましては無人の境であり、さまざまな草木が繁茂し、各種の野生動物の天国なのです。

　板門店の共同警備区域(Joint Security Area)は、本会談場を中心とする直径800mの円をえがくエリアです。

　板門店を訪れる各国の報道関係者や、許可をうけた観光客は、国連軍のアドベンス・キャンプで、スライドをごらんになり、板門店にかんする説明をお聴きになった後、ランチタイムになります。

　共同警備区域へ入りますと、そこは本会議場ですので、両側の警備兵と報道マンで混みあっております。

2) 統一路

　ソウルから臨津江下流の岸べにある臨津閣にいたる全長43kmの準高速道路がありますが。もとは、国道第1号線の一部の区間を高速道路化させたものです。民族の願望、分断された祖国の統一を念願して統一路と名付けました。

　この国道第1号線は、北の新義州へいたる道でございますが、いつの日かは、両断された国土が統一され、このハイウェーをひた走りに走って、鴨緑江のほとりにたどり着く日がくるでしょう。

1) 분단의 현장, 판문점

판문점은 남북의 군사정전위원회의 회담장으로서 널리 알려져 있는 곳입니다.

최근에는 남북간의 적십자회담 등 세계 뉴스의 초점을 받아왔습니다. 서울로부터 불과 56km 떨어진 곳에 있는 폭 4km의 DMZ 내에 있습니다.

DMZ란 'Demilitarized Zone'의 약자로 비무장지대를 말하는 것이나 DMZ는 서쪽의 한강 하구로부터 동의 북위 39도선의 동해안까지 휴전 라인을 중심으로 남과 북으로 각각 2km의 폭을 가지고 그어진 경계선이 연장 241km에 달합니다.

따라서 폭 4km의 DMZ는 판문점 군사 정전 회담장을 제외하고는 무인 경계이며 갖가지 초목이 무성하고 각종 야생동물의 천국입니다.

판문점의 공동경비구역(Joint Security Area)은 본 회담장을 중심으로 하는 직경 800m의 원을 그리는 지역입니다.

판문점을 찾는 각국 보도 관계자와 허가를 받은 관광객은 UN군의 어드밴스 캠프에서 슬라이드를 보시게 되며, 판문점에 관한 설명을 들은 후 점심 시간이 됩니다.

공동경비구역으로 들어가면 그곳은 본회의장이므로 양측의 경비병과 보도 맨(기자)으로 혼잡을 이루고 있습니다.

어휘정리

繁茂(はんも) : 초목이 무성함

2) 통일로

서울로부터 임진강 하류 지역 강변에 있는 임진각에 이르는 길이 43km의 준고속도로가 있습니다. 원래는 국도 제1호선의 일부의 구간을 고속도로화시킨 것입니다. 민족의 소원인 분단된 조국의 통일을 염원해 통일로라고 이름붙인 것입니다.

이 국도 제1호선은 북의 신의주에 이르는 길이지만 언젠가는 양단된 국토가 통일되어 이 하이웨이(고속도로)를 쉬지 않고 달려서 압록강 근처에 다다르게 될 날이 오겠지요.

　ところが、今は、臨津江の自由の橋でとぎれております。

　臨津閣や統一公園は、ただの行楽地ではなく、祖国の統一をねがう人びと、とくに北の凍える大地、遠い山河に肉親を残したまま、自由の天地をもとめて南下して来た人たちが、そこにたたずみ、望郷の念に浸るところなのです。

3) 臨津閣

　この臨津閣は、休戦ラインの南、約7kmの臨津江下流の岸べにある建物です。

　統一路の北端にありますので、これ以上北へは一般の人びとが自由に出入りできない制限地域になっております。

　統一の日までは帰れぬ北の山河、幼なじみの友、そして肉親の生死すらわからぬ人々にはこの臨津閣と統一公園は、それこそ断腸の岸べなのです。

　この臨津閣の展望台に立つと、臨津江と自由の橋はもとより、北の山河がはるかかなたにかすんでみえます。

　この臨津閣では、年始と秋夕、そして年末には望郷祭がおこなわれます。北韓出身の離散家族、故郷をうしなったということで、みずからを「失郷民」とよんでいる人びとがあつまり、統一の念願、故郷へ帰れる日が早くおとずれるよう祈ります。

［臨津閣］

그러나 지금은 임진강의 자유의 다리로 중단되어 있습니다.

그래서 임진각과 통일공원은 단지 행락지가 아닌 조국의 통일을 열망하는 사람과, 특히 북의 얼어붙은 대지, 먼 산하에 가족을 남겨둔 채로 자유의 땅을 찾아서 남하해 온 사람들이, 그곳에 잠시 멈춰서서 망향의 염을 달래는 추억의 땅입니다.

어휘정리

名(な)づけ : 이름을 지어줌, 명명(命名), 약혼자(=いいなずけ)

願望(がんぼう) : 원망, 소원　　　　　念願(ねんがん) : 염원, 소원

ひた走(ばし)り : (쉬지 않고) 오로지 달림, 또 그런 모양

とぎれる : 중단되다, 도중에서 끊어지다　　　ねがう : 바라다

凍(こご)える : 얼다, (손, 발 따위가) 추위로 곱아지다

山河(さんか) : 산하, 산천(＝さんが)

ただずむ : 잠시 멈춰서다　　　　　浸(ひた)る : 잠기다, 젖다

3) 임진각

이 임진각은 휴전선 남쪽, 약 7km의 임진강 하류의 강변에 있는 건물입니다.

통일로의 북단에 있으므로 이 이상 북으로는 일반인들이 자유롭게 출입할 수 없는 제한 지역입니다.

통일의 날까지는 돌아갈 수 없는 북의 산하, 어릴 적 소꿉친구, 그리고 육친의 생사조차 모르는 사람들에게는 이 임진각과 통일공원은 그야말로 단장의 강변입니다.

이 임진각의 전망대에 서면 임진강과 자유의 다리는 물론, 북의 산하가 저 멀리 희미하게 보입니다.

이 임진각에서는 연시와 추석, 그리고 연말에는 망향제가 행해집니다. 북한 출신의 이산가족, 고향을 잃었다고 하여, 스스로를 '실향민'이라고 부르고 있는 사람들이 모여, 통일의 염원, 고향으로 돌아갈 날이 하루빨리 찾아오기를 기도합니다.

어휘정리

幼(おさな)なじみ : 어렸을 때부터 친하게 사귄 사이, 또는 그 사람

断腸(だんちょう) : 단장, 애끓는 심정

もとより : 처음부터, 원래, 물론

4) 鉄道中断点

　統一路と並行して、北へ、北へとのびていた鉄道(京義線)が、この臨津閣のちかくでとぎれております。鉄道のレールがとぎれているのは、国土の両断のせいなのです。この地点は「鉄道中断点」と名づけられております。

　ごらんのとおり「鉄馬は走りたい」とハングルで記された立て札も立っております。「鉄馬」とは、いうまでもなく汽車、機関車のことで、むかし懐かしいSL(Steam Locomotive: 蒸気機関車)のことです。

　このSLは、分断以前には、南の端の釜山から、北のさいはての地、新義州まで、このレールのうえを走っていたのです。一日も早く、このSLが、汽笛を鳴らしながら、南と北との間を走る日が来るよう、韓国民だれもが願っているのです。

　また、北の方、非武装地帯(DMZ)には、もう一つのSLが野ざらしにされています。むかしの長端駅という、いまは廃墟の地ですが、そこには雑草が生い茂げるなかに、砲火をあびて見るもむざんな姿のSLが、あめのように曲ったレールのうえにおきざりにされております。

　しかし、それは、非武装地帯のなかですので、誰も近づくことはできません。

5) 自由の橋

　みた目には、ちいさい橋ですが、この橋は、韓国の現代史において特に記録されてしかるべき重要な役割をはたしております。

　1953年7月、もう50年ちかくもむかしのことですが、3年にわたった悲惨な戦争がおわって、休戦が成立してからのことです。

4) 철도 중단점

통일로와 병행하여, 북으로 북으로 뻗어 있던 철도(경의선)가 이 임진각 근처에서 끊겨 있습니다. 철도의 레일이 끊겨 있는 것은 국토가 분단되었기 때문입니다. 이 지점은 '철도 중단점'이라고 이름 붙여 있습니다.

보시는 바와 같이 '철마는 달리고 싶다'라고 하는 한글로 표기된 팻말도 서 있습니다. '철마'란 말할 것도 없이 기차·기관차를 말합니다. 옛날의 그리운 증기기관차입니다.

이 SL은 분단 이전에는 남단인 부산으로부터 북쪽 땅 끝인 신의주까지 이 철도 위를 달렸던 것입니다. 하루라도 빨리 이 증기기관차가 기적을 울리면서 남과 북 사이를 달리는 날이 오기를 한국인이라면 누구나가 다 원하고 있는 일입니다.

또한 북쪽인 비무장 지대(DMZ)에는 또 하나의 SL이 들판에 내버려져 있습니다. 옛날 장단역이 있던 자리, 지금은 폐허의 땅이지만 거기에는 잡초가 무성한 가운데 포화의 세례를 받아 보기에도 끔찍한 모습을 한 SL이 엿가락처럼 휘어진 레일 위에 내버려졌습니다.

그러나 그것은 비무장지대 안이기 때문에 누구도 접근할 수 없습니다.

어휘정리

両断(りょうだん) : 양단, 두쪽	記(しる)す : 적다, 기록하다
立(た)て札(ふだ) : 팻말	さいはて(最果) : 맨끝, 땅끝
野(の)ざらし : 들판에 내버려 둠, 또는 그 물건, 해골	
生(お)い茂(しげ)る : 무성하다, 우거지다	
砲火(ほうか) : 포화 ; 대포를 발사할 때 일어나는 불	
むざん : 끔찍한, 무참, 죄를 짓고도 수치를 모름	
おきざり : 내버려두고 가버림	

5) 자유의 다리

보기에는 작은 다리입니다만 이 다리는 한국의 현대사에 있어서 특히 기록되어야 마땅한 중요한 역할을 수행하고 있습니다.

1953년 7월, 벌써 50년 가까이 된 일입니다만 3년에 걸친 비참한 전쟁이 끝나고 휴전이 성립되고 나서의 일입니다.

国連軍と共産軍が、おたがいに捕虜を交換することになりました。北の共産軍側に殺された国連軍の捕虜は相当な数にのぼりますが、共産軍に脅かされながらも、この橋を渡って南の自由世界へ帰って来た将兵が1万2,773人におよびます。これが、「自由の橋」の名のいわれです。

6) 帰らざる橋

「Bridge of No Return」、文字どおり、「帰らざる橋」、一度渡ってしまえば、二度と帰って来れない橋、地獄の一丁目です。

捕虜交換のさい、北へ帰ることを希望していた共産軍捕虜たちは、この橋を渡って、北へ帰り去ったのです。

7) 統一展望台

北朝鮮を見ることができることで有名なのが板門店ですが、もっと身近にあるのがソウル近郊にある統一展望台です。ソウル市内から漢江沿いに下流に向かって車で約1時間、漢江と臨津江の合流点、城があった丘の上に建てられています。北朝鮮が展望できる最初の展望台は金剛山近くに建てられましたが、ソウルからは片道5時間近くかかるため、「首都に近いところにもぜひ展望台をつくってほしい」とのソウル市民の強い声で1992年9月にオープンしました。

［統一展望臺］

　유엔군과 공산군이 서로 포로를 교환하기로 되었습니다. 북측 공산군에게 살해된 유엔군의 포로는 상당한 수에 달합니다만, 공산군에 위협당하면서도 이 다리를 건너 남의 자유세계로 돌아온 장병이 12,773명에 달합니다. 이것이 ‘자유의 다리’라고 이름 붙여진 내력인 것입니다.

어휘정리

しかるべき : 마땅히 그래야 하다, 그에 상당[해당]하는, 그에 걸맞는

脅(おびや)かす : 위협하다

いわれ : 까닭, 내력, 이유

6) 돌아오지 않는 다리

　'Bridge of No Return', 문자 그대로 ‘돌아오지 않는 다리’, 한번 건너 버리면 두 번 다시 돌아올 수 없는 다리, 지옥의 1번가입니다.

　포로 교환시, 북으로 돌아갈 것을 희망하고 있었던 공산군 포로들은 이 다리를 건너서 북으로 돌아갔던 것입니다.

7) 통일전망대

　판문점은 북한을 볼 수 있다는 것으로 유명합니다만, 좀더 쉽게 접할 수 있는 곳이 서울 근교에 있는 통일전망대입니다. 서울 시내로부터 한강을 따라서 하류로 향하여 차로 약 1시간, 한강과 임진강의 합류점, 성이 있었던 언덕 위에 세워져 있습니다. 북한을 전망할 수 있는 최초의 전망대는 금강산 가까이에 세워졌습니다만, 서울로부터는 편도 5시간 가까이 걸리기 때문에 ‘수도 가까운 곳에도 꼭 전망대를 만들고 싶다’라고 하는 서울 시민의 강한 바람으로 1992년 9월에 개장했습니다.

어휘정리

沿(そ)い : ～에 따라서, ～연도[연변]

下流(かりゅう) : 하류

　円形の建物に並んで立つ4階建ての白いビルの屋上に登ると北朝鮮の様子が目に写ります。双眼鏡が備え付けてあり、臨津江対岸にある北朝鮮の民家が良く見えます。開城市に属する農家で、展望台の完成とあわせてきれいに改装されたといいます。

　展望台の右手前方、臨津江に突き出た岬の先端に軍の陣地がつくられ、川に向かって塹壕が掘ってありました。対岸まで一番近いところで460m、展望台からは2kmの距離です。

　開設後1年間で約160万人がここを訪れました。事務所の職員は「予想以上に訪問者が多い。特に北から逃げてきた人は一目でも自分の故郷を見たいのでしょう」と言っています。北朝鮮に親族を残してきた離散家族は、子どもたちも含め1,000万人に達すると見られています。その人達のために、建物の入り口近くには北に残した父母を祈る祭壇がつくられております。

［展望臺에서 바라본 臨津江 너머의 北韓 마을］

② 水原一帯

1) 城壁の町、水原

　ソウルの関門水原はソウルから約41キロメートルの地点で、車で50分ぐらいの道のりです。人口28万の中都市ですが、王朝時代の城と城壁が延々と連なる「歴史のまち」であり、中世の田園都市を思わせる静かな町です。

　水原市は市全体が城下町になっておりますので、いたるところに名所・旧跡がみられます。

원형의 건물에 나란히 서 있는 4층 건물의 흰색 빌딩 옥상에 오르면 북한의 모습이 눈에 비칩니다. 쌍안경이 설치되어 있고, 임진강 건너편 강가에 있는 북한의 민가가 잘 보입니다. 개성시에 속하는 농가로 전망대 완성에 맞춰 깨끗하게 개장되었다고 합니다.

전망대의 오른쪽 전방, 임진강에는 돌출된 곶의 선단에 군 기지가 만들어지고 강을 향해 참호를 파 놓았습니다. 강 건너까지 가장 가까운 곳으로 460m, 전망대로부터는 2km의 거리입니다.

개설 후 1년간, 약 160만 명이 이곳을 찾았습니다. 사무실 직원은 "예상 이상으로 방문객이 많습니다. 특히 북으로부터 탈출해 온 사람은 한 번이라도 자기 고향을 보고 싶겠지요."라고 말하고 있습니다. 북한에 친족을 남겨두고 온 이산가족은, 아이들도 포함해 1,000만 명에 달한다고 보고 있습니다. 그 사람들을 위해서 건물 입구 근처에는 북에 남겨두고 온 부모를 위해 기도하는 제단이 만들어져 있습니다.

어휘정리

備(そな)える ： 준비하다, 대비하다, 갖추다
対岸(たいがん) ： 대안 ； 건너편 강가
改装(かいそう) ： 개장
突(つ)き出(で)る ： 뚫고 나오다, 튀어나오다, 돌출하다

 수원 일대

1) 성벽의 도시, 수원

서울의 관문 수원은 서울로부터 약 41km 지점으로 차로 50분 정도의 거리입니다. 인구 28만의 중간 크기의 도시입니다만 왕조시대의 성과 성곽이 끝없이 이어지는 '역사가 있는 도시'이며 중세의 전원도시를 생각하게 하는 조용한 시입니다.

수원시는 시 전체가 성곽도시로 되어 있으므로 가는 데마다 명소 · 고적(오래된 유적)을 볼 수 있습니다.

어휘정리

道(みち)のり ： 거리, 도정　　　　　　旧跡(きゅうせき) ： 고적

　水原の歴史は古く、古代高句麗のときにさかのぼりますが、それよりは、朝鮮王朝のとき、ここに都を遷そうとして、当時としては新しい築城法をとり入れ、城を築いていらい、歴史のスポットを浴びるようになります。

　朝鮮王朝第22代正祖王(1776〜1800)は自分の父親(思悼世子：後荘祖に追尊)が政争によって犠牲になった(米びつに閉ざされ殺された)ことを常に悼み、親孝行心も持って成長しました。英祖(正祖の祖父)に引き継いで即位し、13年後父親の思悼世子の孤魂を慰めるため揚洲から父親の遺骨を水原の南にある華山に移しました。正祖18年1月から20年9月まで2年10ケ月にかけて華麗で雄大な城郭(華城)を築城しました。

　国王は都をいまのソウルから、ここへ遷すことにし、都城を築かせ、完工はしましたが、王の崩御により遷都は沙汰止みとなりました。

　中国を経て導入した西欧様式の築城法による水原城は、全国で一つしかない貴重な存在でもあります。築くときに使われたレンガは実学派の碩学であった丁茶山が中国からその製造法を学んで帰り、国内では初めて起重機を利用したものです。水原城は久しい歳月が流れるうちに、新しい町づくりのために一部を除いては、殆んどとりこわしの憂目にあいました。それを再建し、復元させたのは去る75年以来のことです。

　長安門、八達門、蒼竜門などの門楼も修復がなり、昔日の面影を復元しております。なお、光教川の流れにかかる華虹門は、7つの迫持すなわち日本の長崎の眼鏡橋のような水門から川の水を吐き出します。この楼下水門の上の小高い丘の上にある、こぢんまりとした訪花随流亭は、韓国美の再発見とうたわれるなど詩情に富む風情があります。

［水原城］

수원의 역사는 오래되어 고대 고구려까지 거슬러올라갑니다만, 그것보다는 조선왕조 때 이곳으로 도읍지를 옮기려고 당시로서는 새로운 축성법을 도입하여 성을 쌓은 이래 역사의 주목을 받게 되었습니다.

조선왕조 제22대 정조대왕(1776~1800)은 자신의 부친(사도세자 ; 후에 장조로 추존)이 당파 싸움에 의해 희생된(뒤주에 갇혀서 참혹하게 살해된) 것을 항상 애도하고 효도하는 마음을 가지고 성장했습니다. 영조(정조의 부친)에 이어서 즉위하여 13년 후 부친인 사도세자의 고독한 넋을 위로하기 위해 양주로부터 부친의 유골을 수원 남쪽에 있는 화산으로 옮겼습니다. 정조 18년 1월부터 20년 9월까지 2년 10개월에 걸쳐서 화려하고 웅대한 성곽(화성)을 축성했습니다.

국왕은 도읍지를 지금의 서울로부터 이곳 수원으로 옮기기 위해 도성을 쌓고, 완공은 되었습니다만 왕의 붕어로 천도는 중지되었습니다.

중국을 거쳐 도입된 서구 양식의 축성법에 의한 수원성은 전국에 하나밖에 없는 귀중한 존재이기도 합니다. 쌓을 때에 사용된 벽돌은 실학파의 석학이었던 다산 정약용이 중국으로부터 그 제조법을 배워 와서 국내에서는 처음으로 기중기를 이용한 것입니다. 수원성은 오랜 세월이 흐르는 사이에 새로운 도시 만들기로 인하여 일부를 제외하고는 거의 해체하는 쓰라림을 당했습니다. 그것을 재건하고 복원시킨 것이 지난 1975년 이후의 일입니다.

장안문, 팔달문, 창용문 등의 문루도 수복되어 옛날의 모습을 복원하였습니다. 더욱 광교천이 흐르는 화홍문은 7개의 아치, 즉 일본의 나가사키의 메가네바시와 같은 수문으로부터 하천물을 뿜어냅니다. 이 루 아래 수문 위의 낮은 언덕 위에 있는 아담한 방화수류정은 한국미의 재발견이라고 불릴 정도로 풍부한 운치가 있습니다.

어휘정리

遷(うつ)す : 옮기다(＝移す)	とり入(い)れる : 받아들이다, 도입하다
築(きず)く : 쌓아올리다, 구축하다	スポットを浴(あ)びる : 주목[각광]을 받다
政争(せいそう) : 정쟁	米(こめ)びつ : 뒤주
親孝行(おやこうこう) : 효도, 효도하는 사람	引(ひ)き継(つ)ぐ : 이어받다, 계승하다
慰(なぐさ)める : 위로하다, 달래다	崩御(ほうぎょ) : 붕어 ; 왕이 돌아가심
沙汰止(さたや)み : 계획이 중지됨	とりこわす : 헐다, 해체하다
憂目(うきめ) : 쓰라림, 괴로운 체험	修復(しゅうふく) : 수복, 복원, 회복
門楼(もんろう) : 문루 ; 문 위에 지은 다락집	迫持(せりもち) : 홍예, 아치
うたわれる : 구가되다, (좋은) 평을 받다	風情(ふぜい) : 풍정, 풍치, 모양, 접대

八達山の西にある西将台から眺めもすばらしく、韓国的な城下町の趣きは、他では得がたいものがあります。まちの付近には国宝(120号)の梵鐘で名高い竜珠寺と、父君の憎しみを買って、ついには非業の死をとげた荘祖(思悼世子)を弔った華山の陵かあります。思悼世子の息子である正祖は王位に即きますが、父の死を悼み、その御陵もうでを繰り替えします。

しかし、御陵詣でを済ませ、ソウルへ環御されるとき、はるか後、御陵の方をふりかえっては、はらはら落涙されたと言われ。付近のうっそうと老松の茂る松林に囲まれた峠をいまは平凡な国道にし、遅々台と呼ばれています。

2) 水原城(華城)の特徴と優秀性

華城は実学者と呼ばれる柳馨遠と丁若鏞の城設を設計の指針にして領議政 蔡済恭等が城設を主管し、華城留守 趙心泰等が全力をかたむけて築城した城です。韓国の城郭の中で最も科学的な構造を緻密に配置し優雅で壮麗な様貌をしています。特に城郭の築造に石材とレンガを併用したこと、その上、矢と槍と剣等を防御するための構造だけでなく、銃砲を防御するための近代的城郭構造で、又用材を規格化して起重機等機械を活用したこと等が韓国の城郭史上特記することであります。

華城の城郭は韓国で最も最近構造した城で、城郭には東西南北の関門があり、北側は長安門、南は八達門、西は華西門、東は蒼竜門が位置して各門の間には敵情を観察する空心墩を造り、西将台、東将台の2ケ所の将台を造り、兵士に訓練させたりした所であります。通信施設の烽燧台と四つの角楼、城の中に流れる水原川の上の北水門(華虹門)、南水門(遺失)等を築造し、韓国で最も科学的な設計をもとにして築いた城郭です。

팔달산의 서쪽에 있는 서장대로부터 보는 전망은 훌륭하여 한국적인 성시의 멋은 다른 곳에서는 얻을 수 없는 것이 있습니다. 수원시 부근에는 국보(120호) 범종으로 유명한 용주사와 부왕의 미움을 사서 끝내는 비명의 죽음을 거둔 장조(사도세자)를 애도한 화산능이 있습니다. 사도세자의 아들인 정조는 왕위에 올랐으나 아버지의 죽음을 애도하여 능을 바꿉니다.

그러나 산소 참배를 마치고 서울로 환궁하실 때, 한참 후에 능쪽을 돌아보고는 뚝뚝 눈물을 흘리셨다고 합니다. 부근에 울창하게 노송이 우거진 소나무 숲에 둘러싸인 고개는 지금은 평범한 국도이지만 서서대라고 불리고 있습니다.

어휘정리

城下町(じょうかまち) : 성시(城市) : 제후의 거성(居城)을 중심으로 해서 발달된 도읍
憎(にく)しみを買(か)う : 미움을 사다
非業(ひごう) : 전세의 업에 의하지 않는 일, 비명
弔(とむら)い : 조상(함), 애도함, 장례식　　悼(いた)む : 애도하다. 슬퍼하다
繰(く)り替(か)える : 바꿔치다, 교환하다　　詣(もう)でる : 참배하다
環御(かんぎょ) : 환어, 환궁　　はるか : 아득히(먼)

2) 수원성(화성)의 특징과 우수성

화성은 실학자로 불리는 유형원과 정약용의 성설(城設)을 설계의 기본지침으로 삼아, 영의정 채제공 등이 성역을 주관하고 화성 유수 조심태 등이 전력을 기울여 축성한 성입니다. 한국의 성곽 중에서 가장 과학적인 구조를 치밀하게 배치하면서도 우아하고 장엄한 면모를 갖추고 있습니다. 특히 성곽의 구조에 석재와 벽돌을 병용한 점, 그 위에 화살과 창, 그리고 검 등을 방어하기 위한 구조뿐 아니라 총포를 방어하기 위한 근대적 성곽 구조로, 또한 (성곽을 쌓는 데 필요한) 재료를 규격화하여 기중기 등 기계를 활용한 점 등이 한국 성곽 역사상 특기할 만한 것입니다.

화성의 성곽은 한국에서 가장 최근에 축조된 성으로, 성곽에는 동서남북의 관문이 있고, 북쪽은 장안문, 남쪽은 팔달문, 서쪽은 화서문, 동쪽은 창용문이 위치하고, 각 문 사이에는 적의 동정을 관찰하는 공심돈을 만들고, 서장대, 동장대 두 군데의 장대를 만들어서 병사를 훈련시킨 곳입니다. 통신시설인 봉수대와 4개의 각루, 성 안을 흐르는 수원천 위의 북수문(화홍문), 남수문(유실) 등을 축조하여 한국에서 가장 과학적인 설계를 기초로 하여 건축한 성곽입니다.

華城は現在史蹟第3号と指定され、1997年12月ユネスコが指定する世界文化遺産に登録されました。

華城の規模は城の長さ5.7km、面積は130haで、東の地形は低い丘陵地になっており、西の方は八達山に掛かっている平山城の形態で総48ヶ所の施設物があったが水害と戦争等で7ヶ所はなくなり41ケ所の施設物が現在しています。

41ケ所の施設物が各々の固有な美しさを持っており、城郭の全体が一つの芸術的作品と見られ、華虹門は水門の機能と七つの水門の上に築造した門楼がまた一つの芸術品として調和する防花随柳亭と共にまるで一幅の絵を見るようです。

3) 韓国民俗村

水原の入り口は、新葛インターチェンジです。この地点から左をまがって東南へ3キロメートルほど入りますと、竜仁郡に民俗村がございます。

[韓國民俗村]

1973年にオープンした民俗村は、ソウルから南方に41キロメートル、水原の新葛インターチェンジから東南へ3キロメートルの地点にあります。盆地一帯約100万平方メートルのなだらかな山のはざまに、朝鮮時代の家屋が、むかしながらに再建されています。

この民俗村は、経済成長と近代化の波に押されてながい間伝承されてきた生活風習（古

화성은 현재 사적 제3호로 지정되었고, 1997년 12월 유네스코가 지정한 세계 문화유산에 등록되었습니다.

화성의 규모는 성의 길이 5.7km, 면적은 130ha이고, 동쪽 지형은 낮은 구릉지로 되어 있고, 서쪽에는 팔달산에 걸쳐 있는 평산성의 형태로 총 48개소의 시설물이 있었으나 수해와 전쟁 등으로 7개소는 없어지고 41개소 시설물이 현존하고 있습니다.

41개의 시설물이 저마다의 고유한 아름다움을 지니고 있어 성곽 전체를 하나의 예술적 작품으로 보이게 하며, 화홍문은 수문의 기능과 7칸의 수문 위에 축조된 문루가 하나의 예술품으로 조화를 이루어 방화수류정과 함께 마치 한폭의 그림을 보는 듯합니다.

어휘정리

緻密(ちみつ) : 치밀

併用(へいよう) : 병용

矢(や) : 화살

槍(やり) : 창

防御(ぼうぎょ) : 방어

丘陵(きゅうりょう) : 구릉, 언덕

3) 한국민속촌

수원의 입구는 신갈 인터체인지입니다. 이 지점으로부터 좌회전해 동남쪽으로 3km 정도 들어가면 용인군에 민속촌이 있습니다.

1973년에 오픈한 민속촌은 서울에서 남쪽으로 41km, 수원의 신갈 인터체인지에서부터 동남쪽으로 3km의 지점에 있습니다. 분지 일대 약 100만㎢의 완만한 산들 사이에 조선시대의 가옥이 옛날 그대로 재현되어 있습니다.

이 민속촌은 경제성장과 근대화의 물결에 밀려 오랫동안 전승되어 온 생활풍습(고

어휘정리

なだらかな : 완만한

はざま : 틈새기, 골짜기(＝たにま)

典的な衣・食・住等)や伝統文化が疎かにされていましたので、これらを子子孫孫に伝えるために、また外国人には韓国の伝統文化をみせるために造られました。韓国人にとっては伝統文化を学ぶ事の出来る生きた教室であり、また外国の方には異国情緒が味わえる観光地でもあります。

　正門の前から事務室、案内館、郵便局などがあり、洋食、和食、韓食や茶店、お土産品店がならんでいます。それから三門をくぐるとそれぞれ各地方の特色をあらわした250軒あまりの寒村のわらぶきの農家から瓦ぶきの民家、集落や官家などが点在しています。鍛冶屋、居酒屋、八卦見(占い)、韓方薬室、旅篭、農家、商家、そしてヤンバン邸などがあります。

　また、王朝後期の民芸品、民具のかずかずが展示されている一方、風俗、芸能なども見られます。なお興味をそそるものとしては、商いをする人たちで賑わうことです。市場の様子を再建した「お好み焼き屋」のピンデトク、ここだけで売っているモチゴメで醸したトンドン酒、さらに昔ながらの衣装、髪型も当時のままにした人びとを見ると、タイムトンネルを通り過ぎたような錯覚をおこします。

　王朝後期の習俗を生かした婚礼行事、それに農楽や獅子舞、仮面劇など民俗芸能も日に数回公演されます。

［地方行政을 擔當하는 官廳］

전적인 의·식·주 등)이나 전통문화가 소홀히 취급되고 있었으므로 이것들을 자자손
손 전하기 위해서, 또한 외국인에게는 한국의 전통문화를 소개하기 위해서 만들어졌습
니다. 한국인에 있어서는 전통문화를 배울 수 있는 살아있는 교실이며, 또 외국 사람
들에게는 이국 정서를 맛볼 수 있는 관광지이기도 합니다.

정문 앞에서부터 사무실, 안내실, 우체국 등이 있고, 양식, 일본식, 한식이나 찻집,
토산품점이 늘어서 있습니다. 그리고 나서 삼문을 빠져나가면 각각 각 지방의 특색을
나타낸 250채가 넘는 시골 초가지붕의 농가에서부터 기와지붕의 민가, 마을이나 관가
등이 여기저기 흩어져 있습니다. 대장간, 술집, 점장이, 한약방, 여인숙, 농가, 상가, 그
리고 양반 저택 등이 있습니다.

또 왕조 후기의 민예품, 갖가지 민간 도구가 전시되고 있는 한편 풍속, 예능 등도 볼
수 있습니다. 더욱 흥미를 돋우는 것으로는 장사를 하는 사람들로 붐비는 것입니다. 시
장 모습을 재현한 '부침개 집'의 빈대떡, 여기에서만 팔고 있는 찹쌀로 빚은 동동주,
더욱이 옛날 그대로의 의상, 두발형도 당시 그대로 한 사람들을 보면 타임 터널을 지
난 것과 같은 착각을 일으킵니다.

왕조 후기의 풍속을 살린 혼례행사, 그리고 농악이나 사자무, 가면극 등 민속 예능
도 하루에 수회 공연되고 있습니다.

어휘정리

くぐる : 빠져나가다, 잠수하다

わらぶ(藁葺)き : 짚으로 지붕을 임, 또는 그 지붕

瓦(かわら)ぶき : 기와로 인 지붕

点在(てんざい) : 점재 ; 여기저기 흩어져 있음

八卦見(はっけみ) : 점장이

かずかず : 수가 많음, 갖가지, 여러 가지

そそる : 돋우다, 자아내다

賑(にぎ)わう : 활기차다, 붐비다, 흥청거리다, 풍요롭다, 풍성하다

醸(かも)す : 빚다, 양조하다, 빚어내다, 자아내다

おこす : 일으키다, 깨우다, 들어올리다

4) 利川陶芸村

作業工程や名品も見学できる陶芸の里でございます。

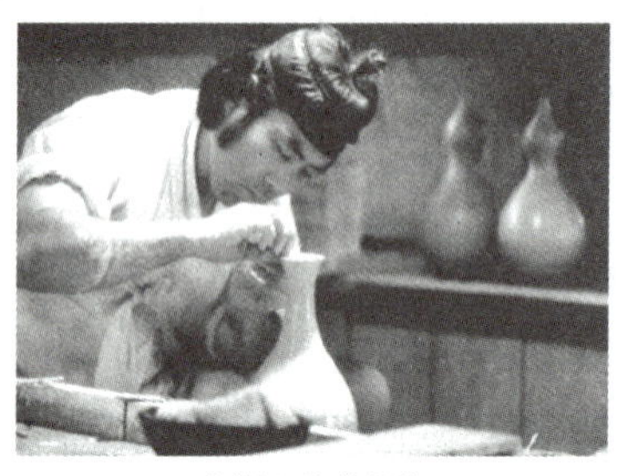

［利川 陶藝村］

この一帯は陶磁器に適した陶土や水、木材に恵まれており、日本の陶磁器のルーツとも言える高麗青磁と朝鮮白磁の窯場が、約126軒も集まっています。青磁の透き通った翡翠色や白磁の清純さを保っている美しさに奪われてみるのも韓国旅行ならではの経験になると思います。陶工たちの作業過程を見学できる窯場も多く、日本語での説明もあります。もちろん即売りもしており価格は窯によって違いますが、いずれも現地価格で、小さな器から大きな飾り物まで多彩にととのえております。海剛陶磁美術館と池順沢窯、韓国陶窯などが有名です。

5) 青磁ができあがるまで

年月により刻々と変わる翡翠色、独特の象嵌技術と文様、ゆったりとした線と形の美しさ、高麗青磁の魅力は尽きませんが、その完成までの工程は複雑です。利川陶芸村の韓国陶窯で案内役をつとめている朴さんの説明によれば、水とふるいで土から不純物や鉄分を取り除き、機械で絞って空気を抜いた陶土をろくろで形にします。オンドル部屋で一日乾燥してさらに仕上げをし、次は文様を表面に彫刻します。精密な線による彫刻ですが、下描きなしの全く手彫りです。

4) 이천 도예촌

작업 공정이나 명품도 견학할 수 있는 도예마을입니다.

이 일대는 도자기에 적합한 도자기 만드는 흙이나 물, 목재가 풍부하여 일본 도자기의 뿌리라고도 말할 수 있는 고려청자와 조선백자의 도요가 약 126채나 모여 있습니다. 청자의 투명한 비취색과 백자의 청순함을 지니고 있는 아름다움에 마음을 빼앗겨 보는 것도 한국 여행에서만의 경험이 된다고 생각합니다. 도공들의 작업과정을 견학할 수 있는 가마터(도요)도 많고, 일본어의 설명도 있습니다. 물론 그자리에서 판매도 하고 있으며 가격은 도요에 따라 다릅니다만 어느 것도 현지 가격이며, 작은 그릇부터 큰 장식품까지 다양하게 갖추고 있습니다. 해강도자미술관과 지순택요, 한국도요 등이 유명합니다.

어휘정리

ルーツ : 근원, 시조, 발상지

透(す)き通(とお)る : 비쳐보이다, 투명하다, 소리가 맑다, 물건 사이를 통해 가다

器(うつわ) : 그릇, 용기, 도구, 기구, 인물, 재능, 감

多彩(たさい) : 다채

5) 청자가 만들어지기까지

세월에 따라 시시각각 변하는 비취색, 독특한 상감기술과 문양, 여유있는 선과 형태의 아름다움, 고려청자의 매력은 다함이 없으나 그 완성까지의 공정은 복잡합니다. 이촌 도예촌의 한국 도요에서 안내를 맡고 있는 박씨의 설명에 의하면, 물과 체로 흙의 불순물과 철분을 제거하고 기계로 짜서 공기를 뺀 흙을 물레로 형태를 만듭니다. 온돌방에서 하루 건조시켜 더욱 마무리를 하고 다음은 문양을 표면에 조각합니다. 정밀한 선에 의한 조각입니다만 밑그림(초벌 그림) 없는 완전히 손으로 조각합니다.

어휘정리

ゆったり : 헐겁게, 낙낙하게, 마음 편히, 느긋하게

尽(つ)く(=つきる) : 다하다

絞(しぼ)る : 짜다, 착취하다　　　　手彫(てぼ)り : 손으로 조각함

　この彫刻に別の土を埋め込み、上からまた削ります。白い色赤い色、それぞれの部分を別に彫刻し埋め込む作業を繰り返します。これが象嵌技法で他に文様を残して浮き彫りのようにする技法もあります。日陰で良く乾燥させた後、800度で素焼きをし、釉薬(木の灰など)を掛け、今度は1,250度で焼きます。窯は登り窯で、薪は赤松の皮を剥いたものです。

　それから、窯に入れたまま3日間冷やします。この時、釉薬と土の収縮率が違うため釉薬に細かなひびが入ります。嵌入と言う青磁の特徴で、嵌入の間ずっとオルゴールのような美しい音がします。音がしなくなったら窯を開けますが、成功率は40〜50%です。火という自然は人間がコントロールできませんから。気が遠くなるような工程を経て、あの深い輝きが生まれるのです。

[陶磁器 製作]

6) 韓国の茶と茶道

　茶のルートは文献によりますと、古代の伽倻(拘邪・駕洛国・金官伽倻)では、すでに茶をたしなんでいたそうです。西暦190年代の、いまの釜山・金海地方でのことです。伽倻の始祖金首露王の妃(許王妃)がインドから携えてきたものとおもわれます。当時は茶を飲むというよりは、おもに、祭祀のときに、お神酒と茶をそなえたという記録がみえます。ご存知のように、茶はインドをはじめ、東南アジアと中国南部地方がその原産地とされます。

　インドのガンジス河上流地方で前5世紀頃から栄えていたアユダ国(太陽王朝阿踰陀国)

이 조각에 다른 흙을 메워넣어 위에서 다시 깎아냅니다. 흰색, 붉은색 각각의 부분에 따로 메워넣는 작업을 반복합니다. 이것이 상감기법으로 따로 문양을 부조하는 기법도 있습니다. 그늘에서 잘 건조시킨 후 800도로 초벌구이를 하고, 유약(나무의 재 등)을 발라서 이번에는 1,250도로 굽습니다. 가마는 오름가마로, 장작은 적송 껍질을 벗긴 것입니다.

그리고 나서 가마에 넣은 채 3일간 식힙니다. 이때 유약과 흙의 수축률이 다르기 때문에 유약에 가는 금이 생깁니다. (상)감입이라고 하는 청자의 특징으로, 감입하는 동안 내내 오르골과 같은 아름다운 소리가 납니다. 소리가 그치면 가마를 엽니다만 성공률은 40~50%입니다. 불이라고 하는 자연은 인간이 조절할 수 없기 때문입니다. 정신이 아찔해질 정도의 과정을 거쳐서 그와 같은 깊은 빛깔이 생겨나게 되는 것입니다.

어휘정리

削(けず)る : 깎아내다	**浮(う)き彫(ぼ)り** : 부조, 돋을새김, 또는 그 작품
登(のぼ)り窯(がま) : 산비탈에 계단 모양으로 만든 도자기 굽는 가마	
薪(まき) : 장작	**剥(む)く** : (칠, 껍데기 따위를) 벗기다
嵌入(かんにゅう) : 끼워넣음	**オルゴール** : 오르골, 음악상자
気(き)が遠(とお)くなる : 정신이 아찔해지다, 까무러치다	

6) 한국의 차와 다도

차의 근원은 문헌에 의하면 고대 가야(구야·가락국·금관가야)에서는 이미 차를 즐겼다고 합니다. 서기 190년대의 지금의 부산·김해 지방입니다. 가야의 시조 김수로왕의 비(허 왕비)가 인도에서부터 가지고 왔다고 생각됩니다. 당시에는 차를 마신다고 하기보다는 주로 제사 때에 신주와 차를 준비했다고 하는 기록이 보입니다. 아시는 바와 같이 차는 인도를 비롯하여 동남아시아와 중국 남부 지방이 그 원산지로 여겨집니다.

인도의 겐지스강 상류지방에서 기원전 5세기경부터 번영한 아유다국(태양왕조 아유

어휘정리

たしなむ : 즐기다, 취미를 붙이다	**携(たずさ)える** : 휴대하다, 지니다, 함께하다
神酒(みき) : 신에게 올리는 술(＝祭酒)	

の茶の種<ruby>種<rt>たね</rt></ruby>が、はるばる金海まで伝来したというのです(李能和『朝鮮仏教通史』)。

　それはともかく、韓国に中国産の茶がもたらされたのは新羅時代の興徳王3年すなわち、828年のこととなっております。ところが、実は、その以前の善徳女王、すなわち7世紀前半には、中国から茶を飲む習慣<ruby>習慣<rt>ならわし</rt></ruby>がつたわっていたのです(李奎報「南行月日記」)。

　さきほど、828年と申しあげましたが、この年、唐から帰りきた金大廉という人が茶種<ruby>茶種<rt>ちゃだね</rt></ruby>をたずさえてきたので、これを智異山に植えさせたというのです。これが、韓国では歴史上はじめてあらわれる茶の木の栽培<ruby>栽培<rt>さいばい</rt></ruby>です。

　つぎに、近世に入っては1885年、清国<ruby>清国<rt>しんこく</rt></ruby>から茶の苗木<ruby>苗木<rt>なえき</rt></ruby>6,000本をとりよせており、1905年には各地方に茶の栽培を命じております。

　茶の木は北緯36度から南の地方で栽培が可能です。

　韓国での北方<ruby>北方<rt>ほっぽう</rt></ruby>の上限は金堤・沃溝まで、すなわち全羅道の北部地方までです。それより北では気候が合わないので、茶の木が育ちません。ところが、いわゆる山茶<ruby>山茶<rt>さんちゃ</rt></ruby>、すなわち山や野に自生する茶があったそうです。

　韓国のいまの製茶法は、茶の葉を鉄釜<ruby>鉄釜<rt>てつがま</rt></ruby>で炒<ruby>炒<rt>い</rt></ruby>りながら揉<ruby>揉<rt>も</rt></ruby>んで行くいわゆる釜炒茶<ruby>釜炒茶<rt>かまいりちゃ</rt></ruby>です。むかしは、茶の葉を蒸<ruby>蒸<rt>む</rt></ruby>して、臼<ruby>臼<rt>うす</rt></ruby>で搗<ruby>搗<rt>つ</rt></ruby>き、そのあと、これを小さな団子<ruby>団子<rt>だんご</rt></ruby>、あるいは銭形<ruby>銭形<rt>ぜにがた</rt></ruby>のかたちにして乾燥<ruby>乾燥<rt>かんそう</rt></ruby>した「銭団茶」がありました。中国での茶をみますと、唐の代には「団茶」、そして宋のときは抹茶<ruby>抹茶<rt>まっちゃ</rt></ruby>(挽茶<ruby>挽茶<rt>ひきちゃ</rt></ruby>)に変わり、明<ruby>明<rt>みん</rt></ruby>の時代ではふたたび煎茶<ruby>煎茶<rt>せんちゃ</rt></ruby>が流行<ruby>流行<rt>はや</rt></ruby>ったそうです。こちらでは、はじめは抹茶が、のちには釜炒茶の煎茶方式にかわっていますが、これは日本の場合もおなじことと伺<ruby>伺<rt>うかが</rt></ruby>っております。韓国では高麗時代、すなわち日本の藤原<ruby>藤原<rt>ふじわら</rt></ruby>(摂関<ruby>摂関<rt>せっかん</rt></ruby>)時代から鎌倉、そして南北朝時代までは抹茶が流行<ruby>流行<rt>はや</rt></ruby>りました。

[高麗，青磁象嵌菊花文托盞]

다국)의 차의 씨가 멀리 김해까지 전래되었다고 하는 것입니다.(이능화 『조선불교통사』)

　어쨌든 한국에 중국산의 차가 전래된 것은 신라시대 흥덕왕 3년, 즉 828년의 일로 되어 있습니다. 그런데 실은 그 이전의 선덕여왕, 즉 7세기 전반에는 중국에서부터 차를 마시는 습관이 전래되고 있었습니다.(이규보 「남행월일기」)

　좀전에 828년이라고 말씀드렸습니다만 이 해에 당나라에서 돌아온 김대렴이라고 하는 사람이 차의 씨앗을 몸에 지니고 왔으므로 이것을 지리산에 심게 하였다는 것입니다. 이것이 한국에서는 역사상 처음으로 나타나는 차나무의 재배입니다.

　그 다음 근세에 들어와서 1885년 청나라에서부터 차의 모종나무 6,000 그루를 가져오게 하였고, 1905년에는 각 지방에 차 재배를 명하였습니다.

　차나무는 북위 36도 이하 남쪽 지방에서는 재배가 가능합니다.

　한국에서의 북방한계는 김제·옥구(沃溝)까지, 즉 전라도 북부지방까지입니다. 그 이상의 북쪽에서는 기후가 맞지 않으므로 차나무가 자라지 않습니다. 그러나 소위 산차, 즉 산이나 들에서 자생하는 차가 있었다고 합니다.

　한국의 지금의 제다법(차 제조법)은 찻잎을 철가마에서 덖으면서 비비는 소위 가마에서 덖는 차입니다. 옛날에는 찻잎을 쪄서 절구로 빻아서, 그 다음 이것을 작은 경단, 또는 동전모양 형태로 해서 건조시킨 '전단차'가 있었습니다. 중국에서의 차를 보면 당나라 때에는 '단차', 그리고 송나라 때에는 말차(挽茶, ひきちゃ)로 바뀌고 명나라 시대에는 다시 전차가 유행하였다고 합니다. 한국에서는 처음에는 말차가, 나중에는 가마에서 덖은 차의 전차 방식으로 바뀝니다만 이것은 일본의 경우에도 마찬가지라고 알고 있습니다. 한국에서는 고려시대, 즉 일본의 후지와라(섭정) 시대에서부터 가마쿠라, 그리고 남북조시대까지는 말차가 유행했습니다.

어휘정리

苗木(なえき) : 묘목, 모종나무
炒(い)る(=煎る) : 볶다(=ほうじる), 덖다
臼(うす) : 절구, 맷돌
団子(だんご) : 단자, 경단
抹茶(まっちゃ=ひきちゃ) : 녹차를 갈아서 분말로 한 고급 차, 가루차 ↔ 葉茶(はちゃ)
煎茶(せんちゃ) : 달인 엽차 ⇒ ぎょくろ·ばんちゃ ↔ まっちゃ.
伺(うかが)う : 듣다·묻다의 겸양어, 여쭙다, 찾다·방문하다의 겸양어, 찾아뵙다

とりよせる : 가져오게 하다
揉(も)む : 비비다, 문질르다, (마음을) 졸이다
搗(つ)く : 찧다, 빻다

　韓国産緑茶の主要産地は光州無等山と慶尚南道多率寺など数ヵ所でございます。規模からいいますと、全南宝城、慶南河東ですが、河東はおもに紅茶(若葉を熱湯に通して乾燥させたのが緑茶、いったん醗酵させたのち、煮て乾燥したのが紅茶)です。宝城産の緑茶は日本向けにも輸出されます。

●韓国の茶道

　日本茶道のはじまりは、やはり仏教によるものです。鎌倉時代の禅僧たちが眠気や雑念を追い払い、坐禅三昧に入るために茶を飲んだそうです。これは韓国の場合もおなじです。

　韓国では、飲み水の質がいいので茶は要らなかった、従って茶道なるものはない、とおっしゃる向きが、あります。ところが、それでは、新羅や高麗のときは良質の飲み水に恵まれていなかったので茶を飲む風習があったが、朝鮮時代になって突然水の質がよくなったのでしょうか。よい茶は、いい水でなければ得られません。

　世界一の高麗茶わんを作った韓国のことです。韓国の飲茶の歴史は千年でございます。

　韓国で発展した茶は、仏教、とくに禅宗とともに発展しました。禅宗の歴史的変化と茶のそれが一致します。

　これは韓国も日本もそして中国もおなじです。ただ、韓国では高麗時代を全盛期とした仏教が、朝鮮時代に入り、仏教の排斥により衰え、茶をたしなむ風習が一般庶民の間に根をおろすことができなかっただけです。山間の禅寺などでは、細々ながら茶は栽培されてきました。高麗時代には茶房といって茶にかんするすべての業務をとりしきった役所までございました。

　茶道とは要するに、茶を点てる方法と、茶を飲む礼法のことでしょう。日本では室町期に茶道が興り、村田珠光から武野紹鴎をへて千利休にいたり、侘び茶が完成しま

한국산 녹차의 주요 산지는 광주 무등산과 경상남도 다솔사 등 몇 군데 있습니다. 규모에서 말하자면 전남 보성, 경남 하동입니다만, 하동은 주로 홍차(어린 잎을 열탕을 거쳐서 건조시킨 것이 녹차, 일단 발효시킨 다음 쪄서 건조시킨 것이 홍차)입니다. 보성산의 녹차는 일본에도 수출됩니다.

● 한국의 다도

일본 다도의 시작은 역시 불교에 의한 것입니다. 가마쿠라시대의 선종의 승려들이 졸음과 잡념을 쫓아내고 좌선 삼매에 들기 위해서 차를 마셨다고 합니다. 이것은 한국의 경우도 마찬가지입니다.

한국에서는 마시는 물의 질이 좋으므로 차는 필요없었고, 따라서 다도라는 것은 없다라고 말하는 경향이 있습니다. 하지만 그렇다면 신라나 고구려 때는 양질의 식수 혜택이 없었으므로 차를 마시는 풍속이 있었으나 조선시대가 되어 갑자기 수질이 좋아진 것일까요? 좋은 차는 좋은 물이 아니면 얻을 수 없습니다.

세계 제일의 고려찻종를 만든 한국인입니다. 한국의 차 마시는 역사는 천 년입니다.

한국에서 발전한 차는 불교, 특히 선종과 더불어 발전했습니다. 선종의 역사적 변화와 차의 변천이 일치합니다.

이것은 한국도 일본도 중국도 같습니다. 그러나 한국에서는 고려시대를 전성기로 했던 불교가 조선시대에 들어와 불교의 배척에 의해 쇠퇴해 버려 차를 즐기는 풍습이 일반 서민들 사이에 뿌리를 내릴 수가 없었던 것뿐입니다. 산골짜기의 선종의 절에서 겨우 차가 재배되어 왔습니다. 고려시대에는 다방이라고 해서 차에 관한 모든 업무는 맡아하던 관청까지 있었습니다.

다도란 요컨대 차를 끓여 내놓는 방법과 차를 마시는 예법을 말합니다. 일본에서는 무로마치시대에 다도가 흥하여 무라다쥬코로부터 다케노죠를 거쳐 센리큐에 이르러

어휘정리

醗酵(はっこう) : 발효	煮(に)る : 익히다, 삶다, 끓이다, 조리다
眠気(ねむけ) : 졸음, 자고 싶은 느낌	衰(おとろ)え : (기세가) 쇠약해지다, 쇠퇴하다
山間(やまあい) : 산골짜기, 산간	細々(ほそぼそ) : 어찌어찌, 이럭저럭
とりしきる : 혼자 도맡아하다	要(よう)するに : 요컨대, 결국
点(た)てる : (차를) 끓이다, 끓여 내놓다	
侘(わ)び : 한거를 즐김, (다도・하이쿠의 극치로서의) 간소하고도 차분한 아취, 유한한 정취 ⇒ さび	

した。これも禅の情神をとりいれ、簡素静寂を本体とする茶道です。茶の湯とは、はやくいえば、客をまねいて抹茶をたて、会席の饗応などをすることでしょう。その背景には、高麗からもたらされに茶器があり、これがのち「茶数寄」のふうをうみだしました。これから、「茶禅一致」の佗び茶に発展しました。

　こちらにも茶を点て、そして飲む礼法の茶道はございます。ただ、実用を重んずる韓国人の感覚では、ワビとかサビとかいった、ひとひねり、ふたひねりした、作法にはなじめないだけの話です。

　しかし、茶をいれる水は山の岩清水を上とし、井戸水などは下とします。これを水がめにくんで麻をかぶせ、日陰のところに置きます。湯がわきたつと、ころ合いをみはからい、茶壷にそそぎますが、湯をさきに注ぎ茶をあとでいれるのを上投、茶をさきにいれ、湯をのちに注ぐのは下投とします。つぎに湯を半分ほど注ぎ茶をいれたのち、さらに湯を注ぎ足すのを中投とします。夏は上投、冬は下投、春秋には中投がしきたりです。

　これは煎茶の場合で、抹茶の点て方の手順と作法はややこしいものがあります。たとえば、香をたくとか聞香といって、香をかぎわけるという雅びごともおこなわれます。これを、さらに形式化させ、ぜいたくなものにひねったのが日本の茶道でございましょう。

［韓國　茶道］

와비 차가 완성되었습니다. 이것도 선의 정신을 받아들여 간소정적(간소하고 고요함)을 본체로 하는, 간단히 말하자면, 손님을 초대해서 말차(まっちゃ)를 끓여 모임의 접대 등을 하는 것이지요. 그 배경에는 고려시대부터 전래된 차기(차 그릇)가 있고, 이것이 '차스키' 풍습을 만들어 내었습니다. 그리고 다선일치의 와비차로 발전했습니다.

우리쪽에서도 차를 끓이고 그리고 마시는 예법인 다도는 있습니다. 단지 실용을 중요시하는 한국인의 감각으로서는 와비라던지 사비라고 하는 꼬고 비틀고 하는 예법에는 익숙해지지 않았을 뿐입니다.

그러나 차를 타는 물은 산의 석간수를 상등으로 하고, 우물물 등은 하등으로 합니다. 이 물을 물 항아리에 퍼서 삼베를 덮어, 그늘진 곳에 둡니다. 물이 끓어오르면 적당한 시기를 가늠해서 찻잔에 따릅니다. 뜨거운 물을 먼저 넣고 차를 나중에 넣는 것을 상투, 차를 먼저 넣고 물을 나중에 붓는 것은 하투라고 합니다. 그 다음 뜨거운 물을 반쯤 붓고 차를 넣은 다음 다시 물을 부어 채우는 것을 중투라고 합니다. 여름은 상투, 겨울은 하투, 봄·가을에는 중투가 일반적 관습입니다.

이것은 전다의 경우이고 말다를 끓이는 방법의 순서와 작법은 까다로운 점이 있습니다. 예를 들면 향을 피운다던가, 문향이라고 해서 향의 냄새를 분간하는 우아하고 풍류로운 행위도 행해집니다. 이것을 더욱 형식화시키고 사치스럽게 만든 것이 일본의 다도입니다.

어휘정리

独立記念館はソウルの南約100kmの地点、天安にあります。総面積400万㎡という広大な敷地に建てられており、ゲートをくぐってから「民族の館」につくまで600mもあります。

[獨立紀念館 全景]

独立記念館の設立目的は次の通りでございます。「独立記念館は、自主と独立を守り通した韓民族の歴史・文化と特に国難克服史および日本帝国主義の侵略に対抗した独立運動、そして国家発展に関する資料を収集、展示、研究することによって国民の透徹した民族精神を涵養し、人類平和に貢献することを目的とする。」

1982年8月28日に開かれた独立記念館建設発起大会を皮切りに、記念館建設のための募金が開始されました。こうして集まった493億ウォンの募金によって、独立記念館は1987年8月15日に開館されました。なお起工式も1983年8月15日であり、韓国の人々にとって8月15日は重い意味を持つことがわかります。

記念館の中心は第1から第7までの展示館です。第1展示館は民族伝統館です。民族の存り所、民族の歴史と文化、民族国難克服の順に、先史時代から朝鮮時代の後期まで(1860年代)の資料が展示されております。

第2展示館は近代民族運動館でございます。1860年代から1910年国権喪失までの近代民族運動、義兵戦争、啓蒙運動関係の資料等が展示されています。

第3展示館は日帝侵略館です。日本に紹介される時に必ず登場するのがこの展示館の「拷問場面」であります。小さい子どもには見せないという配慮で幅15cmくらいの高さのぞき窓にしたといいます。この展示館には1910年から45年の解放までの日本の侵略の蛮行の実態が展示されています。

독립기념관은 서울의 남쪽, 약 100km의 지점인 천안에 있습니다. 총면적 400만㎡라고 하는 광대한 부지에 세워져 있으며, 게이트를 빠져나가서 ‘민족의 관’에 도착하기까지 600m나 됩니다.

독립기념관의 설립 목적은 다음과 같습니다. ‘독립기념관은 자주와 독립을 끝까지 지킨 한민족의 역사·문화와 특히 국란 극복사 및 일본 제국주의의 침략에 대항한 독립운동, 그리고 국가발전에 관한 자료를 수집·전시·연구함으로써 국민의 투철했던 민족 정신을 함양하고 인류 평화에 공헌할 것을 목적으로 한다.’

1982년 8월 28일에 개최된 독립기념관 건설 발기대회를 시작으로, 기념관 건설을 위한 모금이 개시되었습니다. 이렇게 하여 모인 493억 원의 모금에 의해 독립기념관은 1987년 8월 15일에 개관되었습니다. 또한 기공식도 1983년 8월 15일이고 한국 사람들에게 있어서 8월 15일은 중대한 의미를 가진다는 것을 알 수 있습니다.

기념관의 중심은 제1부터 제7까지의 전시관입니다. 제1전시관은 민족전통관입니다. 민족의 근원, 민족의 역사와 문화, 민족 국난극복의 순으로 선사시대부터 조선시대 후기까지(1860년대)의 자료가 전시되어 있습니다.

제2전시관은 근대 민족운동관입니다. 1860년대부터 1910년 국권 상실까지의 근대 민족운동, 의병전쟁, 계몽운동 관계의 자료 등이 전시되어 있습니다.

제3전시관은 일제 침략관입니다. 일본에 소개될 때 반드시 등장하는 것이 이 전시관의 ‘고문장면’입니다. 어린아이에게는 보이지 않으려는 배려로 폭 15㎝ 정도의 높은 창문으로 들여다보게 만들었다고 합니다. 이 전시관에는 1910년부터 45년 해방까지의 일본침략의 만행의 실태가 전시되어 있습니다.

어휘정리

くぐ(潜)る : 빠져나가다, 잠수하다	
ある : 있다, (무게·넓이·높이·거리 따위가) 얼마큼 되다	
通(とお)す : (끝까지 계속해서) 하다	
発起(ほっき) : 발기	
皮切(かわき)り : 맨 처음 뜨는 뜸, 최초, 일의 시작, 시초, 개시	
喪失(そうしつ) : 상실	啓蒙(けいもう) : 계몽
拷問(ごうもん) : 고문	蛮行(ばんこう) : 만행

　第4展示館は三・一運動館でございます。1910年代の独立運動を初め、三・一運動の展開、日帝の弾圧（だんあつ）の姿、内外に及ぼした影響など、韓国民族の独立意志と自主独立力量（りきりょう）を展示しています。出口近くには堤岩里事件と西大門監獄（かんごく）での柳寛順が展示されている。

　第5展示館は独立戦争館です。独立軍、義烈闘争、社会運動、学生運動、文化運動関係の資料が展示されています。

　第6展示館は臨時（りんじ）政府館です。在外韓国人と大韓民国臨時政府、韓国光復軍の自主的祖国光復を目指す（めざ）闘い（たたか）の有り（あ）様（さま）が展示されております。

　第7展示館は大韓民国館でございます。1945年の祖国解放から今日までの民族の試練（しれん）と克服（こくふく）、国家発展関係の資料と祖国統一への意志、及び未来像が展示されています。

［第1展示館, 民族傳統館］

제4전시관은 3.1운동관입니다. 1910년대의 독립운동을 비롯하여 3.1운동의 전개, 일제의 탄압 모습, 국내외에 끼친 영향 등 한국민족의 독립의지와 자주독립 역량을 전시하고 있습니다. 출구 가까이에는 제암리 사건과 서대문 감옥에서의 유관순이 전시되어 있습니다.

제5전시관은 독립전쟁관입니다. 독립군, 의열투쟁, 사회운동, 학생운동, 문화운동 관계의 자료가 전시되어 있습니다.

제6전시관은 임시정부관입니다. 재외 한국인과 대한민국 임시정부, 한국 광복군의 자주적 조국광복을 목표로 하는 투쟁 모습이 전시되어 있습니다.

제7전시관은 대한민국관입니다. 1945년의 조국 해방으로부터 오늘에까지의 민족의 시련과 극복, 국가발전 관계자료와 조국통일에의 의지 및 미래상이 전시되어 있습니다.

어휘정리

力量(りきりょう) : 역량
目指(めざ)す : 지향하다, 목표로 하다, 노리다
闘(たたか)い : 투쟁, 싸움
有(あ)り様(さま) : 모양, 상태

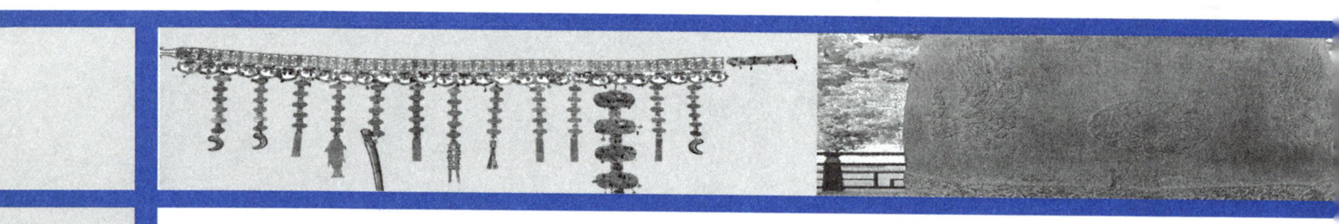

第6章

新羅の歴史・文化

1) 新羅の建国神話

新羅の建国年代は、『三国史記』などの伝承では、西暦前57となっております。新羅が実質的な古代王国として発した時期をはっきり区切ることは難しいですが、だいたい三世紀の終り頃と推定されます。

［新羅，騎馬人物形土器］

すなわち今の慶州の河川流域にあった六村(六つの部族村)が結合して、1人の君長を戴くようになります。この六つの部落国家が一つのものにまとまるプロセスを示唆するところに新羅の建国神話があります。

朴氏の始祖は赫居世、昔氏の祖先は脱解、金氏のそれは閼智というふうに、いずれも卵から生まれます。いわゆる卵生説話で、神聖な器である卵に入って天降るのであります。

この神話は日本の開国神話と、エッセンシャルな面では大変よく似ております。日本では、みどりごが真床追衾(筵の類。稲を包む聖なる器)に包まれて降臨します。新羅でも王は天降り、その妃は水神の娘です。これは太陽と水をたっとぶ初期農耕社会にもっともふさわしい説話といえましょう。

ただし、新羅のそれと日本の場合はっきり異なるものがございます。日本の開国神話では神はあくまでも民の支配者として、すなわち天皇の始祖としてただ一度だけ天降ります。ところが新羅の場合は、村民の要請にこたえて祖神があらわれます。それも開国の始祖である赫居世を君長にえらんだのは六村の首長たちが相談の上でのことです。これが新羅の和白制度のはじまりといえる点で、原始社会のデモクラシーであったものです。要するに、王権の絶対制ははじめから排せられ、村落共同体の秩序を踏まえての政治体制が築きあげられていったのです。

신라의 역사

1) 신라의 건국신화

신라의 건국 연대는 『삼국사기』 등의 전승에는 기원전 57년으로 되어 있습니다. 신라가 실질적인 고대왕국으로서 출발한 시기를 확실하게 구분하는 것은 어렵지만 대체로 3세기말경이라고 추정되고 있습니다.

즉, 지금의 경주의 하천 유역에 걸친 6촌(6개의 부락촌)이 결합하여 1인의 군장을 추대하게 됩니다. 이 6개의 부락국가가 하나로 통합되는 과정을 시사하는 곳에 신라의 건국신화가 있습니다.

박씨의 시조인 혁거세, 석씨의 시조인 탈해, 김씨의 시조는 알지라는 식으로 어느 시조나 알에서 탄생합니다. 소위 난생설화로서 신성한 그릇인 알에 들어가 하늘에서 내려오는 것입니다.

이 신화는 일본의 개국신화와 본질적인 면에서는 매우 닮았습니다. 일본에서는 갓난아기가 마토코후스마(자리의 일종. 벼를 싸는 성스러운 그릇)에 감싸여 강림합니다. 신라에서도 왕은 하늘에서 내려오고, 그 왕비는 수신의 딸입니다. 이것은 태양과 물을 중히 여기는 초기 농경사회에 가장 걸맞은 설화라고 할 수 있겠지요.

단지, 신라와 일본의 경우 확실히 차이가 나는 것이 있습니다. 일본의 개국신화에서는 신은 어디까지나 백성의 지배자로서, 즉 천왕의 시조로서 단 한번만 하늘에서 내려옵니다. 그러나 신라의 경우는 부락민들의 요청에 부응하여 조신이 나타납니다. 그것도 개국시조인 혁거세를 군장으로 선택한 것은 6촌의 수장들이 상의를 하고 나서입니다. 이것이 신라의 화백제도의 시작이란 점에서 원시사회의 민주주의였던 것입니다. 요컨대, 왕권의 절대제는 처음부터 배제되고, 부락 공동체의 질서를 근거로한 정치체제가 구축되어 갔던 것입니다.

어휘정리

発(はっ)する : 출발하다, 일어나다, 밖으로 나타나다, 발표하다

区切(くぎ)る : 단락짓다, 구분짓다, 구획짓다

たっとぶ : 존중하다, 존경하다, 귀하게 여기다

踏(ふ)まえる : 밟아 누르다, 힘차게 밟다, 근거하다, 입각하다

2) 古代国家から統一まで

　始祖朴赫居世を君長にいただいた村長会議の和白は、国家の重要なことがらを協議するようになります。この和白制度は、新羅が征服王朝に登場してからも久しく続き、国王の推戴、戦争遂行、仏教の受け入れなど国のビッグ・イッシューを決める強力な元老会議でもありました。

　新羅は古代国家から征服王朝へ、そして遂には韓半島を統一するまでになります。

　さて、新羅は西は百済、北は高句麗と境を接していて、ひんぱんに衝突をくりかえしていただけに、国民の団結が強く、尚武すなわち武をたっとぶ気風がいちじるしかったのです。これがのちの有名な花郎道に発展していきますが、その淵源は遥かに遠く、記録として残る真興王(6世紀)の代よりも古いものでございます。

　一方、百済では聖王(523〜554)のような英明な君主が国の中興をはかり、日本や中国など外国との文物の交流につとめ、内には仏教を振興させ、王権の強化と思想の統一をはかるようになります。

　新羅は法興王時代には征服王朝の性格をそなえ、次の真興王代(540〜576)に、全盛期を迎えます。すなわち法興王代にして既に洛東江下流で強盛をきわめていた金海地方の本伽倻(金官伽倻。始祖金首露王。42〜532。10代491年)を併合します。これがきっかけとなり、新羅は遂に洛東江流域の全伽倻聯合を征服するようになります。次代の真興王の時、今の慶尚北道高霊地方にあった大伽倻(任那、あるいは弥馬那鳥。始祖伊珍阿鼓。42〜562。16代521年)を征服したのがそれです。任那の名前が出ましたが、これは非常に複雑なので学者の間に議論が絶えませんが、歴史というものは正体がつかみ難くなるものです。

　一方、失地の回復をはかる高句麗、百済との間に、攻守ともにはげしい戦いをくりひろげます。真興王15年(554年)にはライバル百済の聖王を討ち取り、同23年(562年)には大伽倻(高霊)を併合して伽倻全地域を新羅領としました。

2) 고대국가부터 통일까지

시조 박 혁거세를 군장으로 모신 촌장회의인 화백은 국가의 중요한 사항들을 협의
하게 됩니다. 이 화백제도는 신라가 정복왕조로 등장하고 나서도 한동안 계속되어, 국
왕의 추대, 전쟁 수행, 불교의 도입 등 나라의 빅 이슈들을 결정하는 강력한 원로회의
이기도 했습니다.

신라는 고대국가에서 정복왕조로, 그리고 마침내는 한반도를 통일하기까지 이릅니
다.

그런데 신라는 서쪽은 백제, 북쪽은 고구려와 접경하고 있어 빈번하게 충돌을 되풀
이하고 있었으므로 국민의 단결이 강하고 상무, 곧 무를 숭상하는 기풍이 두드러졌던
것입니다. 이것이 훗날의 유명한 화랑도로 발전해 갑니다만 그 연원은 훨씬 오래되어,
기록으로 남아 있는 진흥왕(6세기)대보다도 오래된 것입니다.

한편, 백제에서는 성왕(523~554)과 같은 영명한 군주가 국가의 중흥을 도모하여,
일본이나 중국 등 외국과의 문물교류에 힘쓰고, 안으로는 불교를 진흥시켜 왕권의 강
화와 사상의 통일을 꾀하게 됩니다.

신라는 법흥왕 시대에 정복왕조의 성격을 갖추고, 다음의 진흥왕대(540~576)에 전
성기를 맞이합니다. 즉, 법흥왕대에 이미 낙동강 하류에 강성해 있던 김해 지방의 본
가야(금관가야. 시조 김수로왕. 42~532. 10대 491년)를 합병합니다. 이것이 계기가 되
어 신라는 마침내 낙동강 유역의 전 가야연합을 정복하게 됩니다. 다음대인 진흥왕 때
에 지금의 경상북도 고령지방에 있던 대가야(임나, 혹은 미마나조. 시조 이진아고.
42~562. 16대 521년)를 정복한 것이 그것입니다. 임나의 이름이 나왔습니다만, 이것은
대단히 복잡하여 학자들 사이에서도 논의가 끊이지 않고 있습니다만, 역사라는 것은
정체를 붙잡기가 어려운 것입니다.

한편, 빼앗긴 땅의 회복을 꾀하는 고구려, 백제와의 사이에 공수를 되풀이하는 격렬
한 싸움이 펼쳐집니다. 진흥왕 15년(554년)에는 라이벌 백제의 성왕을 죽이고, 동 23
년(562년)에는 대가야(고령)를 합병하여 가야 전지역을 신라령으로 삼았습니다.

어휘정리

はかる : 꾀하다, 도모하다, 의논하다, 헤아리다, 세다, 재다, 달다

きわめる : 다하다, 끝까지 가다, 궁구하다, 끝까지 밝히다

併合(へいごう) : 합병　　　　　　　**絶(た)える** : 끊어지다, 다 되다, 없어지다

討(う)ち取(と)る : 공격하여 빼앗다, 목 베다, 강적을 무찌르다

　話しを戻しまして、のちに三国統一の立役者となった金庾信(595〜673)も、この花郎出身の人物であります。新羅は一時苦境に立たされましたが、国力は強化される一方であります。

　新羅は一時、高句麗に救援をたのみますが思うようにいかず、金春秋(604〜661。のちの太宗武烈王)は唐にわたり、親唐外交の主役として活躍します。金春秋の外交は成功して、唐の兵力を韓半島にひきいれます。第28代真徳女王が645年に崩ずるや、金春秋は衆望により王位に即きます。これがすなわち太宗武烈王です。武烈王の即位により、新羅と唐との軍事同盟が成立します。

　一方、百済は武王の代に新羅との戦争で国力を消耗させ、ぜいたくをきわめた王宮を造営するなど国力をすりへらすようになりました。

　660年(義慈王20年)遂に新羅と唐の聯合軍は、陸と海の両手から百済にたいする攻撃をはじめました。

　新羅軍は遂に泗泌城を包囲します。一方、蘇定方のひきいる唐軍13万も錦江の河口に上陸し、泗泌城を攻めます。東西に大軍を迎えた義慈王は一時、熊津(いまの公州)にのがれますが、泗泌(いまの夫余)が陥落するや、降伏してしまいます。これによって31代675年続いた百済は、あえなくも滅んでしまいます。いまの夫余に、当時の輝かしかった文化財がほとんどめぼしいものがないのもそのためです。

　それからあとは、やがて高句麗の滅亡に発展していきますが、その詳しいことは省きます。結局668年9月、28代705年にわたり、東アジアに君臨しつづけた一大強国、高句麗も遂にほろびます。

　さて、これで新羅は宿願の半島統一をなしとげたかといいますと、そうは問屋が卸さなかったのです。すなわち、新羅に一時手をかした唐は初めからの計劃どおり、今度は新羅をおびやかして、韓半島をわがものにしようとしたのです。新羅は三国統一のために一時、唐の力を借りただけです。ところが唐は、はじめから、それに応じるふりをして、あわよくば、韓半島をごっそり併呑しようという考えでありました。

　いわゆる羅唐聯合は、はじめから、そのように思惑がらみのものに過ぎなかったのでございます。

이야기를 되돌려, 훗날 삼국통일의 주인공이 된 김유신(595~673)도 이 화랑 출신의 인물입니다. 신라는 한때 곤경에 처했지만 국력은 강화되어 갔습니다.

신라는 일시, 고구려에 구원을 요청했으나 뜻대로 되지 않아, 김춘추(604~661. 훗날의 태종무열왕)는 당에 건너가 친당외교의 주역으로서 활약합니다. 김춘추의 외교는 성공하여 당의 병력을 한반도에 끌어들입니다. 제28대 진덕여왕이 645년에 붕어하자 김춘추는 사람들의 요청으로 왕위에 즉위합니다. 이것이 태종무열왕입니다. 무열왕의 즉위로 신라와 당의 군사동맹이 성립하게 됩니다.

한편, 백제는 무왕대에 신라와의 전쟁으로 국력을 소모시키고, 사치스런 왕궁을 조영하는 등으로 국력이 쇠퇴하게 됩니다.

660년(의자왕 20년) 마침내 신라와 당의 연합군은 육지와 바다 양면에서 백제에 대한 공격을 시작했습니다.

신라군은 드디어 사비성을 포위합니다. 한편 소정방이 이끄는 당군 13만도 금강의 하구에 상륙하여 사비성을 공격해 들어갔습니다. 동서로 대군을 맞이한 의자왕은 일시 웅진(지금의 공주)으로 피했지만, 사비(지금의 부여)가 함락되자 항복하고 말았습니다. 이리하여 31대 675년을 이어온 백제는 덧없이 망하고 말았습니다. 지금의 부여에 당시의 빛나던 문화재가 거의 눈에 띄지 않는 것도 그 때문입니다.

그후는 이윽고 고구려의 멸망으로 발전하는데 그 자세한 내용은 생략하겠습니다. 결국 668년 9월, 28대 705년에 걸쳐 동아시아에 군림해 왔던 일대강국 고구려도 마침내 멸망합니다.

그런데 이것으로 신라는 숙원인 한반도의 통일을 이뤘느냐 하면 꼭 그렇지만도 않습니다. 다시 말해, 신라에 잠시 도움을 준 당나라는 처음의 계획대로 이번에는 신라를 위협하여 한반도를 자신들의 손에 넣으려고 했던 것입니다. 신라는 삼국통일을 위하여 일시 당의 힘을 빌었을 뿐입니다. 하지만 당은 처음부터 거기에 응하는 척하며 기회만 있으면 한반도를 통째로 병탄하려고 생각하고 있었습니다.

소위 나당연합은 시작부터 그러한 속셈이 얽혀 있는 것에 지나지 않았던 것입니다.

어휘정리

崩(ほう)ずる : 승하하다, 붕어하다	**すりへらす** : 마멸시키다, 소모시키다
あえない : 덧없다, 어이없다, 허무하다	**滅(ほろ)ぶ** : 멸망하다, 망하다, 없어지다
めぼしい : 유달리 눈에 띄다(=ほろびる)	**おびやかす** : 위협하다, 협박하다
あわよくば : 잘되면, 기회만 있으면	**思惑(おもわく)がらみ** : 속셈이 깃든, 의도가 엉킨

3) 新羅の反唐闘争

　百済・高句麗の旧領土の支配をめぐり、新羅と唐の利害は衝突をさけられなかったのです。そして実際には、唐がそれを独り占めにしたかたちになりました。ところが、唐を韓半島から追い出そうとする動きは、まず百済人の間からおこります。百済の国そのものは既にほろびましたが、その遺民たちは各地ではげしい反唐ゲリラ闘争を展開します。その詳細は、ここでは省きます。

　新羅は高句麗人の反唐闘争を支援し、671年(文武11年)には、百済の旧土にのさばる唐軍を攻め、これを敗退させました。

　唐の高宗は性懲りもなく新羅に対するロールバックを試みますが、その都度失敗します。

　結局735年(聖徳王45年)には、浿江(大同江)を境に、それより南の地域にたいする新羅の領有を唐は認めざるをえなくなったのであります。ここに、新羅の三国統一の偉業はなしとげられたのです。

　新羅の三国統一は、新羅の民衆のエネルギーを適切にひきだし、韓半島統一という至上の目標を与え、それをなしとげるためのナショナルコンセンサスにみちびいた指導層の卓越した指導力のたまものであります。

　新羅の三国統一は、それまで三国にわかれて、しのぎを削りあった韓半島をひとつの国土にまとめ、同族としての連帯感を固め、民族を形成した点で、まず高く評価されます。

　第二には、新羅の三国統一は民族文化発展の基礎固めとなった点です。国土と民族の統合により、文化もまた、ひとつに溶け合い、まとまった形で発展をとげることができました。そこにユニークな統一新羅の文化が生まれ、これを土台にして民族文化は急速な発展と定着が可能であったのです。

3) 신라의 반당투쟁

백제, 고구려의 구영토의 지배를 둘러싸고 신라와 당의 이해는 충돌을 피할 수 없었습니다. 그리고 실제로는 당이 그것을 독점하는 형태가 되었습니다. 그런데 당을 한반도로부터 축출하려는 움직임은 먼저 백제인들 사이에서 일어났습니다. 백제는 이미 멸망했지만, 그 유민들은 각지에서 거센 반당 게릴라 투쟁을 전개했습니다. 그 상세한 것은 여기서는 생략하겠습니다.

신라는 고구려인들의 반당투쟁을 지원하고, 671년(문무 11년)에는 백제의 옛땅에서 설치는 당군을 공격하여 패퇴시켰습니다.

당의 고종은 지치지 않고 신라에 대한 반격을 시도하지만, 그때마다 실패합니다.

결국 735년(성덕왕 45년)에 패강(대동강)을 경계로 그 이남 지역에 대한 신라의 영유를 당은 인정하지 않을 수가 없었던 것입니다. 여기서 신라의 삼국통일의 위업은 이루어진 것입니다.

신라의 삼국통일은 신라 민중의 에너지를 적절하게 끌어내어, 한반도 통일이라는 지상의 목표를 부여하고 그것을 이룩하기 위한 국가적 합의를 도출해낸 지도층의 탁월한 지도력의 결정체인 것입니다.

신라의 삼국통일은 그때까지 삼국으로 나뉘어 서로 겨루던 한반도를 하나로 묶어 동족으로서의 연대감을 굳히고, 민족을 형성한 점에서 우선 높게 평가받습니다.

두 번째로 신라의 삼국통일은 민족문화 발전의 기초를 공고히 했다는 점입니다. 국토와 민족의 통합으로 문화도 또한 하나로 녹아 통합된 형태로 발전을 이루게 되었습니다. 거기서 독특한 통일신라의 문화가 태어나고, 이것을 토대로 민족문화는 급속한 발전과 정착이 가능하게 되었던 것입니다.

ㅇ휘정리

詳細(しょうさい) : 상세함, 자세한 내용

のさばる : 멋대로 날뛰다, 설치다

性懲(しょうこ)りもなく : 질려 뉘우치는 일도 없이

認(みと)めざるをえない : 인정하지 않을 수 없다

たまもの : 하사품, 보람, 덕택

しのぎを削(けず)る : 맹렬히 싸우다, 격전을 벌이다

溶(と)け合(あ)う : 용합하다, 녹아서 하나가 되다

4) 渤海の建国と発展・新羅の滅亡

668年高句麗がほろび、宝蔵王以下、王子重臣をふくむ20万以上の高句麗人が遠く唐の国に連れ去られます。そのなかには、百済の復興運動を指揮したが、成功せず高句麗に逃れていた夫余豊も入っております。

しかし、宝蔵王以下高句麗の遺民たちの反唐闘争は唐の弾圧にもひるまず執拗に続けられました。

一方、祖国をうしなった高句麗人のなかには海外へ亡命した人もかなりあります。靺鞨や突厥に逃れた者もおり、王族の若光のように日本へ渡っていた人たちもおります。

[渤海, 石獅子像]

高句麗の遺民の反唐闘争は、とくに670年以後、ますます激しくなり、新羅の強力な後押しをえて、唐軍をさんざんに悩ませます。高句麗の民は、同じ韓民族の新羅に対するよりは、異民族である唐の侵略に対して、一致団結して、立ち向かったのです。

新羅と連帯して、旧怨にこだわるよりは同じ民族として力をあわせ、侵略者に対抗した高句麗の反唐闘争は、韓国民族の不屈の闘志のほどをものがたっております。その後、高句麗の遺民たちは、むかしは自分たちの属邦であった靺鞨の一部を吸収して唐の支配から脱します。これが東の方へ移って698年には東牟山(吉林省敦化附近)を中心に新しく国づくりをします。これが震国、のちの渤海(713)です。

その始祖は高句麗の旧将であった大祚栄その人です。

渤海王国は、早くいえばネオ高句麗で、みずから高麗国ととなえたほどです。ただ新羅にとって渤海は大きな脅威だったわけです。その圧力をはねかえすほど十分な力が育っていなかった新羅には大洞江から北への進出は阻まれたようにみえます。

渤海は9世紀前半には全盛期をむかえました。首都は吉林省の竜泉府に置き、高句麗の遺風をうけつぎます。拡大な都は、朱雀大路を中心におどろくほど立派な市街地の発展をみせました。

4) 발해의 건국과 발전, 신라의 멸망

668년 고구려가 망하고 보장왕 이하 왕자, 중신을 포함한 20만 이상의 고구려인이 멀리 당나라로 끌려갑니다. 그중에는 백제의 부흥 운동을 지휘했지만 성공하지 못하고 고구려로 달아난 부여풍도 들어 있었습니다.

그러나 보장왕 이하 고구려 유민들의 반당투쟁은 당의 탄압에도 굽히지 않고 집요하게 계속되었습니다.

한편 조국을 잃어버린 고구려인들 중에는 해외로 망명한 사람들도 꽤 있습니다. 말갈이나 돌궐로 도망친 사람도 있고, 왕족인 약광처럼 일본으로 건너간 사람들도 있습니다.

고구려 유민의 반당투쟁은 특히 670년 이후 더욱더 격렬해져 신라의 강력한 후원을 업고 당군을 몹시 괴롭힙니다. 고구려의 백성들은 같은 한민족인 신라에 대한 것보다 이민족인 당의 침략에 대해서 일치단결하여 대항했던 것입니다.

신라와 연대하여, 구원에 얽매이기보다는 같은 민족으로서 힘을 합쳐 침략자에 대항한 고구려의 반당투쟁은 한민족의 불굴의 투지가 어떠했는지를 말해 주고 있습니다. 그후 고구려의 유민들은 예전에는 자신들의 속국이었던 말갈의 일부를 흡수하여 당의 지배로부터 벗어났습니다. 이 세력이 동쪽으로 이주해 698년에는 동모산(길림성 돈화 부근)을 중심으로 새로운 국가를 형성합니다. 이것이 진국, 훗날의 발해(713)입니다.

그 시조는 고구려의 장수였던 대조영이란 사람입니다.

발해왕국은 다시 말하면 네오고구려로서 스스로 고려국이라고 칭했을 정도입니다. 단, 신라에게 있어 발해는 커다란 위협이었던 셈입니다. 그 압력을 물리칠 수 있을 만큼 충분한 힘을 기르지 못했던 신라는 대동강 이북으로의 진출은 저지당한 형세였습니다.

발해는 9세기 전반에 전성기를 맞이했습니다. 수도는 길림성의 용천부에 두고 고구려의 유풍을 이어갔습니다. 광대한 수도는 주작대로를 중심으로 놀랄만큼 훌륭한 시가지의 발전을 보였습니다.

어휘정리

逃(のが)れる : 달아나다, 도망치다	ひるむ : 겁먹다, 주눅들다
後押(あとお)し : 후원자	民(たみ) : 백성, 국민, 민초
こだわる : 구애받다, 얽매이다, 고집하다	早(はや)くいえば : 다시 말하면, 바꿔 말하면
阻(はば)まれる : 저지당하다, 방해받다	

　日本の貨幣の発見は、日本との交渉をものがたります。このように高いレベルの文化をきずきあげたため、「海東の盛国」と呼ばれるほどでありました。

　渤海はその後927年に、キタイに滅ぼされました。その遺民は韓半島に南下して高麗に帰属します。このように、渤海と新羅の約二世紀にわたった共存は韓半島における南北朝時代とでもいいましょうか。いずれにしましても、この渤海がほろんだことで、ほんとうは韓国の領土であった満州をうしなったことは事実なのです。

　そして、統一新羅も、月満つれば即ち欠くのたとえで、恵恭王(第36代.765〜780)のときからは衰退期に入り、王位をめぐる、どすぐるい陰謀の渦のなかで骨肉相はむ、日本風でいいますと、お家騒動がくりかえされます。あげくは貴族社会の腐敗と国力の衰微をまねき、全国に貴族や豪族の反乱が相ついでおこります。

　百済の再興をかかげて出た甄萱は後百済を建国して猛威をふるいます。一方、後高麗を自称し、泰封国を建てた弓裔は、しかし暴虐乱政のはてに臣下によって、弑されます。

　そして弓裔の配下にあった王建が衆望をにない、王位につき国号を高麗と改めました。これが高麗の太祖であります。この時代までを後三国と申します。

　後百済の甄萱は新羅の都、慶州にまで攻め込み酒宴にうつつをぬかしていた新羅王(第55代景哀王)をとらえ、これを自刃させるほど強盛を誇りましたが、結局はこれもほろび天下は高麗の王建のものとなります。

　甄萱は王子の謀反をのがれて王建のもとへ走りますが、王建はこれをあたたかく迎えます。甄萱の帰附は、やがて新羅もたどる終末となりました。天下の民心は高麗にむかい、新羅王自身も和白会議をひらき国をあげて高麗に服属することを決めました。それが、新羅最後の国王である敬順王9年(935)11月のことです。ここに56代992年にわたった新羅王朝は終焉を告げたのであります。

일본 화폐의 발견은 일본과의 교섭을 말해 주고 있습니다. 이같이 높은 수준의 문화를 구축했었기 때문에 '해동성국'이라고 불리울 정도였습니다.

발해는 그후 927년에 야율아보기에게 멸망했습니다. 그 유민은 한반도로 남하하여 고려에 귀속합니다. 이처럼 발해와 신라의 약 2세기에 걸친 공존은 한반도에 있어서의 남북조시대라고나 할까요. 어찌됐건 이 발해의 멸망으로 실은 한민족의 영토였던 만주를 잃어버렸다는 것은 사실입니다.

그리고 통일신라도 달이 차면 기울듯이 혜공왕(제36대 765~780) 때부터는 쇠퇴기에 들어가 왕위를 둘러싸고 칙칙한 음모의 소용돌이 속에서 골육상쟁, 일본식으로 말하면 집안싸움이 되풀이됩니다. 마침내는 귀족사회의 부패와 국력의 쇠미를 초래하여 전국에 귀족과 호족의 반란이 꼬리를 물고 일어납니다.

백제의 재흥을 내세운 견훤은 후백제를 건국하여 맹위를 떨칩니다. 한편 후고구려를 자칭하며 태봉국을 세운 궁예는 포학난정 끝에 신하에 의해 시해됩니다.

그리고 궁예의 아래에 있던 왕건이 대중의 신망을 업고 왕위에 올라 국호를 고려로 개명했습니다. 이것이 고려의 태조입니다. 이 시대까지를 후삼국이라고 합니다.

후백제의 견훤은 신라의 수도 경주에까지 쳐들어와 주연에 빠져 있던 신라왕(제55대 경애왕)을 사로잡아 자결케 하는 강성함을 자랑했지만, 결국은 이도 망하고 천하는 고려 왕건의 것이 되었습니다.

견훤은 왕자의 모반을 피하여 왕건의 휘하로 달아났는데, 왕건은 이를 후하게 맞이합니다. 견훤의 귀순은 이윽고 신라도 걷게 되는 종말이 되었습니다. 천하의 민심은 고려에 기울어 신라왕 자신도 화백회의를 열어 온 나라의 고려 복속을 결정합니다. 그것이 신라 최후의 국왕 경순왕 9년(935) 11월의 일입니다. 이것으로 56대 992년에 걸친 신라왕조는 종언을 고했던 것입니다.

어휘정리

即(すなわ)ち : 즉, 곧, 다시 말해

どすぐるい : 거무칙칙하다

渦(うず) : 소용돌이, 소용돌이 모양의 무늬

骨肉相(こつにくあい)はむ : 골육상쟁하다

弑(しい)する : 시해하다

うつつをぬかす : 너무 열중하여 제정신을 잃다

終焉(しゅうえん)を告(つ)げる : 종언, 종말을 고하다

　新羅は、始祖朴赫居世王によってBC57年に建てられ、ソラボル(徐羅代)またはサロ(斯盧)という国号で呼ばれて来たが、22代智証王の代にいたり、はじめて新羅という国号で呼ばれるようになりました。

　新羅は、三国のなかで一番遅れて建てられた国でありながらも、中国の影響を多く受け入れた国です。文化的伝統のふるい唐の文化を短い間に、しかも、多量にとり入れる必要があったからであります。

　唐からとり入れられた文化は、ほとんどが仏教文化でした。そのために、新羅文化は仏教文化を主軸としと発達していきました。

1) 新羅文化の特性

● 北方文化の影響

　文化とは、水の高きところから低きへ流れるようなものです。その流れを遡っていきますと、遂には河源、つまり源に突きあたります。勿論、この河の流れは本流だけでなりたつものではありません。いくつもの支流が注ぎ込み、そのつど大きな影響をあたえます。そうして、だんだんと水かさを増しいつの間にか滔々たる大河となります。

　韓半島の文化は先史時代から三国期まで、間断なしに北方とかかわりあってまいりました。すなわちスキート・シベリア文化圏のことです。

　たとえば、新羅の金冠ですが、これをみますと、樹木や、鹿の角をかたどる立飾りがあります。これは、シベリア民族共有のシャーマン精神であり、共に生命、自然、または生命力のシンボルであり、鳥帽子形の内冠につける牛の角形飾りは、これまた超自然力の象徴であります。鳥の羽根を象った冠も出ますが、鳥もまた土着信仰の対象の一つでありました。黄金の腰佩と銙帯なども中国の西北の辺境にいた遊牧民が原流です。

　新羅の文化は、したがって仏教のそれをもって、すべてを説明しようとしても説明し

신라는 시조 박혁거세 왕에 의해 BC 57년에 세워져 서라벌 또는 사로라는 국호로 불리었는데, 22대 지증왕대에 이르러 처음으로 신라라는 국호로 불리게 되었습니다.

신라는 삼국 중 가장 늦게 세워진 나라지만 중국의 영향을 많이 받아들인 나라입니다. 문화적 전통이 깊은 당의 문화를 짧은 기간에 그것도 다량으로 받아들일 필요가 있었기 때문입니다.

당에서 받아들인 문화는 대부분이 불교문화입니다. 그러므로 신라의 문화는 불교문화를 주축으로 발전해 갔습니다.

1) 신라문화의 특성
● 북방문화의 영향

문화란 물이 높은 곳에서 낮은 곳으로 흐르는 것과 같습니다. 그 흐름을 거슬러가 보면, 마침내는 수원 곧 원천에 닿게 됩니다. 물론 이 강물은 본류만으로 이루어지는 것은 아닙니다. 몇 줄기의 지류가 흘러들어 그때마다 큰 영향을 줍니다. 그리하여 점점 물이 불어나 어느 틈엔가 도도한 대하가 됩니다.

한반도의 문화는 선사시대부터 삼국시대까지 끊임없이 북방과 관계를 맺어왔습니다. 즉, 스키타이 시베리아 문화권을 말합니다.

예를 들면 신라의 금관입니다만, 이것을 보면 나뭇가지나 사슴의 뿔을 본뜬 장식이 있습니다. 이것은 시베리아 민족 공유의 샤만 정신이고, 공히 생명, 자연, 또는 생명력의 심볼이며 또 에보시(건) 형태의 내관에 붙이는 소뿔 모양의 장식 역시 초자연력의 상징입니다. 새의 깃털 모양을 본뜬 관도 나옵니다만, 새 또한 토착신앙의 대상의 하나였습니다. 황금으로 된 허리띠들도 중국 서북 변경에 있던 유목민이 원류입니다.

신라의 문화는, 따라서 불교만으로 모든 것을 설명하려고 해도 다 설명할 수 있는 것

어휘정리

遡(さかのぼ)る : 거슬러오르다, 소상하다, (과거를) 더듬어 생각하다
注(そそ)ぎ込(こ)む : 흘러들다, 주입하다, 물을 대다
滔々(とうとう)たる : 도도한
間断(かんだん) : 간단 = 切(き)れ目(め)・たえま
冠(かんむり) : 관

きれるものではありません。

　むしろ中国的な色彩がめだつようになるのは、統一新羅に入ってからだといいます。はじめに韓民族固有の古代原始文化、すなわち精霊信仰の土壌があって、それに北方系の文化が流れ込み、とけこんだのが新羅に限らず、韓国の民族文化の本質です。また新羅の金冠を例にとりましょう。

　そこにある出字形、あるいは山字形の立飾りは檀君神話に出てくる神檀樹つまり、木を通って神が降りてくる神樹を象徴し、これをアブストラクトしたものというのが学者たちの見解であります。ある外国の学者(カール・ヘンシェ)は、これを真っすぐの枝つき樹木とみて、シベリア諸民族の生命の木、または世界樹に似ていると語り、したがって新羅金冠の山形を横木だと説明します。しかし、それが横木かどうかは別にして、これが信託をうらなう神聖なる神器、つまり神樹の図案化であるということはたしからしいです。したがって、新羅の金冠は天孫のがぶる神聖なる王冠であるわけです。

　韓国人の精神的な土台は、仏教であるよりは、土着信仰で、これにスキタイ文化、そしてのちに仏教的、儒教的な要素が加り、ユニークなものに発展してきたという点であります。

　この仏教が、原始時代から一貫して流れる土着信仰を仏教的なものにかえることは遂にできなかったのです。それどころか、仏教のほうが、この土着信仰のなかに吸収され、独自の信仰形態にかえさせられたのです。

　日本では鏡と剣と曲玉を皇位の標識としています。この三種の神器は韓国にもあります。それを三天符印といいます。この三つの天符とは、天からさずかった神器です。鏡と刀と曲玉、あるいは曲玉ではなく鈴ともいわれます。これは檀君神話では、桓雄が神檀樹をつたって降りてきたとき、天符印三つをたずさえてきたというのです。鏡は太陽神、曲玉は月の信仰、剣は支配者の権力や威厳をあらわします。韓国では、これが青銅器時代の墓から発見されております。日本では弥生時代の遺跡から出ております。

　これも結局は、北方系の青銅器文化とのふかいつながりを意味するものでありましょう。

은 아닙니다.

　오히려 중국적인 색채가 두드러진 것은 통일신라시대에 들어와서라고 말합니다. 처음에 한민족 고유의 고대 원시문화, 즉 정령신앙의 토양이 있고 거기에 북방계의 문화가 흘러들어 녹아든 것이 신라뿐만 아니라 한국 민족문화의 본질인 것입니다. 또 신라의 금관을 예로 들어보겠습니다.

　거기에 있는 출자형 혹은 산자형의 장식은 단군신화에 나오는 신단수를 통해서 신이 강림하는 신목을 상징하고, 이것을 추상화했다는 것이 학자들의 견해입니다. 어느 외국의 학자(칼헨쉐)는 이것을 곧게 뻗은 가지 달린 나무로 보고 시베리아 모든 민족의 생명의 나무 또는 세계수를 닮았다며, 신라 금관의 산자형을 횡목이라고 설명합니다. 그러나 그것이 횡목인지 어떤지는 별도로 하고, 이것이 신탁을 점치는 신성한 신기, 즉 신목의 도안화라고 하는 것은 확실한 것 같습니다. 따라서 신라의 금관은 천손이 쓰는 신성한 왕관인 것입니다.

　한국인의 정신적인 토대는 불교라기보다는 토착신앙으로, 여기에 스키타이문화 그리고 후에 불교적, 유교적인 요소가 더해져 독특한 것으로 발전해 갔다는 점입니다.

　이 불교가 원시시대부터 일관되게 흐르는 토착신앙을 불교적인 것으로 바꾸는 것은 끝내 할 수 없었던 것입니다. 오히려 불교 쪽이 이 토착신앙에 흡수되어 독자적인 신앙형태로 변하게 된 것입니다.

　일본에서는 거울과 검과 곡옥을 왕위의 표지로 삼습니다. 이 세 종의 신기는 한국에도 있습니다. 그것을 삼천부인이라고 합니다. 이 세 개의 천부는 하늘로부터 수여된 신기입니다. 거울과 칼과 곡옥, 또는 곡옥 대신 방울이라고도 하고 있습니다. 이것은 단군신화에서는 환웅이 신단수를 타고 내려왔을 때 천부인 세 개를 지니고 왔다는 것입니다. 거울은 태양신, 곡옥은 달의 신앙, 칼은 지배자의 권력이나 위엄을 나타냅니다. 한국에서는 이것이 청동기시대의 무덤으로부터 발견되고 있습니다. 일본에서는 야요이시대의 유적에서 나오고 있습니다.

　이것도 결국은 북방계의 청동기문화와의 깊은 연관을 의미하는 것이지요.

어휘정리

とけこむ : 녹아들다, 융합하다, 동화되다

アブストラクト : 추상화, 추상적

2) 仏教の発展

　新羅の仏教はますます発展して、統一期に入ると、その仏教文化はまさに爛熟していきます。それを物語るのが、この慶州一円にある大規模な寺院の建立です。

　四天王寺・奉徳寺・仏国寺、そして地方の浮石寺(慶北栄州)・通度寺(慶南梁山)・梵魚寺(慶南東莱)・海印寺(慶南陜川)・華厳寺(全南求礼)・法住寺(忠北報恩)など、目をみはるような大伽藍がつぎつぎと建ち、新羅はまるで仏教国、そのものにかわります。

　とくに、船路の旅をつづけて唐の国からインドにわたり仏跡を巡礼したのち、ふたたび唐にかえって生涯を終えた慧超大師のことは有名です。その著書である『往五天竺国伝』は、当時のインドと西域の情況を伝える貴重な資料です。

3) 美術工芸

　新羅の文化は、これまで屡々述べてきたように土着信仰を土台に、外来宗教の仏教をとり入れながら、めざましい発展をとげてきました。

　いったん仏教が国内に定着するや、国民の精神的支配はいうまでもなく、生活方式までがこれによって深く影響をうけるようになります。

　そうした生活環境のなかで産みだされる文化の所産が、仏教を中心とするものになるのは当然のことであります。

　仏教と直接関聯のある建築や彫刻はもとより、それと直接関聯のない分野にまで仏教のカラーはふかく染み込みます。

　今日に伝わる遺跡とか遺物が、そのことをあますところなく語っております。

　なお、外来文化を多様に吸収、消化している点も注目されるところでありましょう、そのことは新羅と大陸との密接な交通を意味します。

2) 불교의 발전

신라의 불교는 더욱더 발전하여 통일기에 들어서는 불교문화는 정말이지 난숙해져 갑니다. 그것을 말해주는 것이 지금 경주 일원에 있는 대규모의 사원 건립입니다.

사천왕사·봉덕사·불국사, 그리고 지방의 부석사(경북 영주)·통도사(경남 양산), 범어사(경남 동래)·해인사(경남 합천)·화엄사(전남 구례)·법주사(충북 보은) 등 괄목할 만한 대가람이 차례차례 건립되어 신라는 완전히 불교국으로 바뀝니다.

특히 바다 여행을 계속하여, 당나라로부터 인도에 걸친 부처님의 자취를 순례한 뒤, 또다시 당나라로 돌아와 생애를 마쳤던 혜초대사 같은 분은 유명합니다. 그 저서인『왕오천축국전』은 당시 인도와 서역의 정황을 전하는 귀중한 자료입니다.

3) 미술공예

신라의 문화는 지금까지 누차 서술한 것처럼 토착신앙을 토대로 외래 종교인 불교를 받아들이면서 눈부신 발전을 이룩했습니다.

일단 불교가 국내에 정착하자 국민의 정신적 지배는 말할 것도 없이 생활 방식까지 불교에 의해 깊게 영향을 받게 됩니다.

그러한 생활 환경 속에서 태어난 문화의 소산이 불교를 중심으로 한 것이 되는 것은 당연한 것입니다.

불교와 직접 관련 있는 건축이나 조각은 물론이고, 그것과 직접 관련이 없는 분야에까지 불교의 색채는 짙게 드리워집니다.

오늘에 전해지는 유적이나 유물이 그것을 남김없이 말해 주고 있습니다.

더욱 외래 문화를 다양하게 흡수, 소화하고 있는 점도 주목해야 할 일입니다. 이것은 신라와 대륙과의 밀접한 교통을 의미합니다.

　統一期以前の三国期新羅の金属工芸品、とくに黄金の装身具にみられるフィリグリー(線条細工)の手法は、西方様式の受け入りです。美しきに鋭く反応する新羅人だけに、その表現もまた繊細だが、ためらわずに自己を主張する積極性がみられます。

　なお、慶州には、石塔をはじめ石造りの美術品が多く、文字どおり青空博物館といわれるほどです。

　仏国寺の多宝塔と釈迦塔は、あまりにも有名です。

　仏国寺の境内にのぼり、本堂の、両脇にそびえる、この二つの塔を拝んだときの、突きあげてくる感動、仏寺めぐりの醍醐味は、その最初のめぐりあいの一瞬に尽きましょう。

［聖徳大王神鍾］

　つぎに、新羅の美術工芸のなかに、きわだって精彩を放つもののひとつに、梵鐘があります。博物館の境内にある聖徳大王神鍾(奉徳寺鍾。国宝29号)は、その代表的な傑作のひとつであります。

　なお、慶州一円に散在する無数の石塔と、石仏、それにおびただしい廃寺址から発見される瓦の破片、そのひとつひとつにも新羅人の美意識をしのぶことができます。

　ちなみに、慶州一円には現存する古寺のかずよりも、これら廃寺の址がずっと多くあります。

　形あるものは、かならず壊れるのが、この仇し世の法ですが、そのなかには、なんら記録も伝わらぬ、ただ礎石のみというものもあれば、わずかに記録の上で名をとどめるだけで、その跡すらわからぬものもあります。

통일기 이전의 삼국기 신라의 금속공예품, 특히 황금 장신구에서 볼 수 있는 세공 수법은 서방 양식을 받아들인 것입니다. 아름다움에 예리하게 반응하는 신라인이니만큼 그 표현도 또한 섬세하지만, 주저하지 않고 자기를 주장하는 적극성이 보입니다.

또한 경주에는, 석탑을 비롯해 석조 미술품이 많고, 문자 그대로 노천 박물관이라고 할 수 있을 정도입니다.

불국사의 다보탑과 석가탑은 너무나 유명합니다.

불국사 경내를 올라 본당의 양 옆에 솟아 있는 이 두 개의 탑을 참배했을 때 치밀어오르는 감동, 사찰 순례의 진수는 그 최초의 일순간에 다 맛볼 수 있겠지요.

다음으로 신라의 미술공예 중에서 지극히 정채를 띠는 것의 하나로 범종이 있습니다. 박물관의 경내에 있는 성덕대왕 신종(봉덕사 종. 국보 29호)은 그 대표적인 걸작의 하나입니다.

또한 경주 일원에 산재하는 무수한 석탑과 석불, 거기에 엄청난 수의 폐사지에서 발견되는 기와의 파편, 그 하나하나에서도 신라인의 미의식을 엿볼 수가 있습니다.

나아가 경주 일원에는 현존하는 옛 절의 숫자보다도 이들 폐사지가 훨씬 많이 있습니다.

형체가 있는 것은 반드시 부서지는 것이 이 덧없는 세상의 법칙입니다. 그중에는 아무런 기록도 전해지지 않는 그저 주춧돌만 있는 것도 있고, 기록으로 불과 이름만 남아있을 뿐, 그 흔적조차 알 수 없는 것도 있습니다.

어휘정리

受(う)け入(い)れる : 받아들이다, 수용하다

ためら(躊躇)う : 주저하다, 망설이다

そび(聳)える : 우뚝 솟다, 치솟다

拝(おが)む : 절하다, 배례하다, 간절히 바라다, 빌다

醍醐味(だいごみ) : 깊은 맛, 감칠맛, 묘미, 참다운 즐거움

きわだ(際立)つ : 두드러지다, 뛰어나다, 눈에 띠다

精彩(せいさい)を放(はな)つ : 정채를 띠다, 아름다움을 발하다

夥(おびただ)しい : 엄청나다, 매우 많다, 심하다

しの(偲)ぶ : 그리워하다, 연모하다

仇(あだ)し : 변하기 쉬운, 허무한

とどめる : 멈추다, 남기다, 말리다, 그치다

4) 説話と詩歌

　新羅によって百済が滅ぼされたのは、西暦660年、新羅では太宗武烈王7年、当の百済では義慈王20年7月であります。

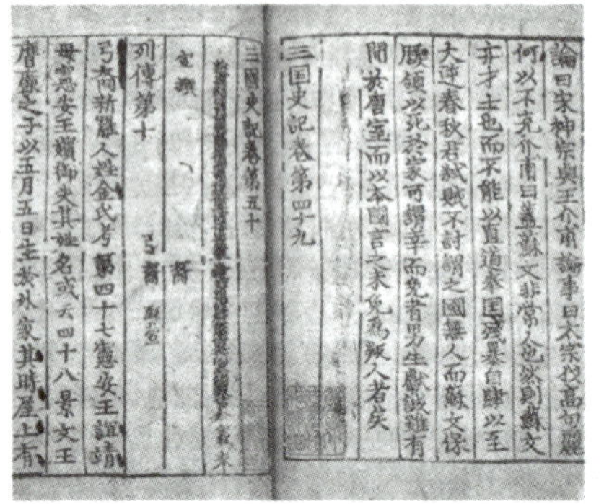

[三國史記]

　百済が新羅と唐の聯合軍によって滅ぶ直前、義慈王は、国の政事をかえりみず、日夜酒池肉林に溺れて、乱行をほしいままにします。

　勿論、百済にも興首、成忠のような忠臣がいて、国を憂い、王を諫めますが、王は耳を貸そうとはせず、これら忠義の臣たちを遠ざけるだけでした。

　そんなある日、妖怪が宮殿を横行し「百済は滅ぶ、百済は滅ぶ。」と、連呼したかと思うと、地下にもぐりこんでしまいました。いぶかしく思った王が、近習の者に地面を三尺ばかり掘らせたところ、一匹の亀があらわれました。亀の甲には、

「百済は満月、新羅は新月」と、記されてありました。

　さっそく巫女を呼び、その意味を問います。

　巫女は答えていわく、

「月満つれば即ち欠く。盛りに達すれば必ずおとろえるということで、物事には盛衰があり……。月満つれば、すなわち欠く。」

　百済は、果たせるかな、ほどなくして滅んでしまいました。

　奢れる者久しからず。月みちれば、すなわちかく、まさに、諸行無常、是生滅法です。

　三国時代から統一新羅時代には、古くからいい伝えられてきた神話や伝説などが多く、それらが文字で記録されました。『三国遺事』と『三国史記』には、それらの一部が記されております。

4) 설화와 시가

신라에 의해 백제가 멸망한 것은 서기 660년, 신라는 태종무열왕 7년, 당사자인 백제는 의자왕 20년 7월의 일입니다.

백제가 신라와 당의 연합군에 의해 망하기 직전, 의자왕은 나라의 정무를 돌보지 않고, 주야로 주지육림에 빠져 난행을 마음껏 부리고 있었습니다.

물론 백제에도 흥수, 성충과 같은 충신이 있어서 나라를 걱정하며 왕에게 간하지만 왕은 듣지 않고 충의의 신하들을 멀리할 뿐이었습니다.

그런 어느날, 요괴가 궁전을 횡행하며 "백제는 망한다. 백제는 망한다."라고 외치더니 땅 속으로 들어가 버렸습니다. 의아하게 생각한 왕이 시종에게 땅을 3자쯤 파게 했더니 한 마리의 거북이 나타났습니다. 거북의 등에는,

"백제는 보름달, 신라는 초생달"이라고 적혀 있었습니다.

즉각 무녀를 불러 그 의미를 물었습니다.

무녀가 대답하길,

"달은 차면 곧 기운다. 성에 도달하면 반드시 쇠한다는 것으로, 사물에는 성쇠가 있고…… 달이 차면 곧 기운다."

백제는 과연 이윽고 멸망하고 말았습니다.

사치스럽고 교만한 자는 오래가지 못한다. 달이 차면 곧 기운다. 정말이지 제행무상, 시생멸법입니다.

삼국시대에서 통일신라시대에는 옛날부터 전해져 내려온 신화나 전설 등이 많고 그것들이 문자로 기록되었습니다. 『삼국유사』와 『삼국사기』에는 그것들의 일부가 실려 있습니다.

어휘정리

諫(いさ)める : 간하다, 충고하다

耳(みみ)を貸(か)す : 귀를 기울이다, 남의 이야기를 듣다

いぶかしい : 의심스럽다, 수상쩍다

近習(きんじゅ) : 영주・군주를 가까이서 섬기는 신하

果(は)たせるかな : 아니나 다를까, 역시, 생각한 바와 같이

ほどなく : 멀지않아, 이윽고

奢(おご)る : 사치하다

5) 日本文化とのかかわり

「……いつ亡んだかわからぬような、なしくずしの亡びかた」

「人びとの眼をおどろかす、あざやかな美は持つが、しかし、どうも愁いというか、人の心を博つような粘液がにじみ出ていない」と日本の作家、司馬遼太郎先生は、慶州の印象を、そう述べられております。(『街道をゆく』)

先生は、百済のみやこ扶余のそれとくらべて、慶州には、どうも亡びの美学が感じられないと仰有っております。

だがしかし、慶州、すなわち新羅のみやこは、扶余にはない、からっと晴れた、乾いたトーンの明るさと、翳りのない清澄な優雅さをもつまちであります。

そして、この新羅の王京の条坊を復元してみると、日本の平城京と似た点が多いと学者たちが言っておられます。新羅のみやこ、すなわち慶州に、もっと大きな影響をうけたのは太宰府であるとも言われます。

そして、飛鳥・白鳳時代の日本における弥勒信仰は、新羅の花郎とつながると日本の学者は指摘されます。

飛鳥時代は新羅をふくめて百済・高句麗といった三国時代の韓文化をモロに受けておりますし、白鳳時代となると、統一新羅の文化の影響がめだちます。

これまでの日本の歴史には、新羅との文化的交渉のことが文化史や美術史にぬけております。

日本の文化史や美術史を語る場合、新羅は見直されなくてはならない、という論議がお国では盛んになりつつあるようです。

5) 일본 문화와의 연관

"……언제 망했는지 모르는 조금씩의 멸망."

"사람들의 눈을 놀래키는 선명한 아름다움은 있지만, 왠지 슬픔이랄까, 마음을 울리는 끈끈함이 배어나오지 않는다."고, 일본의 작가 시바료타로씨는 경주의 인상을 그렇게 말했습니다.(『가도를 가다』)

그는, 백제의 수도 부여에 비해 경주에서는, 아무래도 멸망의 미학을 느낄 수가 없다고 말하고 있습니다.

하지만, 경주 곧 신라의 수도는, 부여에는 없는, 쨍하고 개인 마른 톤의 환함과 그늘 없이 청징한 우아함을 지닌 거리입니다.

그리고 이 신라의 서울 거리를 복원해 보면, 일본의 헤이죠쿄(나라시)와 닮은 점이 많다고 학자들이 말하고 있습니다. 신라의 수도 곧 경주의 가장 큰 영향을 받은 것은 다자이후였다고도 합니다.

그리고 아스카, 하쿠호시대의 일본에서의 미륵신앙은 신라의 화랑과 연관된다고 일본의 학자는 지적합니다.

아스카시대는 신라를 포함한 백제, 고구려의 삼국시대의 한반도 문화를 정면으로 받아들이고 있었고, 하쿠호시대가 되면 통일신라의 문화의 영향이 두드러집니다.

지금까지의 일본의 역사에는 신라와의 문화적 교섭에 관한 것이 문화사나 미술사에서 빠져 있습니다.

일본의 문화사나 예술사를 말할 때에, 신라는 재인식되어지지 않으면 안된다고 하는 논의가 일본에서 활발해지고 있습니다.

어휘정리

なしくずし : 조금씩 처리함, 빚을 조금씩 갚음

にじ滲(む) : 번지다, 스며나다

翳(かげ)る : 그늘지다, 흐려지다, 저물어 가다, 나빠지다

条坊(じょうぼう) : 시가지의 길줄기

モロに : 함부로, 완전히, 정면으로, 직접으로

見直(みなお)す : 다시 보다, 재인식하다, 고쳐보다

第7章

新羅時代の主要観光地

　慶州は新羅王朝の王都で、BC57年、朴赫居世王が国を開き、AD935年、第56代、敬順王が、国を閉じるに至るまで、992年間にもわたる新羅千年の歴史の拠り所であり、新羅精神の発祥地でありました。

　紀元前57年から西暦935年高麗に政権を譲るまで、新羅王朝の都として栄えましたが、今は人口29万人の穏やかな地方都市です。当時の名残は市内はもちろん郊外にもたくさん残っており、現在も発掘作業が続けられています。歴史や美術に関心のある人なら何日いても飽きないところでしょう。奈良とは姉妹都市にもなっております。

2 慶州の主要観光地

1) 仏国寺・吐含山

●仏国寺

　仏国寺は慶州からおよそ14km、吐含山(海抜 745m)の中腹にあります。名勝第1号に指定されている仏国寺は、新羅第23代法興王15年(AD528年)、王の母君延宰夫人の発願により創建されたものだが、それから200余年後、第35代景徳王10年(AD751年)、国家の安寧と父母の長寿を神仏に願掛けるつもりで、寺造りを思い立った当時の宰相であり、建築家であり、有名な彫刻家でもあった金大城公によってであります。

　仏国寺は壮麗にして精巧な新羅仏教芸術の最高峰です。

　世界文化遺産である仏国寺は535年に創建され、200年後の最盛期には現在の10倍のスケールにまで拡大されましたが、壬辰の乱で焼かれ今の建物はその後再修復されたもの

① 신라의 고도, 경주

경주는 신라왕조의 왕도로서, BC 57년 박혁거세 왕이 나라를 세우고, AD 935년 제
56대 경순왕이 나라를 닫을 때까지, 992년간에 걸친 신라 천년 역사의 근거지이자 신
라정신의 발상지라고 할 수 있습니다.

기원전 57년부터 서력 935년 고려에 정권을 넘겨줄 때까지 신라 왕조의 수도로서 번
영했습니다만, 지금은 인구 29만의 조용한 지방도시입니다. 당시의 자취는 시내는 물
론 교외에도 많이 남아 있고, 현재도 발굴 작업이 이어지고 있습니다. 역사나 미술에
관심이 있는 분이라면 며칠간을 머물러도 싫증나지 않는 곳이겠지요. 나라와는 자매도
시이기도 합니다.

어휘정리

飽(あ)きない : 질리지 않다, 물리지 않다

② 경주의 주요 관광지

1) 불국사 · 토함산

● 불국사

불국사는 경주에서 약 14km, 토함산(해발 745m)의 중턱에 있습니다. 명승 제1호로
지정되어 있는 불국사는, 신라 제23대 법흥왕 15년(AD 528년) 왕의 어머니인 연재부
인의 발원으로 창건되었지만, 200여 년 후 제35대 경덕왕 10년(AD 751년), 국가의 안
녕과 부모님의 장수를 부처님께 기원하기 위해 사찰조성을 생각하고 있던 당시의 재
상이며, 건축가이자, 유명한 조각이기도 했던 김 대성 공에 의해서입니다.

불국사는 장려하고 정교한 신라 불교예술의 최고봉입니다.

세계 문화유산인 불국사는 535년에 창건되어 200년 후인 전성기에는 지금의 10배의
규모로까지 확대되었지만, 임진왜란으로 불타 지금의 건물은 그후 복원된 것입니다.

어휘정리

願掛(がんか)け : 신불에게 발원함

［佛國寺］

です。石造部分だけは当時のままで、新羅文化の完成度の高さを伝えています。

　紫霞門と安養門と名付けられた門にはそれぞれ2つの石橋が架けられ、その均整のとれた姿や石造技術の精巧さは、1,500年近くたってもなお美しさが際立ちます。また回廊に囲まれた大雄殿は、鮮やかな丹青で細密に彩色され、釈迦牟尼仏を安置した内部の装飾も見事です。木造のように優美な多宝塔と男性的な釈迦塔、極楽殿の阿弥陀仏、毘盧殿の毘盧舎那仏など、数多くの宝物に目を奪われ、時の経つのも忘れてしまうでしょう。

●吐含山

　仏国寺は吐含山(745m)の麓に建てられましたが、吐含山は古くから霊山と呼ばれ昔の人達は吐含山に棚引く雲の様子を見て明日の天気を占ったと伝えられております。

2) 青雲橋と白雲橋

　国宝第23号。下の方にあるのが青雲橋で、上の方にあるのは白雲橋です。上下の石段二つがみな中央を境として左右に分かれていて、石の欄干は損われ石柱だけが残っています。青雲橋を登りつめたところに紫霞門であり、大雄殿はその奥の方にあります。

　仏国寺は高く二段に積みあげた石壇の上に建てられ、石壇は自然石の乱石積みではなく花崗岩の方形の切石を柱と梁を縦横に組みあげたすばらしい石壇で、東側と西側に石の階段が造られてあります。大雄殿に通ずる東側にある階段は白雲橋、青雲橋と呼ばれます。33段と18段の階段をあがると平面の踊り場があり、更に16段をあがると紫霞門に至ります。踊り場の下がアーチ形の通路になっております。この二つの橋は、それぞれ青い雲の層と白い雲の層を象徴しております。

석조 부분만큼은 당시의 그대로이고 신라문화의 완성도 높음을 전해 주고 있습니다.

자하문과 안양문으로 이름붙여진 문에는 각각 2개씩의 돌다리가 걸려 있고 그 균형 잡힌 모습과 석조기술의 정교함은 1,500년이 지났어도 여전히 아름다움이 두드러집니다. 또 회랑에 둘러싸인 대웅전은 선명한 단청으로 세밀하게 채색되어 있고, 석가모니불을 모신 내부의 장식도 훌륭합니다. 목조처럼 우미한 다보탑과 남성적인 석가탑, 극락전의 아미타불, 비로전의 비로자나불 등, 수많은 보물에 눈길을 빼앗겨 시간 가는 줄을 잊고 맙니다.

● 토함산

불국사는 토함산(745m)의 기슭에 세워진 것이지만, 토함산은 옛날부터 영산으로 불려 옛사람들은 토함산에 걸리는 구름의 모습을 보고 내일의 날씨를 점쳤다고 전해집니다.

어휘정리

均整(きんせい) : 균형

目(め)を奪(うば)う : 눈길·시선을 사로잡다

棚引(たなび)く : 구름·안개가 가로 길게 뻗치다

占(うらな)う : 점치다

2) 청운교와 백운교

국보 제23호. 아래쪽의 것이 청운교이고, 위쪽에 있는 것이 백운교입니다. 상하의 돌계단 2개가 모두 중앙을 경계로 하여 좌우로 나뉘어 있고, 돌난간은 손상되어 돌기둥만이 남아 있습니다. 백운교를 다 오르면 자하문이고 대웅전은 그 안쪽에 있습니다.

불국사는 높게 2단으로 쌓아올려진 석축 위에 세워져 있고, 석축은 자연석을 난석 쌓기로 쌓은 것이 아니고, 화강암을 방형으로 깍아 기둥과 들보를 종횡으로 짜맞춘 훌륭한 석축으로 동측과 서측에 돌계단이 조성되어 있습니다. 대웅전으로 통하는 동쪽에 있는 계단은 백운교, 청운교라고 불리웁니다. 33단과 18단의 계단을 오르면 평면의 층계참이 있고 다시 16단을 오르면 자하문에 이릅니다. 이 두 개의 다리는 각각 푸른 구름과 흰 구름의 층을 상징합니다.

　　紫霞門は仏様から発する色が紫色ですので、仏様の国へ入る事を象徴しております。
この橋の上が仏の国で、紫霞門の下は俗世を象徴しております。

3) 多宝塔と釈迦塔

　　紫霞門を入りますとつきあたりに大雄殿があり、大雄殿の前には石灯(光明台)と奉炉

［釋迦塔］

台があり右に多宝塔と左に釈迦塔が立っています。こ
の二本の塔は8世紀の中頃の造りで釈迦塔はお釈迦様
の定住説法の相を象徴し、多宝塔はお釈迦様が説法す
る真理を讃え証明する多宝如来を象徴しております。

　　それで多宝塔を多宝如来常住証明の塔といい、釈迦
塔を釈迦如来常住説法の塔といいます。

　　多宝塔は硬い石材をあたかも木材のようにやわらか
く変化をもたらしたすぐれた彫刻技術の結晶で、他に
類例のない統一新羅の仏教文化の傑作であります。

　　左側の釈迦塔は一名無影塔とも呼ばれ、創建当時か
らの悲しい物語りがあります。方形三層石塔で、階段
状の庇は軽く反りあがり簡潔で、しかも安定感のある優雅な塔であります。

　　1966年塔の解体修理中二段目の塔身から舎利蔵置と木板印刷本の陀羅尼経が発見され
ました。舎利は精巧な青いガラス瓶の中に安置され、絹に包まれたお香や玉と共に発見
されました。ここで発見された木板印刷陀羅尼経は751年に造られた世界で最も古い物だ
といわれております。

자하문은 부처님으로부터 나오는 색이 보라색이기 때문에 부처님의 나라에 들어온 것을 상징하고 있습니다. 이 다리 위가 불국토이고 자하문의 아래는 속세를 상징하고 있습니다.

어휘정리

通(つう)ずる : 통하다, 다니다
踊(おど)り場(ば) : 무도장, (계단의) 층계참

3) 다보탑과 석가탑

자하문을 들어서면 맞은편에 대웅전이 있고 대웅전 앞에는 석등(광명대)과 봉로대가 있으며, 오른쪽에 다보탑이 왼쪽에 석가탑이 서 있습니다. 이 두 개의 탑은 8세기 중엽에 만들어진 것으로, 석가탑은 석가모니불의 정주설법의 상을 상징하며, 다보탑은 석가모니불이 설법하는 진리를 찬탄 증명하는 다보여래를 상징하고 있습니다.

그래서 다보탑을 다보여래 상주증명의 탑이라고 하며, 석가탑을 석가여래 상주설법의 탑이라고 말합니다.

다보탑은 단단한 석재를 마치 목재인 것처럼 부드럽게 변화를 준 뛰어난 조각 기술의 결정으로 다른 유례가 없는 통일신라의 불교문화의 걸작입니다.

왼쪽의 석가탑은 일명 무영탑이라고도 불리며, 창건 당시의 슬픈 이야기가 있습니다. 방형삼층석탑으로 계단상의 옥개석은 약간 치켜올라가 간결하면서도 안정감 있는 우아한 탑입니다.

1966년 탑의 해체 수리 중에 2단부의 탑신에서 사리장치와 목판인쇄본인 다라니경이 발견되었습니다. 사리는 정교한 푸른 유리병에 안치되어 있고, 비단에 싸인 향과 옥과 함께 발견되었습니다. 여기서 발견된 목판인쇄 다라니경은 751년에 만들어진 세계에서 가장 오래된 것이라고 합니다.

어휘정리

つきあたり : 막다른 곳
讃(たた)える : 칭찬하다, 칭송하다, 기리다
もたらす : 초래하다, 불러오다, 가져오다
庇(ひさし) : 차양　　　　　　　　反(そ)る : 휘다, 젖혀지다, 뒤다

●多宝塔(影塔)

多宝塔は仏国寺大雄殿境内(けいだい)の東側にたたずんでいる純白の花崗岩の石塔です。1593年のいわゆる壬辰の乱にも戦火をまぬかれ、今なお原形をとどめてはいますが、1925年一度補修したことがあります。

[多寶塔]

多宝塔の特色と優秀性は、軽快でありながらも壮麗、複雑でありながらも統一を失わず、しかもそのスタイルなり構造が言いようのないほど深奥優麗(ゆうれい)であるうえに各層の変化に春夏秋冬四季の特色を織(お)り込(こ)ませているところにあります。

まさしく新羅統一時代が残した傑作(けっさく)と言うほかなく、ほかに「有影塔」という名があります。

●多宝塔と釈迦塔にからまる伝説

仏国寺を建てるにあたって、国では広く触(ふ)れを出(だ)し、優秀(ゆうしゅう)な大工(だいく)や石工(いしく)を募集(ぼしゅう)しました。触れを聞いて我(われ)こそはと思う優れた大工や石工が集まって来ました。その中には、遠く百済の国から招聘(しょうへい)されて来た阿斯達という名工がいました。礼を尽(つく)した招聘とあっては応(おう)じざるを得(え)なかったのであります。阿斯達が国(くに)を立つとき、彼の妻、阿斯女は聞きました。

「阿年経(た)ったらおかえりになるの?」

「三年もあったら充分だろう。」

しかし、三年が六年になり、六年が十年になっても愛する夫は帰(かえ)ってこなかったのです。夫を待(ま)ち焦(こ)がれた阿斯女は夫を訪ねてははるばる慶州までおもむきました。工事場の入口にはきびしい検問所が設けられ、妻子といえども面会が許されなかったのです。

「王命です。塔を完成するまでは誰(だれ)も入れるわけには行きません。」

「塔は、いつ完成するのでしょうか?」

● 다보탑(영탑)

다보탑은 불국사 대웅전 경내의 동쪽에 서 있는 순백의 화강암 석탑입니다. 1593년 소위 임진왜란에도 전화를 모면하여 아직도 역시 원형을 간직하고 있습니다만은 1925년 한차례 보수한 적이 있습니다.

다보탑의 특색과 우수성은 경쾌하면서도 장려하고 복잡하면서도 통일을 잃지 않고 게다가 스타일이라든지 구조가 이루 말할 수 없을 만큼 심오유려한 데다가 각 층의 변화에 춘하추동 사계절의 특색을 새겨 넣었다는 점입니다.

정말이지 통일신라시대가 남긴 걸작이라고 말할 수 있고 달리 '유영탑'이라는 이름이 있습니다.

어휘정리

● 다보탑과 석가탑에 얽힌 전설

불국사를 세울 적에 온 나라에 포고를 내어 우수한 목수와 석공을 모집했습니다. 방을 본 내노라 하는 뛰어난 목수와 석공이 모였습니다. 그중에는 멀리 백제 땅에서 초빙되어 온 아사달이라는 석공이 있었습니다. 예를 다한 초빙에는 응하지 않을 수가 없었습니다. 아사달이 고향을 떠날 때 그의 아내 아사녀가 물었습니다.

"몇 년 지나면 돌아오시나요?"

"삼 년이면 충분할거야."

그러나 삼 년이 육 년이 되고 육 년이 십 년이 되어도 사랑하는 남편은 돌아오지 않았습니다. 남편을 기다리다 지친 아사녀는 남편을 찾아 멀리 경주를 향하여 길을 떠났습니다. 공사장 입구에는 삼엄한 검문소가 설치되고 처자라 할지라도 면회가 허락되지 않았습니다.

"왕명입니다. 탑을 완성할 때까지는 누구도 들어갈 수가 없습니다."

"탑은 언제 완성되나요?"

「そうだな、わしもよくわからんのでな。」

しかし、親切そうな役人は池の方を指差しながら、塔が完成すればその影が一番先に池の水に映るだろうから、そこへ行って待つがよいと、教えてくれました。それから数年。池のほとりには雨の日も雪の日も阿斯女の見られない日がなかったのです。

そしてある日、突然、多宝塔の影が池に映りました。ばかりか、多宝塔の前にたたずむ愛する夫のすがたも……。

「ああ、あなた!」

が、その時すでに阿斯女は水に映った影とは知らず、池に身を投じていました。

一方、阿斯達は役人から妻のことを聞きつけ、池までかけつけてみると、そこには……。

阿斯達は変り果てた妻の水死体をかい抱いて悲し泣きに泣くばかりでした。それ以来、人々は多宝塔を影塔、釈迦塔を無影塔、池を影池と呼ぶようになりました。影池のそばにある石仏坐像は、愛する妻の冥福を祈るたの、阿斯達が降りしきるなみだを拭いつつ、のみを揮って彫りつけた仏像であるとのことでありますが、悲嘆の中の作であるせいか、生気に乏しいところがあります。

当時は、この石仏を中心にして影寺という名の寺があったそうですが、矢われて今はありません。

"글쎄요. 저도 잘 모르겠는데요."

그러나 친절한 듯한 관리는 연못 쪽을 가리키면서 탑이 완성되면 그 그림자가 가장 먼저 연못 물에 비칠 테니까 거기에 가서 기다리면 좋을거요 하고 가르쳐 주었습니다. 그로부터 수년. 연못가에는 비가 오는 날이나 눈이 오는 날에도 아사녀를 볼 수 없는 날이 없었습니다.

그러던 어느날 갑자기 다보탑의 그림자가 연못에 비쳤습니다. 뿐만 아니라 다보탑 앞에 서 있는 사랑하는 남편의 모습도…….

"아아, 여보!"

하지만 그때 이미 아사녀는 물에 비친 그림자라는 것을 잊고서 연못에 몸을 던졌습니다.

한편 아사달은 관리로부터 아내에 대한 얘기를 듣고 연못까지 달려가 보았는데 거기에는…….

아사달은 변할 때로 변해 버린 아내의 주검을 끌어안고 슬프게 울고 또 울 뿐이었습니다. 그로부터 사람들은 다보탑을 영탑, 석가탑을 무영탑 연못을 영지라고 부르게 되었습니다. 영지 옆에 있는 석불 좌상은 사랑하는 아내의 명복을 기원하기 위해 아사달이 흘러내리는 눈물을 닦아가며 끌을 쪼아 새긴 불상이라고 하는데 비탄 속에서 만든 탓인지 생기가 부족합니다.

당시에는 이 석불을 중심으로 영사라고 하는 절이 있었다고 하는데 지금은 없습니다.

어휘정리

からまる : 얽히다, 휘감기다

触(ふ)れを出(だ)す : 포고, 방을 내다

招聘(しょうへい) : 초빙　　*招聘に応(おう)ずる: 초빙에 응하다

尽(つく)す : 다하다, 끝까지 하다

待(ま)ち焦(こ)がれる : 애타게 기다리다

映(うつ)る : 비치다

変(かわ)り果(は)てる : 아주 변해 버리다, 몹시 변하다

のみを揮(ふる)う : 끌질을 하다

乏(とぼ)しい : 모자라다, 빈약하다, 결핍하다, 가난하다

4) 無説殿・観音殿・毘盧殿・極楽殿

● 無説殿

　大雄殿の境内には東西に廻廊がめぐらされ裏には仏様のお説法を説く講堂の名前が無説殿と名付けてあります。

　中国の南北朝時代の梁の武帝と達磨大師との故事から由来します。達磨大師が梁の国に訪ねて来た時、武帝は大師を手厚くもてなして仏教について色々な質問をしたが大師は無言で来て無言のままで帰ったのです。

　仏様の教えは聞くだけでなくその真理を悟らなければならないので無説とつけてあります。

　仏教は仏像を造ったり大きな寺を建てたりするのではなく参禅により自分自身が仏になる事であるのを表わしたものと言われております。

● 観音殿

　無説殿の裏の東側の階段をあがれば観音殿にいたります。観音様は人間のあらゆる苦悩や苦痛を救ってくださるし、世の中のあらゆる衆生の与望に応じ三十三種の姿であらわれて救ってくださるといいます。これを三十三応現神(又は応化身)ともいいますが、これは何も三十三相ではなく多い事を意味しております。このような役割のため、観音は時代と場所を問わず不変の信仰の対象となっております。

4) 무설전 · 관음전 · 비로전 · 극락전

● 무설전

대웅전의 경내에는 동서로 회랑이 둘러쳐져 있고 뒤쪽에는 부처님의 설법을 설명하는 강당에 이름이 무설전이라고 이름 붙여져 있습니다.

중국의 남북조시대의 양나라의 무제와 달마대사와의 고사에서 유래합니다. 달마대사가 양나라를 방문했을 때 무재는 대사를 융숭하게 대접하고 불교에 대해서 여러가지 질문을 했지만 대사는 무언으로 와서 무언인 채로 돌아갔습니다.

부처님의 가르침은 듣는 것이 아니고 그 진리를 깨닫지 않으면 안되기 때문에 무설이라고 붙여졌습니다.

불교는 불상을 만들거나 커다란 절을 짓거나 하는 것이 아니고 참선에 의해 자기 자신이 부처가 되는 일이라는 것을 나타낸 것이라고 말해지고 있습니다.

어휘정리

手厚(てあつ)い : 융숭하다, 극진하다

もてなす : 대접하다, 대우하다, 환대하다

参禅(さんぜん) : 참선

● 관음전

무설전 뒤 동쪽 계단을 올라가면 관음전에 다다릅니다. 관세음보살은 인간의 모든 고뇌나 고통을 구제해 주시고 세상의 모든 중생의 소망에 부응하여 33종의 모습으로 나타나셔서 구원해 주신다고 합니다. 이것을 33응현심(또는 응화심)이라고도 합니다만 이것은 꼭 33상이 아니라 많다는 것을 의미하고 있습니다. 이와 같은 역할 때문에 관세음보살은 시대와 장소를 불문하고 불변의 신앙의 대상이 되고 있습니다.

어휘정리

救(すく)う : 구제하다, 구원하다

与望(よぼう) : 여망, 세상의 신뢰, 기대, 중앙

● 毘盧殿

　観音殿の西側の階段をおりた所に毘盧殿があります。毘盧殿には毘盧遮那仏が奉安されてあります。日本では大日如来と呼んでおります。太陽の光のように仏の説法した真理が宇宙にあまねく照らされる事を形象化したのが毘盧遮那仏で、お耳が非常に長く手印は知拳印で、胸まであげた左手の拳のうち人指し指だけをたてて、右手でつかんでいます。左手は衆生を意味し、右手は仏界をあらわし、仏も衆生も二つでないという一元論的真理をあらわしております。

　毘盧遮那仏の意は光をあらわします。暗さをあかるく、すべての仏の本体で根源の真理、すべての如来を統一する仏です。

● 極楽殿

　毘盧殿からおりて無説殿の西側の階段(3列48段)を降りた所に西方極楽浄土の阿弥陀経の世界があります。極楽殿には阿弥陀如来坐像が奉安されております。阿弥陀仏はあらゆる衆生を済度して西方極楽浄土に往生させる仏様であります。

［極樂殿］

　もうひとつ極楽殿に入るには蓮華橋と七宝橋をあがって安養門を通って極楽殿へいたります。

　阿弥陀仏という意味は印度のサンスクリット語のアミタバからの由来で無量なる光、又は無量の命という意味で無量寿仏、又は無量光仏ともよんでおります。

　仏教の教理を知り実践すれば一日または48日目に極楽世界に往生するといいます。大雄殿に行く石段は48段になっています。

●비로전

관음전 서쪽 계단을 내려간 곳에 비로전이 있습니다. 비로전에는 비로자나불이 봉안되어 있습니다. 일본에서는 대일여래라고 부르고 있습니다. 태양빛처럼 부처님이 설법한 진리가 우주에 골고루 비치는 것을 형상화한 것이 비로자나불이고, 귀가 매우 길고 수인은 지권인으로, 가슴까지 올린 왼손의 주먹 중 검지손가락만을 세우고, 그것을 오른손으로 쥐고 있습니다. 왼손은 중생을 의미하고 오른손은 불계를 나타내며 부처도 중생도 둘이 아니라는 일원론적 진리를 표현하고 있습니다.

비로자나불의 의미는 빛을 나타냅니다. 어두운 것을 밝게, 모든 부처의 본체이고 근원의 진리, 모든 여래를 통일하는 부처님입니다.

어휘정리

毘盧遮那仏(びるしゃなぶつ) : 비로자나불

衆生(しゅじょう) : 중생

●극락전

비로전에서 내려와 무설전의 서쪽 계단(3열 48단)을 내려간 곳에 서방극락정토의 아미타경의 세계가 있습니다. 극락전에는 아미타여래 좌상이 봉안되어져 있습니다. 아미타불은 모든 중생을 제도하여 서방극락정토에 왕생시키는 부처님입니다.

또 하나 극락전에 들어가는 길은 연화교와 칠보교를 올라와서 안양문을 통해 극락전에 이릅니다.

아미타불이라는 뜻은 인도의 산스크리트어의 아미타바에서 유래된 말로 무량한 빛 또는 무량한 생명이라는 의미로 무량수불 또는 무량광불이라고도 하고 있습니다.

불교의 교리를 알고 실천하면 하루 또는 48일째에 극락 세계에 왕생한다고 합니다. 대웅전으로 가는 계단은 48단으로 되어 있습니다.

어휘정리

極楽浄土(ごくらくじょうど) : 극락정토

阿弥陀如来(あみだにょらい) : 아미타여래

往生(おうじょう) : 왕생

5) 古墳公園・天馬図

●古墳公園

[古墳公園]

広大な敷地に緑の美しい半圓形がずらりと並んでいます。

12,000点もの副葬品が発見された天馬冢を始め、7基の巨大な新羅王陵を中心に23基の古墳群を整備した公園です。

石垣に囲まれた敷地は15万m²を超え、松林の間の道を行くと、芝に覆われた半円形が被打つように並んでいます。内部が見学できるのは天馬冢で、古墳の構造が良くわかるので、百済時代の王陵と比べてみましょう。出土品は国立慶州博物館に展示されています。

●天馬図

1973年8月に、彩色の色も鮮やかな天馬の絵が、慶州市皇南洞第155号古墳(4〜5世紀)から出土されました。これは新羅芸術のもう一つの驚異であり、誇りであると言えるでしょう。

いくえにも囲まれた遺物の間に、1,500余年もの間、土とともに埋まれていて、ついには日の目を見るに至った天馬図障泥の二点。この生々しい彩色画は韓国最古の絵画としてでも、または新羅美術史を究明する貴重な資料としてでも、これと同時に出土を見た金冠に勝るとも劣らざる価値をもつものと思われます。

天馬図は白樺の木の皮に赤・黄・土・黒・白の五色の顔料でもって画き、その周囲を宝相華形忍冬紋でもって取り囲んでいますが、この天馬図をもってしても、新羅文化の水準がいかに高かったがをうかがい知ることができましょう。

最近発掘された慶州の天馬冢は、内部を古墳博物館にしつらえており、一般のにオープンしております。まさに、トロイやミケーネの「黄金の地下秘宝」に劣らぬ夥しい遺物が発掘当時を再現したレイアウトのなかに、ひっそり息づいておるのでございます。ちなみに、天馬冢の名は、この古墳(155号墳)から出土された天駆ける白馬、すなわち

5) 고분공원·천마도

● 고분공원

광대한 부지에 녹색의 아름다운 반원형 무덤들이 즐비해 있습니다.

12,000점이나 되는 부장품이 발견된 천마총을 비롯하여 7기의 거대한 신라왕릉을 중심으로 23기의 고분군을 정비한 공원입니다.

돌담으로 둘러친 부지는 15만㎡가 넘고, 소나무 숲 사이길을 지나면 잔디에 덮힌 반원형의 무덤들이 물결치듯 이어져 있습니다. 내부를 견학할 수 있는 것은 천마총으로, 고분의 구조를 잘 알 수 있으므로 백제의 왕릉과 비교해 봅시다. 출토품은 국립경주박물관에 전시되어 있습니다.

어휘정리

● 천마도

1973년 8월에 채색 찬란한 천마의 그림이 경주시 황남동 제155호 고분(4∼5세기)으로부터 출토되었습니다. 이것은 신라 예술의 또 하나의 경이이고 자랑이라고 할 수 있겠지요.

몇 겹으로 감싸진 유물 사이에서 1,500여년간 흙 속에 묻혀 있다 마침내 햇빛을 보게 된 천마도 2점. 이 생생한 채색화는 한국 최고의 회화로서도, 신라 미술사를 규명하는 최고의 자료로서도, 이것과 함께 동시에 출토된 금관에 비해서도 조금도 뒤지지 않는 가치를 지니고 있다고 생각됩니다.

천마도는 자작나무의 껍질에 적·황·토·흑·백의 다섯 가지 색의 안료로 그리고, 그 주위를 보상화형 인동문으로 둘러쳐져 있습니다만, 이 천마도로 신라문화의 수준이 얼마나 높았었는지를 엿볼 수가 있을 겁니다.

최근 발굴된 경주의 천마총은 내부를 고분박물관으로 꾸며놓고 일반인에게 공개하고 있습니다. 정말이지 트로이나 미케네의 '황금의 지하 보물'에 뒤떨어지지 않을 엄청난 유물이 발굴 당시를 재현한 레이아웃 속에서 조용히 숨쉬고 있습니다. 더 나아가 천마총의 이름은 이 고분(155호분)으로부터 출토된 하늘을 나는 백마, 즉 장니라고 하

天馬図の障泥、これは泥よけの馬具でが、この天馬図にちなむものでございます。

［天馬塚　天馬圖］

天馬塚は22代智証王(AD500〜514)の陵と
みえます。

・鶏の卵の出土→中国ではBC1400年に既に
　鶏を飼っていたとされ韓国でもその
　後2〜3百年後には飼育したと推測さ
　れます。新羅の人の食生活がわか
　り、生産性のある霊力 復活を意味し
呪力があり、卵を神秘視する信仰があったことがわかります。
　高句麗の朱蒙、新羅の赫居世、脱解鄒智、伽倻の首露は卵生であります。
　新羅の始祖赫居世の誕生説話にも白馬が昇天した所に卵があり、その中か
ら赫居世が誕生します。天馬思想はベビロニア、キリシャ、印度、中国の古代
神話と文献にも見られるが天馬とは太陽神の車を引いたり天を飛ぶ馬で、昔の
詩と歌の主題にも多く、馬は古代神話では東西にも共通性がありました。
・鐙子→初めは馬の左側にだけあった単鐙子だったが両鐙子に変わりました。
・障泥→2点が重なって出土されたが、馬の障泥に実際に使われたというよりは、絵の
　馬の方向が同じものであることから新しく製作され副葬されたものと見えま
　す。この彩画障泥は新羅の絵畫資料として最古で独歩的なことだけでなく
　唯一的な 存在であります。
・曲玉→韓国で使用された時期はBC5〜6世紀であるが流行したのはAD4〜7世紀であり
　ます。新羅王達の王冠、腰帯などにある曲玉は新羅王様達の司祭的機能を現わ
　します。生命力を表わし多くの人に生命をあたえ、また守ると信んじられ(王冠
　の)神樹に生命の実がみのっているとみました。

는 진흙받이 마구에 그려진 그림에서 유래한 것입니다.

천마총은 제22대 지증왕(AD 500~514)의 능으로 보입니다.

- **계란의 출토** → 계란이 출토. 중국에서는 BC 1400년에 이미 닭을 사육하고 있었
  다고 하며, 한국에서도 그로부터 이삼백 년 후에는 사육했다고 추측되고
  있습니다. 신라인의 식생활을 알 수 있고, 생산성 있는 영력부활을 의미
  하고 주술력이 있는 달걀을 신비시하는 신앙이 있었다는 것을 알 수 있
  습니다.
    고구려의 주몽, 신라의 혁거세, 탈해 알지, 가야의 수로는 난생입니다.
    신라의 시조 혁거세의 탄생 설화에도 백마가 승천한 곳에 알이 있고,
  그 속에서 혁거세가 탄생합니다. 천마사상은 바빌로니아, 그리스, 인도,
  중국의 고대신화와 문헌에도 볼 수 있지만 천마라는 것은 태양신의 수레
  를 끌거나 하늘을 나는 말로서, 옛날 시와 노래의 주제에도 많이 등장하
  고 말은 고대신화에서는 동서에도 공통성이 있었습니다.
- **등자** → 처음에는 말의 왼쪽에만 있었던 단등자였지만 양등자로 바뀌었습니다.
- **장니** → 2점이 함께 출토되었는데, 말의 장니로 실제 사용되었던 것이 아니고, 그
  림의 말의 방향이 같기 때문에 새롭게 제작되어 부장된 것으로 보입니다.
  이 채화장니는 신라의 회화자료로서 최고이자 독보적인 것일뿐만 아니라
  유일한 존재입니다.
- **곡옥** → 한국에서 사용된 시기는 BC 5~6세기이지만 유행했던 것은 AD 4~7세기
  입니다. 신라왕들의 왕관, 요대 등에 있는 곡옥은 신라왕들의 사제적 기
  능을 알 수 있습니다. 생명력을 나타내고 많은 사람에게 생명을 주고 또
  지킨다고 믿어지는 (왕관의) 신수에 생명의 열매가 열려 있는 것으로 보
  았습니다.

어휘정리

鮮(あざ)やかだ : 선명하다, 또렷하다, 산뜻하다	生々(なまなま)しい : 생생하다, 새롭다
勝(まさ)るとも劣(おと)らざる : 앞서면 앞섰지 뒤떨어지지 않는	
取(と)り囲(かこ)む : 둘러싸다, 포위하다	しつらえる : 설비하다, 마련하다
息(いき)づく : 헐떡이다, 한숨 쉬다, 탄식하다	ちなみに : 덧붙여서, 이와 관련하여
ちなむ : 인연[연관]짓다	鐙子(あぶみ) : 등자
みの(実)る : 열매 맺다, 결실하다	

6) 石窟庵

新羅景徳王10年(AD751)、当時の宰相金大城公は、自然の巨岩を背景にここに石仏寺を

[石窟庵]

建てると同時に、その附属石窟として、石窟庵を建造しました。

　石窟の構造は、印度や中国のそれを模倣したということであるが、印度や中国のそれのように、自然の岩石を穿ってつくられたものでなく、花崗石の石片を一つ一つ積みあげてゆき、まさも自然石を穿ってつくったかのごとく見せた、全く新しい手法による石窟であります。

　　純白で崇高な表情のお釈迦様。

　751年に新羅35代の景徳王時代の宰相金大成が両親のために創建した仏教美術史上最高の傑作と言われる釈迦如来坐像が光を放っています。花崗岩を丸彫りにした高さ3.26mのお釈迦様を囲んで、四方の壁には十一面観音や金剛力士、四天王などのレリーフがあり、ガラス越しにしか見られませんが、世界文化遺産の素晴しさと荘厳な雰囲気に満ちています。3kmある参道も自然が美しいので歩くのもいいです。

　石窟庵は韓国芸術のある一つの特異な性質を発見することができます。真実的で古典的で理想的な自然主義それでありながら親しみ深く謙遜な姿態の表現。中国と日本の間にある韓国の芸術を自ら国民性に合うよう同化し東洋の最高の水準にまで引きあげました。

●石窟庵から望む東海の日の出

　吐含山の石窟庵から望む東海の日の出は、見落としてはならないもう一つの石窟庵の、大切な見所であります。

　はるか東海の波間から朝日が昇りはじめると、石窟庵の本尊釈迦如来坐像のかんばせは、突然、血が通い出したでもしたように、最初はとき色、次は真紅の色、そして最後は純白の色にと、刻一刻 光彩を新たにしながら燦然と照り映えます。

6) 석굴암

신라 경덕왕 10년(AD 751) 당시의 재상 김대성 공은 자연의 거암을 배경으로 여기에 석굴사를 세움과 동시에 그 부속 석굴로서 석굴암을 건조했습니다.

석굴의 구조는 인도나 중국의 그것을 모방했다고 하는데 인도나 중국의 것처럼 자연의 암석을 파서 만든 것이 아니고, 화강석의 석편을 하나씩 하나씩 쌓아올려가 흡사 자연석을 파서 만든 것처럼 보이게 한 전혀 새로운 수법에 의한 석굴입니다.

순백의 숭고한 표정의 석가모니 부처님.

751년에 신라 35대 경덕왕 때의 재상 김대성이 양친을 위하여 창건한 불교미술 사상 최고의 걸작이라고 말해지는 석가여래좌상이 빛을 발하고 있습니다. 화강암을 통째로 조각한 높이 3.26m의 석가모니 부처님을 에워싸고 사방의 벽에는 11면 관세음보살과 금강역사, 사천왕 등의 부조가 있고, 유리 너머로밖에 볼 수가 없습니다만 세계 문화유산의 훌륭함과 장엄한 분위기에 넘치고 있습니다. 3km인 참배길도 자연이 아름다우므로 걷는 것도 좋습니다.

석굴암에서는 한국 예술의 어떤 하나의 특이한 성질을 발견할 수가 있습니다. 진실하고 고전적이며 이상적인 자연주의, 그러면서도 친근감 깊게 겸손한 자세의 표현. 중국과 일본의 사이에 있는 한국의 예술을 스스로의 국민성에 맞춰 동화하여 동양 최고의 수준으로까지 끌어올렸습니다.

어휘정리

穿(うが)つ ： 뚫다, 파고들다, 꿰뚫다	釈迦如来座像(しゃかにょらいざぞう) ： 석가여래좌상
放(はな)つ ： 놓다, 내쫓다, 발하다	観音(かんのん) ： 관세음보살
金剛力士(こんごうりきし) ： 금강역사	四天王(してんのう) ： 사천왕

●석굴암에서 바라본 동해의 일출

토함산의 석굴암으로부터 바라본 동해의 일출은 빠뜨릴 수 없는 또 하나의 석굴암의 중요한 볼거리입니다.

멀리 동해의 파도 사이로 아침해가 뜨기 시작하면 석굴암의 본존석가여래좌상의 얼굴은 돌연 피가 돌기라도 한 것처럼 처음에는 연분홍빛, 다음에는 진홍빛, 그리고 마지막은 순백으로 시시각각 광채를 달리하면서 찬연히 빛납니다.

　日の出の最も鮮明な季節は11月中旬頃ですが、特にこの時、東海を望み結跏趺坐した
釈迦如来のかんばせに描き出される柔和なほほえみは、衆生を済度する慈悲そのものと
言っていいでしょう。

［石窟庵에서 바라본 東海 日出］

7) 瞻星台・芬皇寺・石氷庫・五陵

●瞻星台

　東洋最古の天文台です。

［瞻星臺］

　新羅第27代善徳女王16年(AD647)に築造されたもの
で、一目見たところでは芸術美をさがしもとめにくい
ように見られますが、素朴な中にも整然たる技芸をう
かがい得るのと一年をあらわす360個あまりの石をもっ
て積みあげたという点、中ほどはやや細く下の方と上
の方とがやや厚みに出来てはいるが、それなりに全体
の均整がよくとれている点などが特色です。
　底の水鏡と窓からの光などで天文観測を行い、星占
いで国事や農事などを決めたと考えられています。
　井戸形の組物が八方位を示すことから子午線の標準
であった可能性もあります。東西南北の正確な位置をしることが出来ました。

일출이 가장 선명한 계절은 11월 중순 경입니다만 특히 이때 동해를 바라보며 결가
부좌한 석가여래의 얼굴에 그려지는 유화한 미소는 중생을 제도하는 자비 그것이라고
해도 좋을 것입니다.

어휘정리

7) 첨성대 · 분황사 · 석빙고 · 오릉

● 첨성대

동양 최고의 천문대입니다.

신라 제27대 선덕여왕 16년(AD 647)에 축조된 것으로 처음 보았을 때는 예술미를
찾기 어려운 것처럼 보입니다만, 소박한 속에서도 정연한 기예를 엿볼 수가 있습니다.
1년을 나타내는 360개 남짓의 돌로 쌓아올렸다는 점, 가운데쯤은 약간 가늘고 아래쪽
과 위쪽이 약간 두툼하게 만들어져 그 나름대로 전체적인 균형이 잘 잡혀 있다는 점
등이 특색이라고 할 수 있습니다.

바닥에 고인 물과 창으로 들어오는 빛 등으로 천문관측을 행하고 점성술로 국사나
농사일 등을 결정했다고 생각되고 있습니다.

우물정자형의 팔방위를 나타내는 것으로 보아 자오선의 표준이었을 가능성도 있습
니다. 동서남북의 정확한 위치를 알 수가 있습니다.

어휘정리

●芬皇寺

芬皇寺は、その昔新羅善徳女王3年(AD634)、はるか百済の国から、名ある建築家を招き、建てさせた寺ですが、その後引き続く災禍に焼き失われ、ひとり石塔だけが残っています。

［芬皇寺石塔］

この塔は、韓国の数多い塔のうち、最も歴史の古い塔で、本来は、9層からなる塔であったそうですが、壬辰の乱のとき、日本軍によってその大方が損われ、その後、復元を図ろうと手掛けをつけたある僧によってまた、残りが損われて、結局、三層しか残らないことに成ってしまいました。

方形の壇上に建てられた塔の初層の塔身は、幅6.5m、高さ2.6m、2層、3層と上に行くに従って、大きさと高さとが段段に減り、塔全体に安定感をあたえています。

初層の四方、入口には、右と左とに、浮き彫りの仁王像が立ちはだかるように立っており、壇上の四隅には、これまた、いかめしい顔の石獅子が、その大きい目を見開いて前方をにらんでいる。

この塔は、中国南北朝の、煉瓦をもとにした塔になぞらえて造られたとのことですが、煉瓦でない石材でもって、その感じを出そうとしたところに、新羅芸術の独自的な創造性がうかがわれます。

●石氷庫

新羅時代、冬の天然氷を貯えおいて、夏に用立てたという、いわば天然冷蔵庫といったもので、22代智証王6年(AD506)から使用されたといいますが、冬の寒気をもって夏の暑気をいやそうとした考えは、いかにも新羅人らしい思い付きであります。

底部に傾斜をもたせて排水溝をもうけています。天井には換気孔が3ヵ所あります。

● 분황사

　분황사는 그 옛날 선덕여왕 3년(AD 634)에 멀리 백제 땅에서 이름난 건축가를 초빙하여 세운 절이지만, 그후 계속하여 재화에 소실되어 홀로 석탑만이 남아 있습니다.

　이 탑은 한국의 수많은 탑 중에서 가장 역사가 깊은 탑으로 본래는 9층탑이었다고 합니다만, 임진란 때 일본군에 의해 대부분이 파손되고, 그 뒤에 복원을 하려고 손을 대었던 어느 승려에 의해 다시 나머지가 파손되어, 결국 3층밖엔 남아 있지 않은 결과가 되고 말았습니다.

　방형 기단 위에 세워진 1층의 탑신은 폭 6.5미터, 높이 2.6미터이고, 2층 3층으로 올라갈수록 크기와 높이가 점점 줄어 탑 전체에 안정감을 주고 있습니다.

　1층의 사방 입구에는 좌우로 부조의 인왕상이 앞을 가로막듯이 서 있고, 단 위의 네 구석에는 역시 엄숙한 표정의 돌사자가 그 커다란 눈을 부릅뜨고 전방을 노려보고 있습니다.

　이 탑은 중국남북조의 벽돌을 토대로 한 탑을 본떠 만들었다고 하는데 벽돌이 아닌 석재로 그 느낌을 내려고 한 점에서 신라 예술의 독자적 창조성을 엿볼 수 있습니다.

어휘정리

招(しょう)ずる : 청하다, 초대하다	損(そこな)う : 손상하다, 기회를 놓치다
浮(う)き彫(ぼ)り : 부조, 돌을새김	仁王像(におうぞう) : 인왕상, 사천왕상
立(た)ちはだかる : 가로막아 서다	なぞらえる : 비유하다, 비기다, 본뜨다

● 석빙고

　신라시대 겨울의 천연 얼음을 저장해 두었다가 여름에 사용했다고 하는 말하자면 천연냉장고로서 22대 지증왕 6년(AD 506)부터 사용되었다고 합니다만, 겨울의 한기로 여름의 서기를 이기려고 한 생각은 너무나도 신라인다운 발상인 것입니다.

　바닥에 경사를 두어 배수구를 설치했습니다. 천정에는 환기공이 3개소 있습니다.

어휘정리

貯(たくわ)える : 저장하다, 비축하다
用立(ようだ)てる : 유용하게 하다
いや(癒)す : 고치다, 치유하다, 달래다

●五陵

松林に囲まれて眠る新羅王朝の始祖たち。

［五陵］

新羅王朝の伝説の始祖である朴赫居世、その王妃と2、3、5代の王が葬られた古墳が5つ並んでいます。静寂（せいじゃく）に満ちた松林に囲まれ、見る角度によって数や形が変わります。

新羅王国の始祖王である朴赫居世居西干をはじめ、その后（きさき）の夫人、2代南解王、3代儒理王、5代婆娑王の5位をひとところに安置した王陵で、一名蛇陵ともいいます。

始祖王朴赫居世については次のような伝説があります。

ある日、六部の村長がひとところに会合（かいごう）し、六部を合して国をつくる相談をしました。ところが困ったことには、その資格がないことを楯（たて）に、誰も王位につこうとしなかったのです。その時、程遠からぬ蘿井という井戸のところで、馬のいななく声が聞えて来ました。不思議に思って駆けつけて見ると、馬は天の彼方（かなた）へと消え、瓢（ふくべ）の実ほどもある大きな卵がそこに転がっていました。

卵からは王のような男の子が出て来ました。村長たちは相談の末、この男の子を王にたてまつることに決めました。男の子には瓢の実ほどもある卵から生れたといって、「朴」という姓（かばね）があたえられました。男の子は13の年をおかえると共に、王位につきました。

8) 雁鴨池・鮑石亭

●雁鴨池

新羅の文武王が三国統一を記念して674年に造った離宮跡（りきゅうあと）です。今は当時の4分の1の規模の臨海殿と池を取り巻く庭園があるだけですが、国賓（こくひん）を接待（せったい）するなど外交や宴会（えんかい）などで華やいだ時代の雰囲気を備えています。庭園には珍しい草木（くさき）が植えられ、珍獣（ちんじゅう）や珍鳥（ちんちょう）も放たれ、池では舟を浮かべて風流（ふうりゅう）を楽しんだと言われています。

● 오릉

송림에 싸여 잠든 신라왕조의 시조들.

신라왕조의 전설의 시조인 박 혁거세, 그 왕비와 2, 3, 5대의 왕이 매장된 고분이 5기 나란히 있습니다. 정적 넘치는 소나무숲에 둘러싸여, 보는 각도에 따라 숫자와 형태가 달라집니다.

신라왕국의 시조왕인 박 혁거세 거서간을 비롯하여, 그 왕후인 알영부인, 2대 남해왕, 3대 유리왕, 5대 파사왕의 5위를 한곳에 안치한 왕릉으로, 일명 사릉이라고도 합니다.

시조왕인 박 혁거세에 대하여는 다음과 같은 전설이 있습니다.

어느날, 6부의 촌장이 한곳에 모여 6부를 통합해 나라를 만들기로 합의했습니다. 그런데 난처한 것은 각자 자격이 없다는 핑계로 누구도 왕위에 오르려고 하지 않았던 것입니다. 그때 그리 멀지 않은 나정이라는 우물가에서 말의 울음소리가 들려왔습니다. 이상히 여겨 달려가 보자 말은 하늘 저편으로 사라지고 박같이 커다란 알이 그곳에 구르고 있었습니다.

알에서는 왕과 같은 사내아이가 나왔습니다. 촌장들은 상의한 끝에 이 사내아이를 왕으로 모시기로 결정했습니다. 사내아이에게는 박같이 큰 알에서 태어났다고 해서 '박' 이라는 성씨를 붙였습니다. 사내아이는 13세가 됨과 동시에 왕위에 올랐습니다.

어휘정리

葬(ほうむ)る : 매장하다, 장사지내다	**静寂(せいじゃく)** : 정적
后(きさき) : 왕후, 왕비	**いななく** : (말이 높은 소리로) 울다
瓢(ふくべ) : 박	**たてまつ(奉)る** : 바치다, 헌상하다, 드리다

8) 안압지 · 포석정

● 안압지

신라의 문무왕이 삼국통일을 기념하여 674년에 조성한 이궁터입니다. 지금은 당시의 4분의 1 규모의 임해전과 연못을 둘러싼 정원이 있을 뿐이지만, 국빈을 접대하는 등 외교와 연회 등으로 번영했던 시대의 분위기를 엿볼 수 있습니다. 정원에는 진귀한 초목을 심고, 진귀한 짐승과 새들을 풀어놓고, 연못에는 배를 띄워 풍류를 즐겼다고 합니다.

●鮑石亭

統一新羅時代の文化遺跡であるここは、王が休養するために作った別宮の一部であったと伝えられています。現在では、盃を水に浮かせて互いに回しながら酒を飲んだという独特な模様の石造物だけがその当時の王の風趣を感じさせています。

[鮑石亭]

　鮑石というの流れに杯を浮べ、舞を舞わせ、詩歌を吟じるなどありとある風流を尽しましたが、新羅王のこの数寄なうたげもAD927年10月を最後にその幕を閉じました。

9) 武烈王陵・金庾信将軍の墓・文武大王海中陵

●武烈王陵

　慶州市の西南、仙桃山のふもとにある圓形墳です。この陵は、三国統一の基礎を固めた武烈王のもので、墓域内には国宝25号の太宗武烈王陵碑があります。

●金庾信将軍の墓

　金庾信将軍の墓は慶州市忠孝洞にあります。十二支像が浮き彫りにされています。12支は時間と方向の神。都をふせぐための新羅しかみられません。護石に取り囲まれた土墳で、護石は大きな石の板からなっていて、護石と護石との間はつがえ石でもって保護されていいます。

　規模が王陵に劣らず雄壮であり、墓の側にある碑は、朝鮮楽宗王16年(1678)に建てられたものでございます。

● 포석정

통일신라시대의 문화유적인 이곳은 왕이 휴양을 하기 위해 만든 별궁의 일부였다고 전해지고 있습니다. 현재에는, 술잔을 물에 띄워 서로 돌리며 술을 마셨다고 하는 독특한 모양의 석조물만이 당시의 왕의 풍류를 느끼게 하고 있습니다.

포석이라는 물에 술잔을 띄워 춤을 추게 하고 시가를 읊조리는 등 모든 풍류를 다했지만, 신라왕의 이런 풍류로운 연회도 AD 927년 10월을 마지막으로 그 막을 내리고 맙니다.

어휘정리

盃(さかずき) : 술잔
吟(ぎん)じる : (시가를) 읊조리다
数奇(すき)なうたげ : 풍류로운 잔치

9) 무열왕릉 · 김유신 장군의 묘 · 문무대왕 해중릉

● 무열왕릉

경주시 서남 선도산 기슭에 있는 원형분입니다. 이 능은 삼국통일의 기초를 다진 무열왕의 것으로 묘역 내에는 국보 25호인 태종무열왕릉비가 있습니다.

어휘정리

陵(みささぎ) : 능(＝御陵〈ごりょう〉)

● 김유신 장군의 묘

김유신 장군의 묘는 경주시 충효동에 있습니다. 12지상이 부조되어 있습니다. 12지는 시간과 방위의 신. 서울을 방어하기 위해 신라에서만 볼 수 있습니다. 호석에 둘러싸여 있는 토분으로 호석은 커다란 돌판으로 이루어져 있고, 호석과 호석 사이는 난간석으로 보호되고 있습니다.

규모가 왕릉에 뒤지지 않고 웅장하며 묘의 곁에 있는 비는 조선 숙종왕 16년(1678)에 세워진 것입니다.

　金庾信将軍は、駕洛国の首露王の十二世孫にあたり、新羅26代真平王17年(AD595)に生まれ、新羅太宗武烈王に仕え三国を統一、太大角干の地位にまでのぼりましたが、文武王13年(AD674)7月1日、世を去るや、齢が七九でありました。

　金庾信は武烈王の娘と結婚しました。

●文武大王海中陵

　新羅文武大王の水中陵で、東海に浮かぶ岩島(周囲200m)です。世界に例のないこの水中陵は、大王の、死後も東海で東海竜となり外敵の侵略を防ぐという遺言に従って作られたものです。

10) 慶州民俗工芸村

　仏国寺から普門湖へ向かう道筋に螺鈿細工の漆器　工房や灰黒色の新羅土器の工房を始め、仏画、民画、刺繍、金属工芸、紙工芸、竹細工など全部で10の工芸作家の工房があり、見学できるようになっています。

[慶州民俗工藝村]

11) 新羅窯

　新羅土器は慶州地方を中心に紀元前1世紀頃から作り始められ、およそ千年の間使われて来ました。この土器は慶州地方に多量に埋蔵されている粘土を原料として、摂氏1,000度以上の高熱で焼いたので、色彩は灰青色が普通ですが、焼成の時、松葉の灰によって生

김유신 장군은 가락국 수로왕의 12세손에 해당하며, 신라 진평왕 17년(595)에 태어나 태종무열왕을 모시고 삼국을 통일 태대각간의 지위에까지 올랐는데, 문무왕 13년(AD 674) 7월 1일 세상을 떴을 때의 나이가 79세였습니다.

김유신은 무열왕의 따님과 결혼했습니다.

어휘정리

● 문무대왕 해중릉

신라 문무대왕의 수중릉으로 동해에 떠 있는 바위섬(주위 200m)입니다. 세계에 유래가 없는 이 수중릉은 대왕이 사후에도 동해에서 동해용이 되어 외적의 침략을 막는다는 유언에 따라 만들어진 것입니다.

어휘정리

10) 경주민속공예촌

불국사에서 보문호 쪽으로 난 길을 따라 나전세공인 칠기공방이나 회흑색의 신라토기 공방을 비롯하여, 불화, 민화, 자수, 금속공예, 한지공예, 죽세공 등 전부 10개의 공예작가의 공방이 있고, 견학할 수 있게 되어 있습니다.

어휘정리

11) 신라요

신라토기는 경주지방을 중심으로 기원전 1세기경부터 만들기 시작하여 약 천 년 동안 사용되어 왔습니다. 이 토기는 경주지방에 다량으로 매장되어 있는 점토를 섭씨 1,000도 이상의 고열로 구웠기 때문에 색채는 회청색이 보통이나 구울 때 소나무 잎의

じた自然釉に被られたのもあります。形態は用途に従って、日常生活用品で、高杯、角杯、鈴杯等、死者の為の骨壷、その他、車形土器、騎馬人物土器等数十種に達します。

［新羅 土器］

　このような土器等は天馬冢、皇南大塚、金冠塚等の新羅古墳から数千点出土された、慶州地方に散在されている古墳等は新羅土器のたから宝庫のようです。新羅土器の製作技術は新羅人の独創的であり、このような新羅人の技術は5世紀の中葉、日本へつたえられ、須恵器と呼ばれる同じ種類の土器を出現させたのです。

　「新羅窯」は以上のような新羅土器を再現させようと血のにじみ出るような努力の結晶として、その素晴らしい昔の姿を再び見つけ出したのでございます。

12) 国立慶州博物館

　新羅の石塔を思わせる本館と2つの別館があり、先史時代から古新羅、伽倻文化圏、統一新羅に至る様々な文化遺産が展示され、今も遺跡発掘のたびに所蔵品が増えています。

　特に天馬冢から出土した黄金の冠や宝剣、雁鴨池から掘り出された舟、また金銅三尊仏も有名です。室外にも、韓国最古で最大の聖徳大王神鐘や、石仏、石塔など見るべきものがたくさんあります。

재에 의해서 생긴 자연유약을 씌운 것도 있습니다. 형태는 용도에 따라서 일상생활용품인 고배, 각배, 방울 달린 잔 등과 죽은 자를 위한 항아리, 그외 기마인물토기 등 수십 종에 달합니다.

　이와 같은 토기들은 천마총, 황남대총, 금관총 등의 신라고분에서 수 천 점 출토된, 경주지방에 산재되어 있는 고분들은 신라토기의 보물창고와 같습니다. 신라토기의 제작기술은 신라인의 독창적인 것으로서 이와 같은 신라인의 기술은 5세기 중엽 일본으로 전래되어 스에키로 불리우는 같은 종류의 토기를 출현시킨 것입니다.

　'신라요'는 이상과 같은 신라토기를 재현시키려는 피땀나는 노력의 결정으로서 그 멋진 옛모습을 다시 한 번 찾아낸 것입니다.

어휘정리

埋蔵(まいぞう) : 매장	粘土(ねんど) : 점토, 찰흙
色彩(しきさい) : 색채	自然釉(しぜんゆう) : 자연 유약
被(かぶ)る : (들)쓰다, 뒤집어쓰다, (과다 노출로)건판·필름이 흐려지다	
須恵器(すえき) : 스에키 ; 일본 토기의 하나	
にじみ出(で)る : 스며나오다, 배어나오다, 자연히 드러나다	
姿(すがた) : 모습	

12) 국립경주박물관

　신라의 석탑을 떠올리게 하는 본관과 2개의 별관이 있고, 선사시대부터 고신라, 가야문화권, 통일신라에 이르는 다양한 문화유산이 전시되고, 지금도 유적이 발굴될 때마다 소장품이 늘고 있습니다.

　특히 천마총에서 출토된 화금관이나 보검, 안압지에서 파올린 배, 또 금동삼존불도 유명합니다. 실외에도 한국 최고이며 최대인 성덕대왕 신종이랑 석불, 석탑 등 볼 만한 것들이 많이 있습니다.

어휘정리

所蔵品(しょぞうひん) : 소장품
冠(かんむり) : 관
金銅三尊仏(こんどうさんそんぶつ) : 금동삼존불

第8章

百済の歴史・文化

百済は北方の扶余・高句麗系の流民とおもわれる温祚王により紀元前一八年に、国づくりがはじまったとつたえております。

百済の始祖温祚王は、高句麗の始祖である朱夢の子であります。朱夢は北扶余をのがれて卒本扶余に亡命してきます。世つぎのいない扶余王は、朱夢が非凡な人物であることをみぬき、かれを聟にします。やがて王が没し、朱夢は王位をつぐのですが、かれにはこのとき、ふたりの息子がうまれております。うえのほうが沸流、つぎが温祚であります。

ふたりは、漢山にきて、いまの北岳山へのぼり、あたらしい国づくりにかなった土地を物色したのです。

ですが、兄弟の意見はわかれて、兄の沸流は腹心の部下をつれて、いまの仁川地方へ去っていきます。弟の温祚は、河南慰礼城に都を定めて、国づくりにとりかかります。これが前漢の成帝の頃、紀元前一八年のことで、国の名は十済です。いっぽう、海辺に都を定めようとして失敗した沸流は、弟のいる慰礼城へ戻ってきますが。恥を感じて死にます。

百姓はみな温祚王を慕い、国の名も百済とあらためて、だんだんと勢いがさかんになっていきます。

百済は、馬韓の諸国を併合しつつ拡張をつづけますが、すでに古爾王(第8代、234〜268在位)のときは、馬韓の盟主として、古代王国としての国家体制が確立しはじめたものといわれます。

近肖古王(第13代、346〜375在位)の代に、百済の領土は、北は、いまの黄海道地方と江原道地方、南は半島の西南部にまでひろげられます。

そればかりが、海をこえて倭(日本)と交通し、大陸の東晋とも通交するなど、国家のいしずえはさらに強国なものになります。

そんなことができた百済は、当時、東アジアにおける先進海洋国でもあります。要するに、まず百済は北方の扶余・高句麗系の流民を中核として成り立ったということがわかります。

백제는 북방의 부여, 고구려계의 유민으로 여겨지는 온조왕에 의해 기원전 18년에 국가 건설이 시작되었다고 전해지고 있습니다.

백제의 시조 온조왕은 고구려의 시조 주몽의 아들입니다. 주몽은 북부여를 벗어나 졸본부여에 망명합니다. 세자가 없었던 부여왕은 주몽이 비범한 인물이라는 것을 간파하고 그를 사위로 삼습니다. 이윽고 왕이 죽고 주몽은 왕위를 이었는데 그에게는 두 아들이 있었습니다. 위가 비류이고 다음이 온조입니다.

두 사람은 한산에 와서 지금의 북악산에 올라, 새로운 나라를 세우기에 적당한 땅을 물색하고 있었던 것입니다.

한데, 형제의 의견은 달라, 형인 비류는 심복부하와 함께 지금의 인천 지방으로 떠나갔습니다. 동생 온조는 하남 위례성에 수도를 정하고, 국가 건설에 착수했습니다. 이것이 전한의 성제 무렵, 기원전 18년의 일로 나라 이름은 십제입니다. 한편, 바닷가에 수도를 정하려다 실패한 비류는 동생이 있는 위례성으로 다시 찾아오지만 수치를 느끼고 죽습니다.

백성들은 모두 온조왕을 흠모하며, 나라 이름도 백제로 개명하고 점점 세력이 왕성해져 갔습니다.

백제는 마한의 여러 나라를 합병하고 계속 확장하여, 이미 고이왕(제8대, 234~268 재위) 때에 마한의 맹주로 고대왕국으로서의 국가체제가 확립된 것으로 여겨집니다.

근초고왕(제13대, 346~375 재위) 대에 백제의 영토는 북쪽은 지금의 황해도 지방과 강원도 지방, 남쪽은 한반도의 서남부에까지 이르렀습니다.

그뿐 아니라, 바다 건너 왜(일본)와도 교통하고, 대륙의 동진과도 통교하는 등 국가의 초석은 더욱 튼튼하게 됩니다.

이것이 가능했던 백제는 당시 동아시아에 있어 선진 해양국이기도 했습니다. 요컨대, 우선 백제는 북방의 부여, 고구려계의 유민을 중핵으로 성립했다는 것을 알 수 있습니다.

어휘정리

世(よ)つぎ : 대를 이을 사람, 후사, 상속인, 세자

みぬく : 간파하다, 알아차리다　　腹心(ふくしん) : 마음속 깊이 신뢰함, 심복

倭(わ) : 왜, 일본　　いしずえ(礎) : 주춧돌, 초석

　百済の国名そのものは、馬韓の50をこえる部族のなかの一つ、伯済にはじまるものです。この百済を、日本では、なぜか百済、あるいは百済と呼ばずに、「百済」と呼んでおります。

　(日本で百済を「クダラ」と言う理由は、元の国、大きい国を「큰나라」と言うことばからなったことではないかと考えられます。韓国では家元のことを「큰집」「큰아버지」といいます。)

　日本語に「くだらない」という語葉があります。

　これは「つまらない」という意味でよく使われます。

　「くだら」の元来の意味は百済ということでしょうね。

　朝鮮三国、すなわち高句麗、百済、新羅を日本では「こうくり、くだら、しらぎ」とよみます。

　私たちの使っている漢字の読み方とはまったく違う発音法の良い例です。

　「くだらない」という語葉をめぐっていくつかの説があります。

　その代表的なものとして「くだらない」は「百済から渡来したものではない」、つまり「百済から伝えられたものではない」という説が有力です。

　大陸文化が韓半島を通って日本に渡来したことは歴史的な事実であります。特に日本は百済文化から大きな影響を受けた国です。

　従ってその時代には百済のものが一番良いものと思われました。

　「くだらない」は百済という表示のないもの、百済製ではないものを意味しています。

　백제의 국명 그것은 마한의 50이 넘는 부족 중의 하나인 伯濟에서 시작된 것입니다. 이 백제는 일본에서는 어떤 이유에서인지 백제 혹은 햐쿠사이로 부르지 않고, ‘쿠다라’라고 부르고 있습니다.

　(일본에서 백제를 ‘쿠다라’라고 하는 이유는 원래의 나라, ‘큰나라’라는 말에서 생긴 것이라고 생각됩니다. 한국에서는 종가를 ‘큰집’, ‘큰아버지’라고 합니다.)

참고　‘시시하다’의 어원은 백제

　일본어에 ‘쿠다라나이’라는 말이 있습니다.

　이것은 ‘시시하다, 쓸모없다, 지루하다’는 의미로 자주 사용됩니다.

　‘쿠다라’의 원래 의미는 백제라고 하지요.

　삼국, 즉 고구려, 백제, 신라를 일본에서는 ‘코오쿠리, 쿠다라, 시라기’라고 읽습니다.

　우리가 읽는 한자 발음과는 전혀 다른 발음법의 좋은 예입니다.

　‘쿠다라나이’라는 말의 어원을 둘러싸고 몇 가지 설이 있습니다.

　그 대표적인 것으로서 ‘쿠다라나이’는 ‘백제에서 도래한 것이 아니다’, 즉 ‘백제에서 건너온 것이 아니다’라는 설이 유력합니다.

　대륙의 문화가 한반도를 통하여 일본에 도래했다는 것은 역사적인 사실입니다. 특히 일본은 백제 문화로부터 큰 영향을 받은 나라입니다.

　따라서 그 시대에는 백제의 것이 가장 좋은 것으로 생각되었습니다.

　‘쿠다라나이’는 백제라는 표시가 없는 것, 백제에서 만든 것이 아닌 것을 의미하고 있습니다.

1) 百済初期の史跡（しせき）めぐり

　漢江流域は、韓半島における各時代ごとの遺物と遺跡の宝庫（ほうこ）でありました。面牧洞地域の旧石器時代（きゅうせっき）の遺跡、岩寺洞、ミサ里の新石器時代（しんせっき）の遺址と遺物（いし）、そして三国時代の遺跡がすこぶる豊にあります。

　最近漢江流域の可楽洞では、百済初期の墓（はか）が発掘（はっくつ）されております。

　この漢江のことですが、この流域は遠く新石器時代いらい、古代人たちの生活の中心地であったばがりではなく、青銅器時代（せいどうき）からは、南北文化圏の境界（けいかい）となり、北方からの移住集団が絶えず南下してきて、住み着いたところです。

2) 中興期：熊津城時代

　高句麗の圧迫（あっぱく）によって、百済は南の熊津いまの公州すなわち錦江の流域にみやこをうつします(475)。うばわれたみやこ漢山城によく似た地理的条件をそなえています。

3) 滅亡（めつぼう）と復興運動

●滅亡まで

　五千年の歴史を通じて（つう）、韓民族が外敵（がいてき）の侵入（しんにゅう）をうけたのは、実に（じつ）五百数十回にのぼるという説があります。それがまことかどうかはべつにしても、半島国家であるために、つねに、北方（ほっぽう）からの脅威（きょうい）はあったわけです。しかも南の沿岸地方（えんがん）は、岬（みさき）や島影（しまかげ）ぞいに忍（しの）び込む倭寇（わこう）による被害（ひがい）もかなりのものでございました。

　660年3月、すなわち義慈王20年3月、唐は水陸13万の大軍をうごかし、6月18日、山東半島を出発します。いっぽう新羅は太宗武烈王が5月26日、5万の軍勢（ぐんせい）をひきいて出陳（しゅっちん）し

1) 백제 초기의 사적 답사

한강유역은 한반도의 각 시대마다의 유물과 유적의 보고이기도 합니다. 면목동 지역의 구석기시대 유적, 암사동과 미사리의 신석기시대의 유지와 유물, 그리고 삼국시대의 유적이 매우 풍부합니다.

최근 한강유역의 가락동에서는 백제 초기의 묘가 발굴되었습니다.

이 한강유역은 멀리 신석기시대 이래 고대인들의 생활 중심지였을 뿐만이 아니라 청동기시대부터는 남북 문화권의 경계가 되어, 북방으로부터의 이주집단이 끊임없이 남하하여 정착한 곳입니다.

어휘정리

旧石器(きゅうせっき) : 구석기	新石器(しんせっき) : 신석기
すこぶる : 대단히, 몹시	青銅器(せいどうき) : 청동기
住(す)み着(つ)く : 정착하다, 정주하다	

2) 중흥기 : 웅진성 시대

고구려의 압박에 의해 백제는 남쪽의 웅진 지금의 공주, 즉 금강유역으로 수도를 옮깁니다(475). 빼앗긴 수도 한산성과 아주 닮은 지리적 조건을 갖추고 있습니다.

3) 멸망과 부흥운동

● 멸망까지

5천 년의 역사를 통하여 한민족이 외적의 침입을 받은 것은 실로 5백 수십 회에 달한다는 설도 있습니다. 그것의 사실 여부를 떠나, 반도국가이기 때문에 항상 북방으로부터의 위협은 있었던 것입니다. 더구나 남쪽의 연안지방은 곶이나 섬들을 타고 숨어 들어오는 왜구에 의한 피해도 상당한 것이었습니다.

660년 3월, 즉 의자왕 20년 3월, 당나라는 수륙 13만 대군을 움직여 6월 18일 산뚱반도를 출발하였습니다. 한편, 신라는 태종무열왕이 5월 26일 5만의 군사를 이끌고 출

ます。そして7月9日には新羅軍は黄山之原(論山郡連山)で、唐の水軍は白江(錦江中流扶余邑付近の白馬江)、すなわち白村江の址伐浦で、それぞれ百済軍をうちやぶりました。

　百済はこれでほろんだのです。このようにして歴代31王、678年間つづいた百済は、あえなくもほろびさったのです。

●再興運動

　百済はほろびましたが、そのほろびかたは、じつに劇的であります。

　奸臣がはびこり、おもてをおかして王を諌める佐平成忠、佐平興首の如きは、あるいは獄におろされ、あるいは配所にながされてしまいました。

　百済滅亡後の再興勢力の威勢をみても、そのときはまだまだ百済の軍事力はかなりのものであったことがわかります。金庾信があらわれてからの新羅軍はたしかに強くなりましたが、まだまだ百済を攻めほろぼすにたりるものではなかったのです。

　百済最後の日、義慈王は天を仰いで嘆き、「悔んでも追っつかぬ。成忠の諌めるのをききいれなかった報いであるわい」と、ひとりごち、はらはらと落涙した(『三国史記』)といいます。百済は、新羅と唐の聯合軍によってほろびましたが戦後の処理は唐のほしいままにするところとなりました。おきまりの掠奪と放火がつづきます。

전하였습니다. 그리고 7월 9일에는 신라군은 황산벌(논산군 연산)에서, 당의 수군은 백강(금강 중류 부여읍 부근의 백마강), 즉 백촌강의 지벌포에서 각각 백제군과 싸웠습니다.

백제는 이로써 망했습니다. 이렇게 하여 역대 31왕, 678년을 이어온 백제는 덧없이 멸망했던 것입니다.

어휘정리

● 재흥운동

백제는 망했지만, 그 멸망의 과정은 정말 극적인 것입니다.

간신이 판을 치고, 노여움을 각오하고 왕에게 충고하던 좌평 성충, 좌평 흥수와 같은 충신은 혹은 옥에 갇히고 혹은 유배를 당하기도 했습니다.

백제 멸망 후 재흥세력의 위세를 보면 그때는 아직도 백제의 군사력은 상당한 것이었다는 것을 알 수 있습니다. 김유신이 등장하고 나서 신라군은 확실히 강해졌지만, 아직 백제를 쳐 멸망시키기에는 충분치 않았던 것입니다.

백제 최후의 날 의자왕은 하늘을 우러러 탄식하며 "후회해도 소용없다. 성충의 간을 듣지 않았던 보답이다."고 혼잣말을 하며 하염없이 눈물을 흘렸다(『삼국사기』)고 합니다. 백제는 신라와 당의 연합군에 의해 망했습니다만 전후의 처리는 당나라의 뜻대로였습니다. 약탈과 방화가 이어졌습니다.

어휘정리

1) ほろびの美学

「旅人よこころして踏めいたしえの百済のかわら石にまじれり。」

旅のこころをうたいあげてあますことろなかった歌人、若山牧水(1885〜1928)の歌でございます。

高句麗は壁画をのこし、新羅は石塔を、そして百済は瓦をのこしただけであるといいます。

日本に仏教を伝えたばかりか、寺院、すなわちお寺をたてて、宮殿をたてる技術者たち、日本の古代文化をはなさかせたのも百済です。

百済は日本文化のふるさととでもあるわけです。しかし、百済と日本とは、ただ文化の一面にしぼって考えることはできないのです。日本にとっては百済そのものが、きわめて重要な存在でありました。

新羅は百済にくらべると、後進国であったし、文化においてもいちじるしく立ちおくれていたのです。新羅の統一後の文化には百済が色濃く影をおとしております。

その、かがやかしい文化のくにの百済にはいま、なにが遺されておりますでしょうか。

扶余は、千三百年前には一五万二千三百戸、賑々しく、はなやかな百済の王都でございました。あまりにもかわりはてた姿でございます。

なにが、そうさせたのでしょうか。それは、いわなくてもわかる掠奪と放火によるものでございます。みやこは七昼夜にわたって燃えつづけたといいます。よくも、あれだけ破壊し尽したものよ、と感心するほどです。徹底的に掠めとり運び去り、火をつけ、踏みにじり、殺戮しました。

なにも遺らないはずです。

ただ、心して踏まぬと、土に埋もれた百済の瓦が踏みつぶされてしまいます。

1) 멸망의 미학

"나그네여 조심해서 밟게나 가여운 백제의 기왓장 돌 틈에 섞였으니."

나그네의 마음을 남김없이 노래한 시인 와카야마 호쿠스이(1885~1928)의 노래입니다.

고구려는 벽화를 남기고, 신라는 석탑을, 그리고 백제는 기왓장을 남겼을 뿐이라고들 합니다.

일본에 불교를 전했을 뿐아니라, 사원 곧 절을 짓고 궁전을 세우는 기술자들을 보내어 일본의 고대문화를 꽃피우게 한 것도 백제입니다.

백제는 일본 문화의 고향이기도 한 셈입니다. 하지만 백제와 일본과는 단지 문화면 하나만으로만 생각할 수는 없습니다. 일본에게는 백제 그것이 지극히 중요한 존재였습니다.

신라는 백제에 비하면 후진국이었고, 문화에 있어서도 현저히 뒤떨어져 있었습니다. 신라 통일 후의 문화에는 백제가 진하게 그림자를 드리우고 있습니다.

그 찬란한 문화의 나라 백제에는 지금 무엇이 남아 있을까요?

부여는 1300년 전에는 15만 2천 3백 호, 활기차고 번화한 백제의 왕도였습니다. 너무나 변해 버린 모습입니다.

무엇이 그렇게 한 것일까요? 그것은 말하지 않아도 알 수 있는 약탈과 방화에 의한 것입니다. 수도는 7일 밤낮에 걸쳐 타올랐다고 합니다. 용케도 저토록 다 파괴해 버렸구나 하고 감탄할 정도입니다. 철저하게 약탈하여 가져가고, 불을 지르고, 짓밟고 살육했습니다.

아무것도 남아 있지 않을 터입니다.

정말, 조심해서 밟지 않으면 흙 속에 묻힌 백제의 기와가 밟혀 깨지고 말 것입니다.

어휘정리

いたし : 아프다, 괴롭다, 가엾다	**立(た)ちおくれる** : 늦게 일어서다, 뒤떨어지다
遺(のこ)す : 남기다	**掠(かす)める** : 훔치다, 빼앗다, 속이다
踏(ふ)みにじる : 짓밟다, 유린하다	**殺戮(さつりく)** : 살륙

いかなる宿世の運命でございましょうか。

　眼でみる百済は、すでに存在しないのです。心眼に映る百済をとらえるしかないのです。キンキラキンの観光地ではないのです。日本の奈良は眼でみるところ、それにたいし飛鳥は心で感じるところといわれます。そのたとえを借りますと、慶州は眼でみるところ、扶余はこころで感じるところでございましょう。

　扶余、そして公州の山河は、心眼をもたぬ人には、退屈なものであるかも知れません。

　百済文化には亡びの美学があると司馬遼太郎さんはいわれましたが、百済は決して亡んではいないのです。仏像のかすかに微笑む相好に、風そよぐ夕暮の廃寺址に、そして落日のなぞる石塔に百済の微笑みは生きているからです。

[瑞山磨崖三尊佛像]

2) 万葉歌人にみる百済

　万葉集といえば、すぐ新羅(郷歌)との関係だけをおもいだしがちですが、はたしてそうでしょうか。

　百済滅亡後にはとくに、百済から渡っていった文士や、詩人たちがめざましい活躍をしております。和歌の世界だけではなく、それらの人たちによる文学、漢詩、漢文学の影響もめだちます。

3) 井邑詞

　　月よ高みに昇り給え
　　ああ、四方とおく照らし給え

어떤 숙세의 운명일까.

눈으로 보는 백제는 이미 존재하지 않습니다. 마음의 눈에 비친 백제를 볼 수밖에 없는 것입니다. 번쩍번쩍 휘황한 관광지가 아닌 것입니다. 일본의 나라는 눈으로 보는 곳, 그에 비해 아스카는 마음으로 느끼는 곳이라고 합니다. 그 비유를 빌린다면, 경주는 눈으로 보는 곳, 부여는 마음으로 느끼는 곳인 것입니다.

부여, 그리고 공주의 산하는 마음의 눈을 갖지 못한 사람에게는 지루한 곳일지도 모릅니다.

백제 문화에는 멸망의 미학이 있다고 시바료타로씨는 말했습니다만, 백제는 결코 망한 것은 아닌 것입니다. 불상의 아스라이 미소짓는 얼굴에, 소슬바람 부는 노을녘의 허물어진 절터에, 그리고 석양 햇살 드리워진 석탑에 백제의 미소는 살아 있기 때문입니다.

어휘정리

心眼(しんがん) : 심안, 사물을 관찰·식별하는 마음의 작용

亡(ほろ)ぶ : 망하다, 멸망하다, 없어지다

相好(そうごう) : 얼굴 표정(=かをつき)

そよぐ : 살랑거리다, 전율하다

なぞる : 덧쓰다, 덧그리다

2) 만요가인이 본 백제

만요슈라고 하면, 곧 신라(향가)와의 관계만을 떠올리기 쉽지만 과연 정말 그럴까요?

백제 멸망 후에는 특히, 백제에서 건너간 문사, 시인들이 눈부신 활약을 하고 있습니다. 와카의 세계에서만이 아니고, 그들에 의한 문학, 한시, 한문학의 영향도 두드러집니다.

3) 정읍사

달아 높이 돋아
아, 멀리 비취 오시라

4) 百済のことば

　古代百済のことばがどういうものであったか、これについては、学者たちの研究がさかんになっておりますが、ふつう、土着民のことば(馬韓・辰韓地方)に、北方系のそれがまざりあったものであるといわれます。いいかえますと、百済と高句麗のことばは、その風習とおなじく、よく似ていたらしいです。

　日本の万葉集と新羅の郷礼との関係がよくいわれています。

　漢字の姿をかりて、国語をうつす方法、すなわち吏読式漢字が、日本につたわり、それが宣命書に発展します。これが、さらに発達して平安時代には仮名文字ができあがります。

　けれども、このような表記の方法はなにも新羅だけのものとはかぎらないのです。

　さて、百済はこのように、すぐれた、ことばの文化をもち、香りたかい文字ももっていました。ところが今日につたわるものがとぼしいのは、それら文化遺産が百済そのものとともにほろび、抹消されてしまったからです。多分に、百済そのものを歴史のうえから消し去ろうとした思惑がそこにはみられます。そして、その思惑とおり、百済はすっかり歪められてしまいました。そもそも百済をないがしろにしたのは、高麗というくにを建てた太祖王建でございます。

　かれは、いわゆる「訓要十条」をのこしています。

　それによりますと、百済の故地である湖南地方、つまり今の全羅道地方と、そこに住む人たちにたいして、じつに苛酷すぎる評をくだしております。

　その地方の出身の人たちは、いっさい排除せよ、とのべております。かれの湖南人にたいする憎しみは、およそ正気の沙汰ではなかったのです。そうした憎しみは、かれと後百済、つまり百済を再興しようとした後百済とのたたかいに根ざすものであります。

　それに、風水地理説もくわわり、高麗王朝475年にわたり、湖南地方、すなわち百済の故地にたいする偏見と差別はひどいものでありました。しかも、新羅統一期における新羅朝廷と湖南の土着民の間には、どうしょうもない反目がみられたのです。

　百済の歴史と文化が、韓半島では立つ瀬がなくなり、西日本のほうに移っていった事実は周知のどおりです。

4) 백제의 언어

　고대 백제의 언어가 어떤 것이었는지에 대해서는 학자들의 연구가 왕성한데, 보통 토착민의 말(마한, 진한 지방)에 북방계의 말이 섞인 것이라고 합니다. 바꿔 말하면, 백제와 고구려의 언어는 그 풍습과 마찬가지로 아주 닮았던 듯합니다.

　일본의 만요슈와 신라의 향찰과의 관계가 자주 논의됩니다.

　한자의 모양을 빌어 자기 말을 옮기는 방법, 즉 이두식 한자가 일본에 건너가 그것이 せんみょう체(일본식 이두체)로 발전했습니다. 이것이 더욱 발전하여 헤이안시대에는 가나문자가 완성됩니다.

　하지만 이와 같은 표기방식은 꼭 신라만의 것이라고는 할 수 없습니다.

　한편, 백제도 이같은 뛰어난 언어문화를 가지고 향기높은 문자도 가지고 있었습니다. 그런데 오늘날에 전해지는 것이 부족한 것은 그들 문화유산이 백제와 함께 멸망하여 말소되었기 때문입니다. 아마 백제의 것을 역사에서 지우려고 한 생각을 거기에서 찾아볼 수 있습니다. 그리고 그런 의도대로 백제는 완전히 왜곡되고 말았습니다. 본디 백제를 소홀히 했던 것은 고려를 세운 태조 왕건입니다.

　그는 소위 '훈요십조'라는 것을 남겼습니다.

　그것에 의하면, 백제의 옛땅인 호남지방, 즉 지금의 전라도 지방과 그곳에 사는 사람들에 대하여, 지극히 가혹한 평가를 내리고 있습니다.

　그 지방 출신 사람들은 일체 배제하라고 서술했습니다. 그의 호남인들에 대한 증오는 거의 제정신이 아닌 것입니다. 그러한 증오는 그와 후백제, 곧 백제를 부흥하려고 한 후백제와의 싸움에 뿌리를 둔 것입니다.

　그리고 풍수지리설도 덧붙여져 고려왕조 475년에 걸쳐 호남지방, 즉 백제의 옛땅에 대한 편견과 차별은 대단한 것이었습니다. 게다가 신라통일기에 있어 신라조정과 호남의 토착민 사이에는 어쩔 수 없는 반목이 있었던 것입니다.

　백제의 역사와 문화가 한반도에서는 설 땅이 없어, 서일본으로 옮겨간 사실은 알려진대로입니다.

어휘정리

まざりあう : 서로 섞이다, 혼합되다	**歪(ゆが)める** : 비뚤어지게 하다, 일그러뜨리다
ないがしろにする : 소홀히 하다, 업신여기다	
正気(しょうき)の沙汰(さた)ではない : 제정신을 가진 행동이 아니다	
立つ瀬(せ)がない : 설 자리가 없다, 입장이 난처하다	

1) 仏教の伝来と発展

　韓半島に仏教がつたえられたのは、西暦372年、前秦からの僧、順道が高句麗にきて、仏像と経典をもたらしたことにはじまります。

　仏教こそ古代王国における国民の思想の統一をはかるうえで、うってつけのものであったからです。なおかつ、仏教の護国的な性格が歓迎されたからであります。

　高句麗にはいった仏教は、それまでの民間の土着信仰と結び付き、病や、災難から人びとをすくい、国をまもるといった現世利益のキャラクターをおびるようになります。

2) 美術工芸

　百済仏教の特徴は、その芸術的表現がすばらしく他の追随をゆるさぬところにあります。

　こちらの扶余は軍守里の廃寺址から出た金銅仏像(弥勒立像、宝物330号)や石づくりの仏像など、まさに夢のような情緒、やわらかな空想、温和なまじめさのなかにすなわち、「百済の微笑」をたたえております。

　百済の仏像芸術、すなわち飛鳥芸術の粋をあつめたお寺としては、法隆寺のほかに蘇我氏が建てた飛鳥寺(法興寺)がございます。

　この寺は、百済から送られてきた寺のたくみ、瓦のたくみによって建てられました。

　百済のみやこ扶余のまちは、七昼夜にわたって炎上したのです。新羅と唐の聯合軍18万の放った火によってです。あの華麗なる宮殿・堂宇仏閣はことごとく燎けおちてしまいましたが、百済の瓦だけは、たとえ地下に埋もれはしましたが、かなりのものが遺されています。

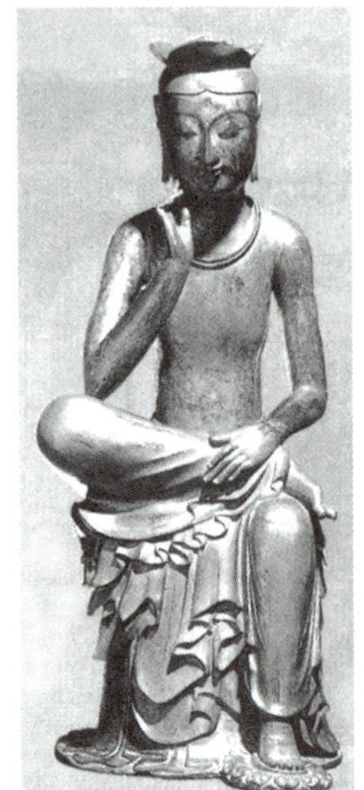
［金銅佛像］

1) 불교의 전래와 발전

한반도에 불교가 전해진 것은 서력 372년 전진의 승려 순도가 고구려에 와서 불상과 경전을 전한 것이 시작입니다.

불교야말로 고대왕국에 있어 국민들의 사상의 통일을 꾀하는 데 안성마춤이었기 때문입니다. 또한, 불교의 호국적인 성격이 환영받았기 때문입니다.

고구려에 들어온 불교는 그때까지의 민간 토착신앙과 결합하여, 병과 재난으로부터 사람들을 구하고 나라를 지키는 현세이익의 성격을 띠게 됩니다.

어휘정리

うってつけ : 안성마춤, 제격
結(むす)び付(つ)く : 결부되다, 밀접한 관계를 갖다
病(やまい) : 병

2) 미술공예

백제 불교의 특징은 그 예술적 표현이 뛰어나 타의 추종을 허락치 않는 점에 있습니다.

이곳 부여는 군수리의 폐사지에서 출토된 금동불상(미륵입상, 보물 330호)이나 석불 등, 정말 꿈 같은 정서, 부드러운 공상, 온화한 시선 속에 즉, '백제의 미소'를 간직하고 있습니다.

백제의 불상 예술, 곧 아스카 예술의 정수를 모은 절로서 호류사 이외에 소가씨가 세운 아스카사(호코사)가 있습니다.

이 절은 백제에서 보낸 목수, 기와공에 의해 지어진 절입니다.

백제의 수도 부여는 7일 밤낮에 걸쳐 화염에 쌓였던 것입니다. 신라와 당의 연합군 18만의 방화에 의한 것입니다. 그 화려했던 궁전, 당우 불각들은 흔적도 없이 불타 버렸습니다만, 백제의 기와만은 비록 땅속에 묻히기는 했지만 수없이 남아 있습니다.

百済の曲玉、銅冠、金の冠飾、装身具類などに、その昔の華麗なる文化をしのびつつ、ご一緒して百済路の旅へ、お誘いいたしましょう。

⑤ 百済の古墳めぐり

1) 漢山城(広州)時代=前期

百済の古墳は、まず漢城時代(4世紀初〜475)・熊津時代(475〜538)。泗沘時代(538〜660)の三期にわけて考えられます。

[陵山里古墳群]

古墳にかぎらず、遺跡のすべてがそういった地域的な分布をみせております。

すなわち前期・中期・後期の三つの段階にわけてご説明いたしましょう。

漢城時代、つまり前期の百済古墳は、ソウルの東の近郊—いまは特別市にかずおおくのこっています。

さて、百済前期の古墳は平坦な地面のうえ、あるいは丘陵の傾斜面に築かれております。

ちなみに中期以後の百済古墳は山や丘陵の中腹あるいは頂上部に築かれます。

백제의 곡옥, 동관, 금관식, 장신구류 등 그 옛날의 화려한 문화를 찾아 함께 백제로의 여행길에 동참해 보지 않겠습니까?

어휘정리

5 백제 고분 순례

1) 한산성(광주)시대=전기

백제의 고분은 먼저 한성시대(4세기초~475), 웅진시대(475~538), 사비시대(538~660)의 3기로 나누어 생각할 수 있습니다.

고분만이 아니고 모든 유적이 그러한 지역적 분포를 보이고 있습니다.

곧 전기, 중기, 후기의 3단계로 나누어 설명하겠습니다.

한성시대, 즉 전기의 백제 고분은 서울의 동쪽 근교 지금의 서울특별시에 수없이 남아 있습니다.

한데, 백제 전기의 고분은 평탄한 지면 위에 혹은 구릉의 경사면에 축조되었습니다.

덧붙여 중기 이후의 백제 고분은 산이나 구릉의 중턱 또는 정상부에 축조되었습니다.

어휘정리

2) 熊津城(公州)時代=中期

●武寧王陵の発見

　武寧王陵の発見は最大のイベントでした。武寧王陵の発見は、それまでは、あくまでも推定のワクのなかにいた百済の美術の年代をいっきょにときほぐす、明確な史料をあたえてくれました。

●中期古墳の変遷

　百済の中期、すなわち熊津時代(475〜538)の古墳は、熊津、いまの公州のまちを中心に、約10キロ四方の丘陵一帯に築かれております。

　中期古墳の内部のつくりは、前期のそれにくらべて変化に富みますが、宋山里の古墳をのぞいては、ほとんどが、やっと木棺一個がおさまるていどの、ちいさい規模のタテ穴式石槨です。

3) 泗沘城(扶余)時代=後期

●後期古墳の分布

　百済古墳の構造を中期まで、ざっとあらましだけをご紹介しましたが、それらをまとめますと、前期=漢城時代のものは、おもに積石冢と封土墳(竪穴式土壙墳と横穴石室墳)であり、墳丘のかたちは方台形です。これは高句麗古墳の系統をひくものです。

　つぎ、中期=熊津時代になりますと積石塚はすがたを消し、いわゆる円墳つまりマウントがまるい封土墳にしぼられます。立地も平地ではなく丘陵地帯がえらばれます。

　この時期の古墳の内部はおもに横穴式石室ですが、そのつくりのスタイルは、さまざまにかわってきて百済的な特質がめだちます。

　さて今度は、後期=泗沘(扶余)時代には、どうかわることでしょう。

　そのあらましをのべますと、この時代の古墳は、規模がちいさくなり、板石をハコ形にくんで墓室をこしらえます。

　なお、火葬した遺骨をおさめる火葬墓が流行るようになります。

2) 웅진성(공주)시대=중기

●무령왕릉의 발견

무령왕릉의 발견은 최대의 이벤트였습니다. 무령왕릉의 발견은 그때까지는 어디까지나 추정의 틀 속에 있었던 백제의 미술의 연대를 단번에 벗겨 버린 명확한 사료를 제공해 주었습니다.

●중기 고분의 변천

백제의 중기, 즉 웅진시대(475~538)의 고분은 웅진, 지금의 공주시내의 중심에서 약 10km 서쪽의 구릉일대에 축조되었습니다.

중기 고분의 내부 조성은 전기에 비해 변화가 풍부하지만, 송산리의 고분들을 들여다보면 대부분이 겨우 목관 1기가 들어갈 정도의 종혈식 석곽입니다.

어휘정리

いっきょに : 일거에, 단번에	ときほぐす : 풀다, 풀어헤치다
富(と)む : 부유하다, 많다, 풍부하다	

3) 사비성(부여)시대=후기

●후기 고분의 분포

백제 고분의 구조를 중기까지 대강의 개요만을 소개했습니다. 그것을 정리해 보면, 전기=한성시대의 것은, 주로 적석총과 봉토분(수혈식 토광분과 횡혈석실분)이고 봉분의 형태는 장방형입니다. 이것은 고구려 고분의 계통을 잇는 것입니다.

다음으로, 중기=웅진시대입니다만 적석총은 모습을 감추고, 소위 원분 곧 봉분이 둥근 봉토분으로 압축됩니다. 입지도 평지가 아닌 구릉지대가 선택됩니다.

이 시기의 고분 내부는 주로 횡혈식 석실입니다만, 그 조성 방식은 여러가지로 달라져 백제적인 특질이 두드러집니다.

그럼 이번에는, 후기=사비(부여)시대에는 어떻게 변화했을까요?

그 대강을 말씀드리면, 이 시대의 고분은 규모가 작아지고, 판석을 상자모양으로 짜서 묘실을 만듭니다.

그리고 화장한 유골을 담은 화장묘가 유행하게 됩니다.

公州時代の円墳墓はなくなり、あらたに火葬墓がつくられるようになったのは仏教の影響とはいえ、注目されます。

6 統治組織の発達

百済第8代の古爾王(234～286)は、百済が後日、始祖とあがめるほど巨大な足跡をのこした人物であります。

古爾王は、百済建国説話にみえる、もうひとつの説(『三国史記』)の主人公の仇台その人であるという見方もあります。

その詮さくはともかく、古爾王は百済の支配体制をととのえ、官等役人の地位のランクづけをおこない、服飾の制度をきめております。役人の腐敗をきびしくチェックする一方、古代王国の基礎がため、つまり王権の確立をはかったのも、この古爾王の代からです。

百済は、めまぐるしい対外闘争をつづけながらも、自国の文化的伝統をまもるために想像をこえた努力をつづけたのです。

百済は、日本に文化をつたえて、よしみを通じ、もって古代アジアにおける韓日友好と善隣の理想を高らかに歌い上げたのです。

7 倭との関係

百済と倭、すなわち日本は、時代を経るにつれて、ふかく関わりあうようになります。百済の文化が日本へあたえた影響はごぞんじのように、じつに多大であります。日本の古代史は百済を抜きにしては考えられないほどです。

近肖古王のとき、すなわち4世紀頃には、百済の学者、阿直岐と王仁、すなわち日本の歴史でいう「わに博士」が、日本の朝廷から招かれて日本へ渡っております。王仁博士は、

공주시대의 원분묘는 없어지고, 새롭게 화장묘가 만들어지게 된 것은 불교의 영향이라고는 하지만, 주목받는 일입니다.

 ## 6 통치조직의 발달

백제 제8대 고이왕(234~286)은 백제가 후일 시조로써 숭앙할 만큼 거대한 족적을 남긴 인물입니다.

고이왕은 백제 건국설화에 나오는 또 하나의 설(『삼국사기』)의 주인공 구대라는 견해도 있습니다.

그 탐색은 생략하고, 고이왕은 백제의 지배체제를 정리하고 관등의 지위 순서를 매기고 복식의 제도를 정했습니다. 관리들의 부패를 엄하게 다스리는 한편, 고대왕국의 기초를 다져 왕권의 확립을 꾀한 것도 이 고이왕 대부터입니다.

백제는 수많은 대외투쟁을 계속하면서도 자국의 문화적 전통을 지키기 위해 상상을 뛰어넘는 노력을 계속했던 것입니다.

백제는 일본에 문화를 전하고 친분을 맺고 이로써 고대 아시아에 있어 한일우호와 선린의 이상을 드높인 것입니다.

어휘정리

あがめる : 숭상하다, 우러르다	**詮(せん)さく(索)** : 탐색함, 파고듦
ともかく : 어쨌든, 하여간, 여하튼	**ととのえる** : 갖추다, 마련하다, 준비하다
よしみ : 친분	**歌(う)い上(あ)げる** : 소리높여 노래하다, 선전하다

 ## 7 왜와의 관계

백제와 왜, 즉 일본은 시대의 경과와 함께 깊은 관계를 맺게 됩니다. 백제의 문화가 일본에 미친 영향은 아시다시피 실로 다대한 것입니다. 일본의 고대사는 백제를 빼놓고는 생각할 수 없을 정도입니다.

근초고왕 때, 곧 4세기경에는 백제의 학자 아직기와 왕인, 즉 일본의 역사에서 말하는 '와니 하카세'가 일본 조정으로부터 초빙되어 일본에 건너갑니다. 왕인 박사는 천

千字文と論語十巻をたずさえて、日本へおもむきます。博士といいましたが、百済では
すでに、この時代に五経博士制度があったほどすぐれた文化の国であったのです。王仁
博士が日本へわたったのは、これよりさき、古爾王のときであるとする説もあります。
　これら渡来人たちは、有力な豪族となり、平安初期にいたる約一世紀にわたり、
高麗楽・百済楽などケンランたる文化をつくりあげ途方もない富をきずきあげていきま
す。
　この一族からは、東大寺の大仏を造営したときに、おおきく貢献した百済王敬福と、
その孫の俊哲など歴史上の人物が出ております。そしてのちになって、ここに百済寺が
その氏寺として建てられます。
　さて、王仁の話にもどりますが、最近、韓国でも王仁の遺跡が発見されて、韓国だけ
ではなく、日本でも話題になりました。
　王仁の遺跡が発見されたのは、むかし百済の故地であった全羅南道霊岩郡西面鳩林里
というところでございます。そこの山には、王仁が日本へ渡るとき、愛蔵の書物をし
まっておいたところという冊窟があります。

⑧　日本のなかの百済文化

　百済は、日本と関わりの深い国でした。日本書紀によれば、284年に百済王が馬2頭を
送ったのに始まり、4世紀の中頃王仁博士が論語と千字文を伝え、513年にはあの武寧王
が五経博士を遣わし、552年、扶余に都を定めた聖王が仏教を伝えました。588年飛鳥寺
造営の時を初め、百済の技術者も多く渡日しています。定林寺址の石塔に酷似した五重

자문과 논어 10권을 휴대하고 일본에 건너갑니다. 박사라고 합니다만, 백제에서는 이미 이 시대에 오경박사의 제도가 있었을 만큼 뛰어난 문화국이었습니다. 왕인 박사가 일본에 건너간 것은 이보다 앞선 고이왕 때였다는 설도 있습니다.

이들 도래인들은 유력한 호족이 되고, 헤이안 초기에 이르는 약 1세기 동안에 걸쳐, 고려악, 백제악 등 현란한 문화를 완성하고 대단한 부를 쌓아갑니다.

이 일족에서는, 도다이사의 대불을 조성했을 때, 크게 공헌한 백제왕 경복과 그 손자 준철 등 역사상의 인물이 배출됩니다. 그리고 훗날이 되어, 이곳에 백제사가 우지데라(왕족이나 개인이 세운 절)로서 건립됩니다.

한편, 왕인의 이야기로 되돌아갑니다만, 최근 한국에서도 왕인의 유적이 발견되어 한국만이 아니고 일본에서도 화제가 되었습니다.

왕인의 유적이 발견된 곳은 옛날 백제 땅이었던 전라남도 영암군 서면 계림리라는 곳입니다. 그곳의 산에는 왕인이 일본에 건너갈 때 애장하던 서적을 간직해 두었다는 책굴이 있습니다.

어휘정리

経(へ)る : 거치다, 경과하다, 통과하다, 겪다	
抜(ぬ)きにする : 제외하다, 빼다	招(まね)く : 부르다, 불러오다, 초대하다
たずさえる : 휴대하다, 지니다, 데리고 가다	
おもむ(赴)く : 떠나다, 부임하다, 향하다	渡来人(まれびと) : 손님, 도래인
平安(へいあん) : 京都의 옛 이름 *平安時代(794〜1192)	
途方(とほう)もない : 터무니없다	
氏寺(うじでら) : 왕족이나 귀족들이 자기 일족의 명복을 빌기 위해 세운 절	

⑧ 일본 속의 백제문화

백제는 일본과 관련이 깊은 나라였습니다. 일본서기에 의하면, 284년에 백제왕이 말 2필을 보낸 것을 시작으로, 4세기 중엽 무렵 왕인박사가 논어와 천자문을 전하고, 513년에는 그 무녕왕이 오경박사를 파견하며, 552년 부여로 수도를 정한 성왕이 불교를 전합니다. 588년 아스카사 조영시를 비롯하여, 백제의 기술자도 많이 도일했습니다. 정

の石塔も、滋賀県に残っています。また587年には日本から3人の尼僧が扶余に修行に来て帰国後四天王寺の建立などに携わったと言います。660年に百済が滅亡したとき、日本には義慈王の王子がおり、百済では王朝再興のためこの王子の帰国と援軍を要請しました。大化の改新から15年しか経っていない日本でしたが、3回に渡って兵を送り、結局新羅・唐聯合軍にはかなわず、663年錦江河口の白馬江で敗れてしまいます。百済滅亡の後、多くの百済人が日本に渡り、その後の日本文化に大きな影響を与えました。

・高松塚が語りかけるもの

● 秦氏は新羅系か

　日本の飛鳥時代は、高句麗・百済の文化をもろにこうむった時代でございます。

　もっとも、七世紀の飛鳥文化を、壬申の乱(672)を境にして、「前の飛鳥」文化と「後の飛鳥」文化とにわけてかんがえる方もおります。そこで高松塚は、いまだに百済や高句麗と密接な関係のあった「前の飛鳥」のものとみるわけです。

　日本文化史上、政治史上、おおきな足跡をしるした秦氏にしても、これは、はっきり百済だといいます。いや、新羅だという人もおりますが、秦河勝と聖徳太子のつながり、そして広隆寺と、そこにある宝冠弥勒　半跏思惟像(これは日本の国宝第1号)のなかにみる百済、これは疑いをはさむ余地がないという説がどうも有力なようです。

● 桓武の母は百済系

　それから桓武天皇(第30代。781〜806年)のときに、平安京にみやこをうつしております。この平安遷都の背景では秦氏の経済力がものをいいます。

림사지 석탑과 정말 닮은 5중석탑도 시가현에 남아 있습니다. 또, 587년에는 일본에서 3인의 여승이 부여에 수행하러 와 귀국 후 시텐노사 건립 등에 관여했다고 합니다. 660년에 백제가 멸망했을 때, 일본에는 의자왕의 왕자가 있었고, 백제에서는 왕조부흥을 위해 왕자의 귀국과 원군을 요청했습니다. 타이카노 카이신이 일어난 지 15년밖에 지나지 않은 일본이었지만, 세 차례에 걸쳐 병사를 보냈고, 결국 신라와 당의 연합군에는 대적치 못해 663년 금강 하구의 백마강에서 패하고 말았습니다. 백제 멸망 후 수많은 백제인들이 일본으로 건너가, 그후의 일본문화에 큰 영향을 주었습니다.

어휘정리

遣(つか)わす : 보내다, 파견하다 **酷似(こくじ)** : 매우 닮음
尼僧(にそう) : 여승, 비구니(＝あま), 수녀
修行(しゅぎょう) : 수행, 불도를 닦음, (학문, 기예를) 연마함
携(たずさ)わる : 관계하다, 종사하다
大化(たいか)の改新(かいしん) : 645년에 일어난 고대 일본의 정치개혁

• 타카마쓰즈카가 말해주는 것

● 하타시는 신라계인가

일본의 아스카시대는 고구려, 백제의 문화를 그대로 받아들인 시대입니다.

그러나 7세기의 아스카 문화를 진신노란(672)을 경계로 '전기 아스카' 문화와 '후기 아스카' 문화로 나누어 생각하는 사람도 있습니다. 그점에서 타카마쓰즈카는 아직도 백제나 고구려와 밀접한 관계에 있었던 '전기 아스카'의 것으로 여겨지는 것입니다.

일본 문화사, 정치사에 커다란 족적을 남긴 하타시의 경우, 이것은 확실하게 백제입니다. 아니, 신라라고 하는 사람도 있습니다만, 하타노 카와카쓰와 쇼토쿠 타이시와의 연관성, 그리고 고료사와 거기에 있는 보관미륵반가사유상(일본의 국보 제1호)에서 보이는 백제, 이것은 의심할 여지가 없다는 설이 유력한 듯합니다.

● 간무천왕의 어머니는 백제계

그리고 간무천왕(제30대, 781〜806년) 때에 헤이안쿄로 수도를 옮깁니다. 이 헤이안 천도의 배경에는 하타씨족의 경제력이 힘을 발휘합니다.

　桓武その人のお母さん高野新笠は、正一位の位が贈られた高野朝臣乙継のむすめさんなのです。

　光仁天皇と高野新笠の間に生まれた桓武天皇は、あきらかに百済系の母君をもっていたのです。

　百済人の芸術的天分はまた、法隆寺にある百済観音のような、二度とはつくれない最高のマスタヒースをつくりだしたのです。

　その百済人たちがつくりだした仏教芸術の遺産のうち、いくつかを、これから現地でみられます。

［日本에 傳播한 百濟의 佛敎藝術］

간무의 어머니 타카노 노니카사는 정1품의 작위가 주어진 타카노 노아손오도쓰구의
따님인 것입니다.

고닌천왕과 타카노 노니카사 사이에서 태어난 간무천왕은 분명 백제계의 어머니를
모시고 있는 것입니다.

백제인의 예술적 천분은 또 호류사에 있는 백제관음과 같은 다시 만들 수 없는 최
고의 걸작을 만들어낸 것입니다.

그 백제인들이 만들어낸 불교예술의 유산 가운데, 몇 가지를 이제부터 현지에서 볼
수 있겠습니다.

어휘정리

もろに ： 모조리, 마구, 완전히, 정면으로

こうむる ： 받다, 입다

壬申(じんしん)の乱(らん) ： 672년 大海人(おおあま)皇子(뒤에 天武天皇이 됨)가 일으킨 반란

しるす ： 표시하다, 자취를 남기다

広隆寺(こうりゅうじ) ： 603년 秦河勝(はたのかわかつ)가 聖徳太子의 명으로 京都에 세운 절

疑(うたが)いをはさむ ： 의심을 품다

法隆寺(ほうりゅうじ) ： 607년 聖徳太子가 奈良에 세운 절

第9章

百済時代の主要観光地

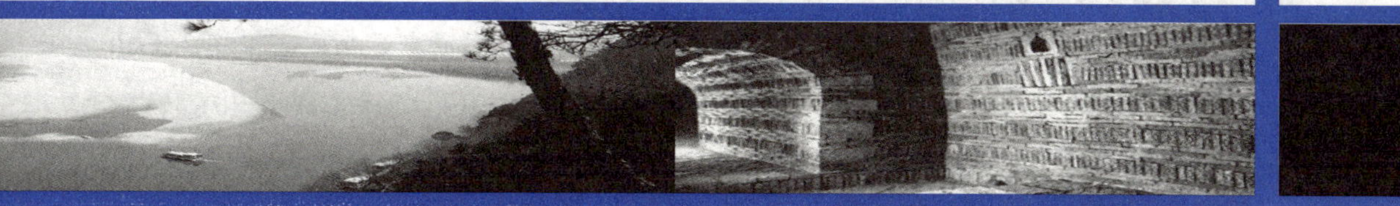

1) 公州

　百済22代文周王が475年にソウル近郊の漢城から遷都し、538年に扶余に移されるまで百済の都として栄えました。現在は教育施設が集まった文化都市として、落ち着いた風情を見せています。

2) 武寧王陵

　完全な形で発見された1,500年前の見事な古墳でございます。

[武寧王陵　内部]

　武寧王陵は百済の第25代武寧王(462~523)とその王妃の墓であります。そこで出土された3,000余点の遺物を通じて当時文化の一面をうかがうことができます。その遺物らは百済人の洗練された美意識と工芸技術を示しています。写真は武寧王陵の玄室内部を撮ったものであります。博石には蓮花文などが刻まれ、玄室の壁面には灯盞を設けた龕灯があります。

　武寧王陵の発見・発掘は、まさに世紀の一大事件であり、壮絶なる一大ドラマでした。

　公州は、百済の文周王21年、高句麗の圧力により、初期の王都である漢城(広州)から遷都した百済第二のみやこです。その年、文周王が即位して(475)、聖王16年(538)に泗沘(扶余)に遷都するまでの5代64年間、百済中興のみやことしてさかえつづけました。

　さて、武寧王陵のことですが、公州のまちの北西にある宋山里という丘陵で発見されております。

　武寧王陵は、前方左の第6号墳=壁画磚室とおなじく自然の岩床をくっさくしたのち、横穴式の磚築にしております。

　平面プランをみますと、長方形の羨道と玄室、そして排水溝(磚づくり)をそなえます。

1) 공주

백제 22대 문주왕이 475년에 서울 근교의 한성에서 천도하여, 538년에 부여로 옮겨 가기까지 백제의 수도로 번영하였습니다. 현재는 교육시설이 모여 있는 문화도시로서 차분한 풍경을 보여 주고 있습니다.

어휘정리

風情(ふぜい) : 풍정, 운치(=おもむき)

2) 무령왕릉

완전한 형태로 발견된 1,500년 전의 훌륭한 고분입니다.

무령왕릉은 백제 제25대 무령왕(462~523)과 왕비의 묘입니다. 거기서 출토된 3,000여 점의 유물을 통하여 당시 문화의 일면을 엿볼 수가 있습니다. 그 유물들은 백제인의 세련된 미의식과 공예기술을 보여 주고 있습니다. 사진은 무령왕릉의 현실내부를 찍은 것입니다. 박석에는 연화문 등이 새겨지고, 현실 벽화에는 등잔을 설치한 등불이 있습니다.

무령왕릉의 발견, 발굴은 실로 세기의 일대 사건이고, 장절한 일대 드라마입니다.

공주는 백제의 문주왕 21년 고구려의 압박에 의해 초기의 왕도인 한성(광주)에서 천도한 백제 두 번째의 수도입니다. 그해 문주왕이 즉위(475)하여 성왕 16년(538)에 사비(부여)로 천도할 때까지의 5대 64년간 백제 중흥의 수도로서 번영했습니다.

그럼 무령왕릉에 대한 것입니다만, 공주 시내의 북서쪽에 있는 송산리라는 구릉에서 발견되었습니다.

무령왕릉은 전방좌의 제6호분=벽화전실과 마찬가지로 자연의 암상을 굴착한 뒤 횡혈식의 벽돌쌓기로 만들었습니다.

어휘정리

玄室(げんしつ) : 현실 : 무덤의 앞 부분   蓮花文(れんげもん) : 연화문
龕灯(がんどう) : 불단의 등불   壮絶(そうぜつ) : 장렬

　アーチ型天井の羨道と玄室の壁はすべて蓮華文のレリーフのある磚(レンガ)でして、二枚一組あるいは一枚ずつ、きちんと手ぎわよく積みかさねてあります。

　この磚の積みですが、漆喰など接合剤をもちいずに磚をつみあげております。いわゆる空積みの方法です。

　武寧王陵は第6号墳とともにもちろん石室ではなく、レンガづくりのお墓、つまり中国南朝ふうの磚室です。

　武寧王と王妃の合葬陵である武寧王陵は、宋山里古墳群一帯で、1971年、排水溝工事中に、完全な形で発見されました。陵の内部の玄室からは、約1,500年間眠っていた王と王妃の棺の他、金製冠装飾、装身具、死後の世界の土地の証書である買地券など、108種類2,900点を超える遺物が発見され、現在は国立公州博物館に展示されています。

　玄室の壁は全て、蓮の模様のレンガで刺繍をしたように美しく積み上げたもので、その精緻な美しさはガラス越しに覗いてもよくわかります。武寧王陵を含む7基の百済古墳を宋山里古墳と呼び、武寧王陵と5・6号墳は現在、保存のため玄室は観覧できませんが、武寧王陵前に設けられた展示館で武寧王陵の内部断面が鑑賞できます。

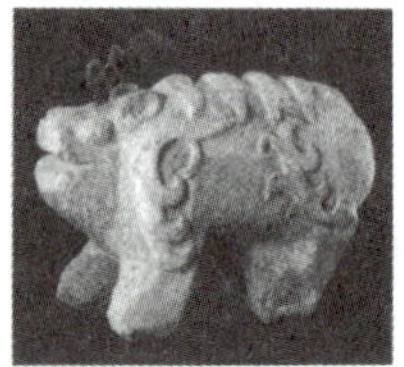

［武寧王陵　遺物］

평면구조를 보면, 장방형의 연도와 현실, 그리고 배수구(벽돌구조)를 갖추고 있습니다.

아치형 천장의 연도와 현실의 벽은 모두 연화문의 부조가 있는 벽돌로, 2장 1조 혹은 1장씩 단정히 솜씨좋게 쌓아올렸습니다.

이 벽돌쌓기는 회반죽 등 접합제를 사용하지 않고 벽돌을 쌓아올렸습니다. 소위 공적의 방식입니다.

무령왕릉은 제6호분과 함께 물론 석실이 아니고 벽돌로 만든 묘로서 중국 남조풍의 전실입니다.

무령왕과 왕비의 합장릉인 무령왕릉은 송산리 고분군 일대에서 1971년 배수구 공사 중에 완전한 형태로 발견되었습니다. 능 내부의 현실에서는 약 1,500년간 잠들어 있던 왕과 왕비의 관 이외에 금제관장식, 장신구, 사후세계의 토지증명인 매지권 등 108종류 2,900점이 넘는 유물이 발견되어 지금은 국립공주박물관에 전시되어 있습니다.

현실의 벽은 모두 연꽃모양의 벽돌로 자수를 놓은 듯 아름답게 쌓아올린 것으로 그 정치한 아름다움은 유리너머로 보아도 알 수 있습니다. 무령왕릉을 포함한 7기의 백제 고분을 송산리 고분군이라 하며, 무령왕릉과 5, 6호분은 현재 보존을 위해 현실은 관람할 수 없지만, 무령왕릉 앞에 설치된 전시관에서 무령왕릉의 내부단면을 감상할 수 있습니다.

어휘정리

羨道(えんどう) : 연도 ; 현실에 이어진 통로

漆喰(しっくい) : 회반죽, 석회를 풀가사리·찰흙 따위와 함께 반죽한 것, 벽이나 천장 따위에 바르거나 돌·벽돌의 접합에 쓰임

棺(ひつぎ) : 관

証書(しょうしょ) : 증서

買地券(ばいちけん) : 매지권 ; 땅을 산 증명서

精緻(せいち) : 정치 ; 정교하고 치밀함

覗(のぞ)く : 들여다보다, 엿보다

3) 宋山里古墳群

20余基の古墳が三群にわたって分布してあります。

A群は1・2・3・4・7・89号墳で横穴式石室墳群です。

B群は武寧王陵、5・6・29号で石室、磚室墳です。

C群は隣接する丘陵斜面に立地する14・15号です。

4) 公山城

百済の宮城であった熊津城の跡と言われ、朝鮮王朝時代にも城が築かれました。石積みの城壁や城門をはじめ錦江を望む拱北楼などが残されており、今は公園になっています。

5) 国立公州博物館

[國立公州博物館]

燦然と輝く武寧王陵の遺物などが並んでいます。

武寧王陵から出土した遺物を始め、百済王朝時代の8,000点に及ぶ美術品や工芸品のうち約1,000点が展示されています。優麗なデザインの黄金の冠や端正な土器の他、屋外に展示された石造の仏像なども見逃せません。

6) 公州地方の寺院と仏跡

百済時代に造営されたのは史料に見えるのは大通寺と水源寺のみです。当時はもっと多かったと思えるが公州地方の特徴として西穴寺、南穴寺など山中の自然の洞窟を利用した石窟をともなう寺院が多いことであります。修行窟であったと考えられます。

3) 송산리 고분군

20여기의 고분이 3군으로 나뉘어 분포되어 있습니다.

A군은 1, 2, 3, 4, 7, 89호분으로 횡혈식석실분군입니다.

B군은 무령왕릉, 5, 6, 29호로 석실, 전실분입니다.

C군은 인접한 구릉사면에 입지하는 14, 15호입니다.

4) 공산성

백제의 궁성이었던 웅진성의 유적이라고 하며, 조선왕조시대에도 성이 축조되었습니다. 석축의 성벽과 성문을 비롯해 금강을 조망할 수 있는 공북루 등이 남아 있고 지금은 공원이 되어 있습니다.

5) 국립공주박물관

찬연하게 빛나는 무령왕릉의 유물 등이 진열되어 있습니다.

무령왕릉에서 출토한 유물을 비롯하여 백제왕조시대의 8,000점에 이르는 미술품과 공예품 중 약 1,000점이 전시되어 있습니다. 유려한 디자인의 황금관이나 단정한 토기 이외에 옥외에 전시된 석조의 불상 등도 놓칠 수 없습니다.

어휘정리

優麗(ゆうれい) : 우려 : 우아하고 아름다움	**端正(たんせい)** : 단정함

6) 공주지방의 사원과 불적

백제시대에 조영되었던 것 중 사료에 보이는 것은 대통사와 수원사뿐입니다. 당시에는 더 많았을 것으로 생각되는데, 공주지방의 특징으로서 사혈사, 남혈사 등 산중의 자연동굴을 이용한 석굴이 있는 사원이 많다는 점입니다. 수행굴이었다고 여겨집니다.

어휘정리

洞窟(どうくつ) : 동굴

石窟(せっくつ) : 석굴

修行窟(しゅぎょうくつ): : 수행굴

1) 泗沘城

　公州の後、538年に百済の都となりましたが、660年に新羅・唐の聯合軍に破れ滅亡<ruby>し、現在は人口10万人のどこか奈良県明日香村に似た静かな町です。

　538年から660年までの123年間6代王。
　538年26代聖王16年に熊津から遷都。
　百済の中央に5部をおき、地方に5方をおきました。

2) 白馬江

　錦江の下流地域で、広い川幅と緩やかな流れ、白い砂州と緑の山並みが調和し、大陸的な風景を作り出しています。史跡の多い扶蘇山から百済大橋まで船で行くのも風情があります。対岸の百済大橋の先にも船着き場があります。

［白馬江］

3) 扶蘇山

　白馬江に栄枯盛衰を映す百済終焉の地扶蘇山は別名、半月城とも呼ばれる百済の鎮山

1) 사비성

  공주에 이어 538년에 백제의 수도가 되었습니다만, 660년에 신라, 당의 연합군에 패해 멸망하여, 현재는 인구 10만의 어딘지 나라현의 아스카무라와 닮은 조용한 도시입니다.

  538년부터 660년까지의 123년간 6대왕.
  538년 26대 성왕 16년에 웅진에서 천도.
  백제의 중앙에 5부를 두고, 지방에 5방을 두었습니다.

어휘정리

  破(やぶ)れる : 찢어지다, 깨지다, 다치다, 망하다, 패하다
  滅亡(めつぼう) : 멸망
  明日香村(あすかむら) : 일본 나라에 있는 마을 지명

2) 백마강

  금강의 하류유역으로 넓은 강폭과 완만한 흐름, 흰 백사장과 녹음진 산등성이 조화되어, 대륙적인 풍경을 만들어내고 있습니다. 사적이 많은 부소산에서 백제대교까지 배로 가는 것도 정취가 있습니다. 건너편 백제대교 앞에도 선착장이 있습니다.

어휘정리

  砂州(さす) : 사주 ; 해안이나 호안에 생기는 긴 모래톱
  史跡(しせき) : 사적
  対岸(たいがん) : 대안 ; 건너편 강가
  船着(ふなつ)き場(ば) : 선착장

3) 부소산

  백마강에 영고성쇠를 비추는 백제 종언의 땅 부소산은 일명 반월성이라고도 하는 백

です。景観がすばらしく、扶余の代表的な名所となっています。山城内の隅々には百済の遺跡と伝説が残されています。見晴らしの良い所には朝鮮王朝時代の楼閣が建てられ、ゆっくり散歩しなから回れます。突端は断崖絶壁で白馬江の畔へ降りる坂道の途中に、新羅・唐聯合軍に追い詰められた百済の宮女たち約3,000人が白馬江に身投げしたという百花亭があります。その様がちょうどツツジの花が落ちるように見えたことから、崖は落花岩と呼ばれています。見下ろすとかなりの高さで、女たちの心情に思いが残ります。

　さらに下れば、官女たちの霊を弔う皐蘭寺に出ます。白馬江の船着き場はすぐその先なので、行き帰りに船を使うと良いでしょう。

［百花亭］

4) 落花岩

　扶蘇山の西側の崖にある岩で、百済が危機にせまった時、義慈王は敵に追われ都を捨て熊津に走りますが、宮廷に残された多くの宮女達は、生きて敵兵に踏みにじまれるよりはいっそ死んで操を守りたい一念から赤、青、黄といろとりどりのチマをかぶり花が散るように崖の上から身を投げ、あわれな一生を終えた悲しい岩です。

제의 진산입니다. 경관이 뛰어나고 부여의 대표적인 명소입니다. 산성 내의 구석구석
에는 백제의 유적과 전설이 남아 있습니다. 전망이 좋은 곳에는 조선왕조시대의 누각
이 세워져 있고, 느긋하게 산책하며 돌아볼 수 있습니다. 돌출부는 단애절벽으로 백마
강변으로 내려가는 비탈길 도중에, 신라와 당의 연합군에 쫓긴 백제의 궁녀들 약 3,000
명이 백마강에 투신했다는 백화정이 있습니다. 그 모양이 마치 진달래꽃이 지는 것처
럼 보여서 절벽은 낙화암이라고 불리우고 있습니다. 내려다보면 상당한 높이로 여인들
의 심정에 가련함이 남습니다.

　　더 내려가면, 궁녀들의 영혼을 추선공양하는 고란사가 나옵니다. 백마강의 선착장은
바로 그 앞이므로 돌아가는 길에 배를 이용하면 편합니다.

어휘정리

栄枯盛衰(えいこせいすい) : 영고성쇠

終焉(しゅうえん) : 종언, 종말

鎮山(ちんさん) : 진산, 뒷 산

突端(とったん) : 튀어나온 곳

断崖絶壁(だんがいぜっぺき) : 단애절벽, 낭떠러지

畔(ほとり) : 근처, 부근

追(お)い詰(つ)める : 궁지에 몰아넣다, 바싹 추궁하다

4) 낙화암

　　부소산 서쪽 절벽에 있는 바위로 백제가 위기에 몰렸을 때 의자왕은 적에 쫓겨 수
도를 버리고 웅진으로 달아났습니다만, 궁정에 남겨진 많은 궁녀들은 살아서 적에게
유린당하기보다는 차라리 죽어서 정절을 지키고 싶다는 일념으로 빨강, 파랑, 노랑의
형형색색의 치마를 쓰고서 꽃이 지듯이 절벽 위에서 몸을 던져 덧없는 일생을 마친 슬
픈 바위입니다.

어휘정리

踏(ふ)みにじる : 밟아뭉개다, 짓밟다, 유린하다

いっそ : 도리어, 차라리

操(みさお) : 절조, 지조, 여자의 정조

5) 皐蘭寺と皐蘭草

● 皐蘭寺＝西腹寺

扶蘇山の西側中腹。

[皐蘭寺]

1942年調査

南門址、中門址、塔址、金堂址が一直線に並ぶ配置、講堂址は検出されていません。

王室に関わりがある寺院らしいです。

高麗時代になって百済の後裔が3,000の宮女の霊を慰めて寺を建てました。

礎石に高麗の物と思える蓮花文が刻まれて皐蘭寺と名付けました。

現存する建物は朝鮮26代高宗時代に恩山面にあった崇角寺の建物を移建したものです。

● 皐蘭草

1枚の葉と根しかない草です。

寿命は30～50年。

葉の裏に点々と2列に胞子が付いています。この胞子は1年に1個ずつ付きます。葉の大きさは5cmほどしかありません。

百花亭から急階段をおりた所の崖にはりついて建つ皐蘭寺は百済時代のお寺ではなく、洛花岩で花と散った三千宮女の霊を慰めるために高麗時代の顕宗(1028)の代に建てられたお寺です。

この皐蘭寺の裏には岩清水が湧いています。泉の上の岩の間に皐蘭草というワラビ科の一種の草が生えていますが皐蘭草は不老草とも呼ばれております。百済の王様はこの岩清水がお好きで毎朝この清水をくませましたがまちがいのない清水であるかを確めるために岩清水にここでしか生えない皐蘭草を浮かばせて来るようにと命ぜられたと伝えられております。

5) 고란사와 고란초

● 고란사 = 서복사

부소산 서쪽 중턱

1942년 조사

남문지, 중문지, 탑지, 금당지가 일직선으로 배치되어 있고, 강당지는 검출되지 않았습니다.

왕실과 관련있는 사원인 것 같습니다.

고려시대가 되어 백제의 후예가 3,000 궁녀의 영혼을 위로하기 위해 절을 세웠습니다.

초석에 고려의 것으로 보이는 연화문이 새겨져 고란사라고 이름지었습니다.

현존하는 건물은 조선 26대 고종시대에 은산면에 있던 숭각사의 건물을 이전한 것입니다.

● 고란초

1장의 잎과 뿌리밖에 없는 풀입니다.

수명은 30~50년.

잎의 뒷면에 점점의 2열로 된 포자가 붙어 있습니다. 이 포자는 1년에 1개씩 붙습니다. 잎의 크기는 5㎝ 정도에 지나지 않습니다.

백화정에서 급한 계단을 내려간 곳에 서 있는 고란사는 백제시대의 절이 아니라 낙화암에서 꽃처럼 진 3천의 궁녀를 위로하기 위해 고려시대 현종(1028)대에 지어진 절입니다.

이 고란사의 뒷편에는 바위에서 샘물이 솟아나고 있습니다. 샘 위 바위에 고란초라는 고사리과의 일종인 풀이 돋아나고 있습니다만 고란초는 불로초라고도 불리우고 있습니다. 백제의 왕은 이 샘물을 좋아하여 매일 아침 이 샘물을 떠오게 했는데 틀림없이 이 샘물인가를 확인하기 위하여 이곳에서밖에 자라지 않는 고란초를 띄워오도록 명했다고 전해오고 있습니다.

皐蘭寺の金堂（こんどう）の裏の壁には三種類の絵が描かれております。三千宮女が崖（がけ）から落ちる絵と皐蘭草を浮かばせた岩清水を王様に捧（ささ）げる絵と日本から島女（しまめ）、石女（いしめ）、豊女（とよめ）の三人の女性が船に乗ってこのお寺に修業（しゅうぎょう）に来（え）る絵です。

6) 仏教伝来謝恩碑

1972年5月10日に建立（こんりゅう）しました。

百済大橋を渡って右手の松林の中に「仏教伝来謝恩碑（しゃあん）」が建ててあります。もともとこの碑の建立（こんりゅう）は国柱会の創始者（そうししゃ）である田中智学（たなかちがく）先生の「日本の仏教の今日あるは昔百済国聖王が日本へ仏教を伝えて下さったお陰（かげ）である。百済の恩義（おんぎ）は千載（せんさい）に忘れてはならない。」と日本全仏教徒（ぶっきょうと）に提唱（ていしょう）された事からはじまります。

好事（こうじ）魔多（まおお）しの言葉の如（ごと）く1903年提唱（ていしょう）なされたものの、難関（なんかん）が相続（あいつづ）きました。相次（あいつ）ぐ難関に出合いながらも初志（しょし）を屈（くっ）せず日本仏教徒と謝恩事業韓国協賛会のご協力のもと70年振りの1972年5月10日ここ百済の旧都扶余に仏教伝来私恩碑を建立し知恩報恩の至誠（しせい）の実が結ばれたのであります。

日本は仏教の伝来により文化が芽生（めば）えそれがやがて飛鳥白鳳（あすかはくほう）文化の花を咲かせました。日本文化の原流がほかならぬ扶余である事を天下に公言したのがこの謝恩碑（しゃおんひ）だと思います。

国柱会ではこの謝恩碑を建立して以来二年置きに「百済の恩義千載に忘るべからず（おんぎせんざい）」の精神をもって謝恩碑に参拝（さんぱい）し、そしてその碑をお護（まも）りする地元扶余の有志（ゆうし）と親善交流（しんぜんこうりゅう）をはかっております。

謝恩碑には漢文、日本文、英文で次のように記しております。

「日本の仏教は日本国欽明朝（きんめいちょう）(552年)に百済国聖王によりはじめて伝来された以来、発展

고란사의 금당 뒷벽에는 3종류의 그림이 그려져 있습니다. 3천 궁녀가 절벽에서 떨어지는 그림과 고란초를 띄운 샘물을 왕에게 바치는 그림과 일본에서 시마메, 이시메, 도요메 세 사람의 여성이 배를 타고 이 절로 수행을 하러 오는 그림입니다.

어휘정리

6) 불교전래사은비

1972년 5월 10일 건립되었습니다.

백제대교를 건너 오른쪽 송림 속에 '불교전래사은비'가 세워져 있습니다. 원래 이 비의 건립은 국주회의 창시자인 타나카 치가쿠 선생이 "일본의 오늘의 불교가 있는 것은 옛날 백제국 성왕이 일본에 불교를 전래해 주신 덕분이다. 백제의 은혜는 천년이 가도 잊어서는 안된다."고 일본 전 불교도들에게 제창한 일에서 비롯됩니다.

호사다마라는 말처럼 1903년 제창하긴 했지만 난관이 뒤를 이었습니다. 뒤를 잇는 난관에 부딪치면서도 초지를 굽히지 않은 일본 불교도와 사은사업한국협찬회의 협력을 토대로 70년 만인 1972년 5월 10일 이곳 백제의 옛 수도 부여에 불교전래사은비를 건립하여 지은 보은의 지성의 열매가 맺어진 것입니다.

일본은 불교의 전래에 의해 문화가 싹트고 그것이 아스카 하쿠호 문화의 꽃을 피우게 하였습니다. 일본 문화의 원류가 다름아닌 부여라는 것을 천하에 공언한 것이 이 사은비라고 생각합니다.

국주회에서는 이 사은비를 건립한 이래 2년마다 '백제의 은혜를 천세에 잊어서는 안된다.'는 정신으로 사은비에 참배하고, 이 비를 보호하는 이곳 부여의 유지들과 친선교류를 꾀하고 있습니다.

사은비에는 한문, 일문, 영문으로 다음과 같이 적혀 있습니다.

"일본의 불교는 일본국 긴메이쵸(552년)에 백제국 성왕에 의해 처음으로 전래된 이

［佛教傳來謝恩碑］

を重ねて日本文化の精華となった。
　日本の仏教徒はその恩義を千載に忘れる事が出来ない。よってここに感謝の誠をあらわすため韓国仏教徒の御好意のもとに聖王の旧都であるこの地に謝恩碑を建立し、もって韓日両国民の永遠にわたる親善の証しとし、ひいて世界平和の象徴たらしめたいと念願するものである。」

1972年5月10日

日本仏教伝来謝恩碑事業会

7) 定林寺址の塔

　石塔と石仏のみが残された大伽藍跡。土塀に囲まれた広々とした敷地に、気品ある五重の石塔がボシンと残っていますが、百済時代にはここに塔、金堂、中門、講堂が一直線に並ぶ大伽藍がありました。韓国の代表的な石塔寺院であったと言われ、花崗岩で高さ8.33mのこの石塔は優雅で気品があり、千数百年間完全な形で保存されてきました。夕日のかかったこの石塔の風景は、扶余8景のひとついわれています。またこの寺院は、宝物108号に指定されている石仏坐像があります。

［定林寺址　五層石塔］

래 발전을 거듭하여 일본 문화의 정화가 되었다.

일본의 불교도는 그 은혜를 천세에 잊을 수가 없습니다. 여기에 사은의 정성을 나타내기 위해 한국 불교도의 호의 아래 성왕의 옛 수도인 이 땅에 사은비를 건립하고, 이로써 한일 양국민의 영원한 친선의 증거로 삼고 더 나아가 세계평화의 상징으로 여기고 싶다고 염원하는 바이다."

1972년 5월 10일

일본불교전래사은비사업회

어휘정리

建立(こんりゅう) : (절·당탑을) 건립함

好事魔多(こうじまおお)し : 호사다마

芽生(めば)える : 싹트다

飛鳥(あすか)時代 : 일본의 6세기 후반에서 7세기 전반에 걸친 불교문화가 번영했던 시대

白鳳(はくほう)時代 : 7세기 중반에서 8세기 초까지의 시기

恩義(おんぎ) : 은의

千載(せんざい) : 천재, 천세, 천년(=千年)

欽明朝(きんめいちょう) : 백제에서 불교가 전해진 때의 일본 조정. 欽明는 기록에 의하면 일본의 29대 천왕

精華(せいか) : 정화, 정수

7) 정림사지탑

석탑과 석불만이 남아 있는 대가람 터. 흙담으로 둘러진 넓고 넓은 부지에 기품 있는 오층석탑이 우뚝 남아 있습니다만 백제시대에는 여기에 탑, 금당, 중문, 강당이 일직선으로 배열된 대가람이었습니다. 한국의 대표적인 석탑사원이었다고 하며 화강암으로 높이 8.33m인 이 석탑은 우아하고 기품이 있고 천수백 년간 완전한 형태로 보존되어 왔습니다. 석양이 비치는 이 석탑의 풍경은 부여팔경 중 하나라고 말해지고 있습니다. 또 이 사원은 보물 108호로 지정되어 있는 석불좌상이 있습니다.

어휘정리

大伽藍(だいがらん) : 대가람, 큰 절   土塀(どべい) : 흙담

花崗岩(かこうがん) : 화강암   石仏坐像(せきぶつざぞう) : 석불좌상

8) 宮南池・宮南池の伝説

●宮南池

扶余邑東南里。史跡135号。百済時代の苑池です。

20里離れた所に濠を造り水を引いたといいます。

西方の堤と池のほとりの丘に柳を植えて人工の島を造り方丈山(神仙の住む海中の島)に模したといいます。(『三国史記』)

昔は2万余坪でありました。現在は亭が中島にあります。

『三国史記』によると、百済武王35年(634年)に宮城の南に池を掘り、周囲には枝垂れ柳を植え、中央には小さな島を造ったと言われています。宮南池は韓国造形史上、重要な遺跡と評価され慶州の雁鴨池の造形にも大きな影響を与えました。

［宮南池］

●宮南池の伝説

武王(30代、義慈王の父君)の伝説。

武王の父君は法王(588～600年)、武王の母は後家になり池のほとりに住んでいた。

池には竜が住み、その竜と通じ生きた子が武王で、幼な名を薯童といった。

薯童は家がまずしく芋を掘って売り、生活していた。

新羅の姫、善花公主(真平王の三女)。

子供達にふかし芋をあたえ歌をおしえる。

王の怒りに善花公主は追放され、それをまっていた薯童は公主を百済につれて帰る。

8) 궁남지 · 궁남지의 전설

●궁남지

부여읍 동남리 사적 135호. 백제시대의 원지입니다.

20리 떨어진 곳에 해자를 만들고 물을 끌어왔다고 합니다.

서쪽 제방과 연못 근처의 언덕에 버드나무를 심어서 인공섬을 만들고 방장산(신선이 사는 바닷속의 섬)을 모방했다고 합니다.(『삼국사기』).

옛날에는 2만여 평이었습니다. 현재는 정자가 중도에 있습니다.

『삼국사기』에 의하면 백제 무왕 35년(634년)에 궁성의 남쪽에 연못을 파고, 주위에는 가지가 늘어지는 버드나무를 심고 중앙에는 작은 섬을 만들었다고 합니다. 궁남지는 한국 조형 사상 중요한 유적으로 평가되고 경주의 안압지 조형에도 큰 영향을 주었습니다.

어휘정리

苑地(えんち) : 원지 : 정원이 있는 지역

濠(ほり) : 땅을 파서 만든 수로, (성 둘레에 판) 해자

模(も)する : 본뜨다, 모방하다, 흉내내다

造形(ぞうけい) : 조형

●궁남지의 전설

무왕(30대, 의자왕의 아버지)의 전설.

무왕의 아버지는 법왕(588~600년)이며, 무왕의 어머니는 홀로 되어 연못 근처에 살고 있었다.

연못에는 용이 살고, 그 용과 통하여 생긴 아이가 무왕으로 어릴 적 이름을 서동이라고 했다.

서동은 집이 가난해서 마를 캐다 팔아 생활하고 있었다.

신라의 공주 선화공주(진평왕의 3녀).

아이들에게 마를 쪄 나눠주며 노래를 가르쳤다.

왕의 노여움에 선화공주는 쫓겨나고 그것을 기다리고 있던 서동은 공주를 백제로 데리고 돌아간다.

武王と善花公主(王妃)はある日お寺に参詣する。

　途中竜華山のふもとに来に時、池のほとりに通りかかった時、池の中から弥勒仏三尊が湧き出たので、そこに池を埋めて寺を建立した。

　それが益山の弥勒寺です。

9) 国立扶余博物館

　日本にも伝えられた百済仏教文化の宝庫でございます。

　古代建築様式に模した合掌造りの建物には、先史時代以降の遺物が展示されていますが、中心はもちろん百済時代で、この地で花開いた仏教文化の真髄を見ることができます。法隆寺などで発見された丸瓦の祖型と言われる蓮華文瓦を始め、日本との関わりを明かす貴重な資料が興味を引きます。

무왕과 선화공주(왕비)는 어느날 절에 참배를 한다.

도중 용화산의 기슭에 왔을 무렵 연못가를 지나가는데 연못 안에서 미륵불삼존이 솟아나왔기 때문에 거기에 연못을 메꾸고 절을 건립했다.

그것이 익산 미륵사입니다.

어휘정리

9) 국립부여박물관

일본에도 전래된 백제 불교문화의 보고입니다.

고대 건축양식을 모방한 합각구조의 건물에는 선사시대 이후의 유물이 전시되어 있습니다만 중심은 물론 백제시대이고 이 지역에서 꽃핀 불교문화의 진수를 볼 수 있습니다. 호류사 등에서 발견된 둥근 기와의 원형이라고 말해지는 연화문기와를 비롯하여 일본과의 연관을 밝히는 귀중한 자료가 흥미를 끌고 있습니다.

어휘정리

第10章

済州道の歴史・文化

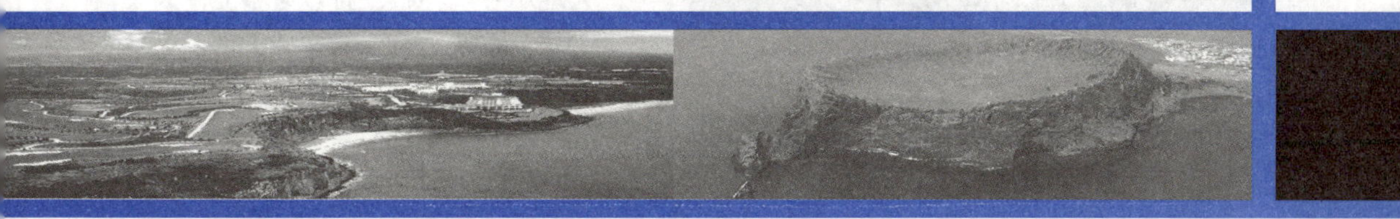

神話というものは、すべて作り話として片付けられがちでありますが、だが、ある程度は民間信仰に基づいた史実の部分も持っています。これらのことは民俗学及び民族学の研究対象でしょうが。

神話とか伝説が史実をよく反映している例としては、済州道の三姓始祖の話があります。

これら高・梁(良)・夫の三姓始祖は男神で、大地から現われ、狩りをして、肉を食べ、その獣の皮で身にまとうものをこ

[城山 日出峰]

しらえたという話がそれです。この三姓始祖である男神たちの狩猟肉食生活は、この島人たちの生活がまさにそうであったという事実を物語っています。また、この三姓始祖神話には、女神が島の外から入って来て農耕を勧めるという件があります。

済州道の三姓始祖神話は、高句麗の始祖である高朱蒙神話のような波瀾万丈の一大長篇神話ではありません。けれども高朱蒙神話とか檀君神話で見られるように天孫降臨は北方遊牧民族の間に広く流布されているものであり、それは日本の皇室神話にもそのまま表われています。

高朱蒙神話には高句麗の人たちの天に対する信仰と強い進取闘争精神が表われていて、部族の移動と建国の過程が盛られています。

一方、新羅の始祖神話はこれとは異なり、信仰行為の要素を秘めています。朴赫居世を崇める六部の代表である蘇伐公は祭司長であろうと思われており、赫居世が王位に即いたという四月丙辰(又は五月十五日)には、今もって嶺南地方では「洞祭」を行っています。朴赫居世と金閼智は民族神であり、国祖神でもありながらまた、新羅王室の先祖神でもあり、彼らは古代のシャーマンでした。

また一方、駕洛国の金首露王神話は天孫降臨型であり、即位式という「要式儀礼」が語

신화는 모두 만들어진 이야기라고 치부되기 쉽지만, 어느 정도는 민간신앙에 토대를 둔 사실의 부분도 담겨 있습니다. 이런 것들은 민속학 및 민족학의 연구대상이 되기도 합니다만.

신화나 전설이 사실을 잘 반영하고 있는 예로서는 제주의 삼성시조의 이야기가 있습니다.

이들 고, 양, 부의 삼성시조는 남신으로, 대지로부터 나타나 사냥을 하고 고기를 먹고 그 짐승의 가죽으로 몸을 가렸다는 이야기가 그것입니다. 이 삼성시조인 남신들의 수렵육식생활은 이 섬 사람들의 생활이 정말 그러했다는 사실을 말해 주고 있습니다. 또 이 삼성시조의 신화에는 여신이 섬 외부에서 들어와 농경을 권했다는 이야기가 있습니다.

제주도의 삼성시조 신화는 고구려의 시조인 고주몽신화와 같은 파란만장한 일대 장편 신화는 아닙니다. 그러나 고주몽신화라든가 단군신화에서 볼 수 있는 천손강림은 북방유목민족 사이에서 널리 유포되어진 것으로, 그것은 일본의 황실신화에도 그대로 나타나고 있습니다.

고주몽신화에는 고구려 사람들의 하늘에 대한 신앙과 강한 진취 투쟁정신이 나타나 있고, 부족의 이동과 건국의 과정이 담겨 있습니다.

한편, 신라의 시조 신화는 이와는 달리 신앙행위의 요소를 간직하고 있습니다. 박혁거세를 숭앙하는 6부의 대표인 소벌공은 제사장일 거라고 생각되며, 혁거세가 왕위에 즉위했다는 4월 병진(또는 5월 15일)에는 지금도 영남지방에서는 '동제'가 행해지고 있습니다. 박혁거세와 김알지는 민족신이고 국조신이기도 하면서 또 신라왕실의 선조신이기도 하며 그들은 고대의 샤만이었습니다.

또 한편, 가락국의 김수로왕 신화는 천손강림형이고 즉위식이라는 '요식의례'가 얘

어휘정리

片付(かたづ)ける : 정리하다, 치우다	基(もと)づく : 기초하다, 기반을 두다
勧(すす)める : 권하다, 권유하다	件(くだり) : 긴 문장의 한 절
波瀾万丈(はらんばんじょう) : 파란만장	天孫降臨(てんそんこうりん) : 천손강림
流布(るふ)する : 유포하다	盛(も)る : 쌓다, 담다
秘(ひ)める : 숨기다, 내포하다	崇(あが)める : 숭상하다, 우러러 받들다

られています。これとともに仏教的な色彩が後世になって加味され、それによって首露
王妃の許氏の実家である阿踰陀国は、古代の中部印度にあった王国と言われています。

　ですが、済州道の三姓始祖神話は土着的な狩猟文化と外来の農耕文化がそのモチーブ
となっています。

② 済州道の略史

　歴史以前の済州道に関しては、その神話をさしおいては到底 詳らかにうかがい知る
ことができません。済州道にまつわるこの神話がまた、実に奇異なので、私たちの興味
をそそるのです。

　「梁(良)乙那、高乙那、夫乙那」という三人の神人が三姓穴と呼ばれる大地の穴からいで
まし、狩猟をいとなみ、獣皮をきて、肉食で生計を立て矢を射て各々の領地と定めて過
ごしていたところ、たまたま海の彼方の碧浪国よりこの地に寄った三人の王女を、それ
ぞれ妻に娶り一家を成したとのことが文献上のそれです。(『三国史記』、『東国通鑑』、『高
麗史等』)。

　ところで、三人の王女が持参した五穀の種と牛馬を持って、それを耕作飼育する本格
的な農耕牧畜生活がこの時から営み始められたと伝えられております。また、この当
時、三始祖神が、各々その領地と定めた所を第一徒、第二徒、第三徒といいならし、今
もなお、その地名が使われております。

　済州道は、長い間にわたり百済に隷属していましたが、百済の滅亡と共に、再び新羅
の支配下に人ります。

　新羅が滅び、高麗が建国しますが、済州が臣節の礼をとらぬのをいさぎよしとしな
かった太祖が兵を繰り出し武力に依ってこれを隷属させます。

기되고 있습니다. 이와 함께 불교적인 색채가 후세에 가미되어, 그에 의해 수로왕비 허씨의 친정인 아유타국은 고대 중부인도에 있었던 왕국이라고 말해지고 있습니다.

그러나 제주도의 삼성시조 신화는 토착적인 수렵문화와 외래의 농경문화가 그 모티브입니다.

1 제주도의 약사

역사 이전의 제주도에 관해서는 신화를 제외하고는 도저히 자세히 엿볼 수가 없습니다. 제주에 얽힌 이 신화가 또 실로 기이하여 우리들의 흥미를 자아내게 합니다.

'양을나, 고을나, 부을나' 라는 세 사람의 신인이 삼성혈이라는 대지의 구멍으로부터 나타나, 수렵을 영위하며 가죽옷을 입고 육식으로 생계를 하며, 화살을 쏘아 각자의 영지를 정하여 지내고 있었는데, 우연히 바다 저편의 벽랑국으로부터 이곳에 온 세 명의 왕녀를 각각 아내로 삼아 일가를 이루었다는 것이 문헌상의 그것입니다. (『삼국사기』, 『동국통감』, 『고려사』 등)

그런데 세 사람의 왕녀가 지참하고 있던 오곡의 종자와 우마로 경작사육을 하는 본격적인 농경목축생활이 이때부터 행해지기 시작했다고 전해지고 있습니다. 또 이 당시 세 시조신이 각각의 영지로 정한 곳을 제1도, 제2도, 제3도라고 부르며, 지금도 역시 그 지명을 사용하고 있습니다.

제주도는 오랜 기간에 걸쳐 백제에 예속되어 있었지만, 백제의 멸망과 함께 다시 신라의 지배하에 들어갑니다.

신라가 망하고, 고려가 건국했습니다만, 제주가 신하의 예를 취하지 않은 것을 탐탁하게 여기지 않은 태조가 군사를 보내 무력으로 이를 예속시켰습니다.

어휘정리

詳(つまび)らか : 자세함, 소상함, 상세함	そそる : 자아내다, 북돋우다
いでまし : 행차 ; 신분이 높은 사람의 출타	射(い)る : 쏘다, 사격하다
たまたま : 가끔, (마침 그때) 우연히, 때마침	
娶(めと)る : 장가들다, 아내로 맞이하다	隷属(れいぞく) : 예속
臣節(しんせつ) : 신절 ; 신하로서 지켜야 할 절조	
いさぎよしとしない : 떳떳하게 여기지 않다, 치사하게 여기다	

済州道は、東西に長い楕円形の島です。

［漢拏山 白鹿潭］

本島以外に、九つの有人島(総面積約15平方キロメートル)ならびに40の無人島からなります。

済州道は、島のやや西寄りの中央に、海抜1,950メートルの韓国最高の漢拏山が聳えているアスピーテ(Aspite)平面式の火山島でございます。

その昔、仙人らの遊び場だったといわれる漢拏の山頂には、直径約500mの清い水をたたえている白鹿潭という底浅い火口湖があります。

済州道は韓国の最南端、北太平洋上に浮かぶ最大の島(1,825km²)です。近海を流れる暖流の影響で一年を通して温暖なため、「東洋のハワイ」とも呼ばれています。また昔は耽羅国という独立国だったので、独自の風習や方言、文化などが残っており、他の地方では見られない光景に出会うこともできます。日本からは直行便も多く出ています。

この島は韓国最南端に位置し、また、その沿岸に暖流が流れていることから、もっとも暖かく、冬さなかでも零下5度以下に下がることなく、温和な気候を呈しますが、12月と1月には北西季節風に依り、風が強いのが特徴です。

済州道の農作地は総面積の約27%に過ぎず、それすらほとんどが山地の傾斜面にあり、また、地表が侵水性の強い玄武岩から成っているので灌漑施設をするに能わず、従って稲作はほんの微々たるもので(農作地の2%)、農作物の殆んどは、98%からなる畑からの、

제주도는 동서로 긴 타원형의 섬입니다.

본섬 이외에 9개의 유인도(총면적 약 15㎢) 및 40개의 무인도로 이루어집니다.

제주도는, 섬 중앙의 약간 서쪽편에 해발 1,950m인 한국 최고의 한라산이 솟아 있는 아스피테(Aspite) 평면식의 화산섬입니다.

그 옛날 선인들의 놀이터였다는 한라의 산정에는 직경 약 500m의 맑은 물이 차있는 백록담이라는 깊지 않은 화산호가 있습니다.

제주도는 한국의 최남단 북태평양상에 떠 있는 최대의 섬(1,825㎢)입니다. 근해를 흐르는 난류의 영향으로 연중 온난하기 때문에 '동양의 하와이'라고 불리우고 있습니다. 또 옛날에는 탐라국이라는 독립국이었기 때문에 독자의 풍습과 방언, 문화 등이 남아 있고, 다른 지방에서는 볼 수 없는 광경을 만날 수도 있습니다. 일본으로부터는 직행편도 많이 있습니다.

이 섬은 한국 최남단에 위치하고 또 그 연안으로 난류가 흐르고 있기 때문에 아주 따뜻해서 한겨울에도 영하 5도 이하로 내려가지 않는 온화한 기후를 보이지만, 12월과 1월에는 북서계절풍의 영향으로 바람이 강한 것이 특징입니다.

어휘정리

楕円(だえん) : 타원	
寄(よ)り : 근처, 집합, 모임	
聳(そび)える : 솟다, 우뚝 솟다	
たたえる : 가득 채우다, 띄우다	
呈(てい)する : 드리다, 바치다, 나타내다, 보이다	
依(よ)る : 의하다, 근거하다	

④ 제주도의 산업과 특산물

제주도의 농경지는 총면적의 약 27%에 지나지 않고, 그조차 대부분이 산지의 경사면인 데다 지표가 침투성이 강한 현무암으로 이루어져 있어 관계시설을 하기에 마땅치 않아서, 벼농사는 아주 미미해(농경지의 2%) 농작물 대부분(98%)은 밭농사로 보리,

麦、じゃがいも、さつまいも、あわなどであります。特産物としては油菜、大麦、蜜柑、などが指折られます。

⑤ 済州道の民謡と習俗

現代文明の荒波や電波メディアの急激な普及で、全国の民謡は廃れる一方ですが、済州道のそれは未だ本土に比べるほどではありません。

[濟州 海女]

民謡は文学に音楽、そして律動のある綜合芸術です。昔から人々はそれを「ノレ(唱)」と言っていました。民謡といえば、音楽性だけでなく、民衆の詩的情緒が籠った民族文学というべき、いわば民衆の生活を歌ったものです。仕事(労動)、儀式、遊びなどが素朴に表現されている民衆の歌なのです。

韓国の民謡は四・四音を基調とする定形詩です。これは韓国語が2音節の単語が多く、助詞も一・二音になっていて一つの文節が三・四音になりやすいからです。三音・四音の基本は、郷歌・歌辞・時調ならびに朝鮮時代の小説にも見られる型の一つです。三音の連続はリズム(韻律)が早く、軽快な感じがし、四音はゆったりと安定されたメロディーを作り出します。

済州道では、広く知られている「オドルトギ」を初め、海に出て仕事をする時歌う「船歌」や、「メットルノレ」など、本土より多くの民謡が歌われています。

済州道の家屋構造はその特独な気候で陸地のそれとはかなり違っています。まず風が強いので石と土で壁をあつくし、かやぶきの屋根が飛ばされないように縄で、すきまなく編まれているのです。庭には麦わらが敷かれていますが、これは土の流失を防ぎ、ほこりが起らないようにするための生活の知恵であります。

감자, 고구마, 조 등입니다. 특산물로서는 유채, 대맥, 밀감 등이 손꼽히고 있습니다.

어휘정리

玄武岩(げんぶがん) : 현무암	灌漑施設(かんがいしせつ) : 관계시설
能(あた)う : 할 수 있다, 가능하다	微々(びび)たる : 미미하다, 작다
油菜(あぶらな) : 유채	指折(ゆびお)る : 손꼽을 만큼 뛰어나다, 손꼽다

⑤ 제주도의 민요와 풍습

현대문명의 거친 파도와 전파미디어의 급격한 보급으로 전국의 민요는 쇠퇴하고 있을 뿐이지만, 제주도의 경우는 아직 본토에 비할 수는 없습니다.

민요는 문학과 음악, 그리고 율동이 있는 종합예술입니다. 옛날부터 사람들은 그것을 '노래(창)'이라고 불렀습니다. 민요는 음악성만이 아니고 민중의 시적정서가 깃든 민족문학이라고 할 수 있고, 말하자면 민중의 생활을 노래한 것입니다. 일(노동), 의식, 놀이 등이 소박하게 표현되어진 민중의 노래인 것입니다.

한국의 민요는 4·4음을 기조로 한 정형시입니다. 이것은 한국어가 2음절 단어가 많고 조사도 1·2음으로 이루어져 하나의 문절이 3·4음이 되기 쉬운 때문입니다. 3·4음의 기본은 향가, 가사, 시조 및 조선시대의 소설에서도 찾아볼 수 있는 형태의 하나입니다. 3음의 연속은 리듬(운율)이 빠르고 경쾌한 느낌이 들며, 4음은 느긋함과 안정된 멜로디를 만들어 냅니다.

제주도에는 널리 알려져 있는 '오돌또기'를 비롯해, 바다에 나가 일을 할 때 부르는 '뱃노래'나 '맷돌노래' 등 본토보다도 많은 민요가 불려지고 있습니다.

제주도의 가옥 구조는 그 독특한 기후로 인해 육지와는 상당한 차이가 있습니다. 우선, 바람이 강해서 돌과 흙으로 벽을 두껍게 하고, 초가지붕이 날아가지 않도록 새끼 줄로 촘촘히 얽혀져 있습니다. 마당에는 보릿짚이 깔려 있는데, 이것은 흙의 유실을 막고 먼지가 일어나지 않도록하는 생활의 지혜인 것입니다.

어휘정리

廃(すた)れる : 소용없게 되다, 쇠퇴하다, 시들하다, 인기가 없어지다	
籠(こも)る : 깃들이다, 담기다	
かやぶ(茅葺)き : 새[띠]로 지붕을 임, 또는 그 지붕[집]	
編(あ)む : 짜다, 편집하다	敷(し)く : 깔다, 부설하다, 펴다

　　大昔、この島には人は住んでいなかった。ある日、三人の神様が地から出でました。この三人の神様が出でた掘穴を「毛興穴」と伝った。

　　神の名は、コウルナ・ヤンウルナ・プウルナという。この三人の神様は狩りをして皮衣肉食の生活をしていた。ある日、紫色の土で封じられた木の箱が東の海からこの島に流されてきた。神様たちがこの箱を開けてみると、その中には石の箱が入っていた。この箱を開けてみると、三人の娘と牛、小馬、そして、五穀の種があった。

　　三人の神様は、年の順に合わせて三人の娘を各々の妻に娶り、「毛興穴」へ帰る途中、弓矢で占い、それぞれ住まいにする所を定めた。

　　それぞれの住まいを第一徒、第二徒、第三徒と読んだ。そうして、その地を耕し五穀の種を蒔く、牛と馬を飼い、日ごとに豊かになった。その矢が突きささった石が今も保存されている。

　　済州は以上の神話で見られるように、昔から聖なる神の町として発展してきた地でございます。

　　済州道の部落は都市(済州市)との距離、交通の便、そして、各々がもっている条件等でそれぞれ違ってきますが、これを大別しますと山間の部落と海辺附近の部落とに分けることができます。

　　済州道の部落も陸地(本土)のそれと変わらない、血縁や地域を結合している共同社会なので、閉鎖的な土着性が強いです。

6 삼성시조 신화의 줄거리

　옛날 이 섬에는 사람이 살고 있지 않았다. 어느날, 세 명의 신이 땅으로부터 나왔다. 이 세 명의 신이 나온 구멍을 '모흥혈'이라고 했다.

　신의 이름은 고을나·양을나·부을나라고 했다. 이 세 명의 신은 사냥을 하여 가죽옷을 입고 육식생활을 했다. 어느날, 보랏빛 흙으로 봉해진 나무상자가 동쪽 바다로부터 이 섬으로 흘러왔다. 신들이 이 상자를 열자, 그 속에 돌상자가 들어 있었다. 이 상자를 열어 보았더니, 세 명의 처녀와 소, 조랑말, 그리고 오곡의 종자가 들어 있었다.

　세 명의 신은 나이순에 맞춰 세 명의 처녀를 각각 아내로 삼고, '모흥혈'로 돌아가는 도중, 활과 화살로 점을 쳐서 각자의 거처가 될 곳을 정했다.

　각각의 거처를 제1도, 제2도, 제3도라고 했다. 이리하여, 그 땅을 경작하여 오곡의 종자를 뿌리고, 소와 말을 기르고 나날이 풍요로워졌다. 그 화살이 박힌 돌이 보존되고 있다.

　제주는 이상의 신화에서 볼 수 있듯이, 예로부터 성스러운 신의 마을로서 발전해 온 땅입니다.

어휘정리

封(ほう)ずる : 봉하다, 책봉하다	占(うらな)う : 점치다
耕(たがや)す : 경작하다, 밭갈다	蒔(ま)く : 뿌리다, 파종하다

7 제주도의 가족제도

　제주도의 부락은 도시(제주시)와의 거리, 교통편, 그리고 각각이 지닌 조건 등으로 서로 차이가 있지만, 이것을 대별하면 산간부락과 해변부락으로 나눌 수 있습니다.

　제주도의 부락도 육지(본토)와 다름없이 혈연이나 지역을 결합하는 공동사회이기 때문에 폐쇄적 토착성이 강합니다.

어휘정리

血縁(けつえん) : 혈연
閉鎖的(へいさてき) : 폐쇄적

済州道に始めて訪れる人は、なんとなく南国的な異国的情緒に浸ります。亜熱帯の並木、また道端に立ち並ぶ「トルハルバン(お爺さんをかたどった石像)」は、どこかの常夏の南国の都市にでも来ているような錯覚を起こさせます。

[濟州道의 異國的 風景]

しかし、何といっても済州道の郷土色は、この島の原住民たちのなまり、すなわち方言から感じます。

風、石、女が多くて「三多の島」と呼ばれる済州道は、泥棒、乞食、門がなくて「三無の島」とも呼ばれています。

済州道は方言の豊かさや、古語の宝庫としても大事にされてきました。済州道の個性はこういう特異な方言にあるといっても過言ではありません。

この島の山間部落の老人たちが使う言葉は陸地がら来た人たちにとってはまるで外国語のように聞こえるのです。

この特異な方言を守り続けて来られたのは孤立した離れ島だったからだと思われます。

従って、この済州道には国内の民俗学者や言語学者を引き付けるに充分な珍らしい資料がたくさんあるのです。

9　済州道の四季

みどりなす漢拏山の中腹から海辺へと広がる草原帯、丘は仙女の袴のひだのように見渡される春の済州道は、観光客を迎える準備が整っています。見渡す限りぼうぼうたる大海、この青々とした海に三多の島といわれる済州道は抱き込まれているかのように四方を囲まれています。

제주를 처음 방문하는 사람은 왠지 모르게 남국적인 이국정서에 젖습니다. 아열대의 가로수, 또는 길가에 서 있는 '돌하루방(할아버지를 본뜬 석상)'은 어딘가 상하의 남국 도시에라도 온듯한 착각을 불러일으킵니다.

하지만 뭐라 해도 제주도의 향토색은 이 섬 원주민들의 사투리, 즉 방언에서 느껴집니다.

바람, 돌, 여자가 많아서 '삼다의 섬'으로 불리는 제주도는 도둑, 거지, 문이 없어서 '삼무의 섬'이라고도 합니다.

제주도는 방언의 풍부함과 고어의 보고로서도 소중히 여겨져 왔습니다. 제주도의 개성은 이러한 특이한 방언에 있다고 해도 과언이 아닙니다.

이 섬의 산간부락의 노인들이 쓰는 말은 육지에서 온 사람들에겐 마치 외국어처럼 들리기도 합니다.

이 특이한 방언을 지켜올 수 있었던 것은 고립된 외딴섬이었기 때문이라고 생각됩니다.

따라서 이 제주도에는 국내의 민속학자나 언어학자를 끌어들이기에 충분한 진귀한 자료들이 많이 있는 것입니다.

어휘정리

浸(ひた)る : 잠기다, 젖다, 빠져들다
常夏(とこなつ) : 상하
過言(かごん)ではない : 과언이 아니다

녹음 우거진 한라산의 중턱에서 해변으로 이어지는 초원대, 언덕은 선녀들의 치맛자락처럼 펼쳐지는 봄의 제주도는, 관광객 여러분들을 맞이할 준비가 되어 있습니다. 끝간데 없이 사방으로 넘실대는 너른 바다, 이 푸르고 푸른 바다에 삼다의 섬이라 불리는 제주도는 안겨 있는 것같이 사방이 둘러싸여 있습니다.

　郷土色の豊かさにおいては、全国に比類がないこの島は、周辺の風景が醸し出す南国特有の情緒もさることながら、生粋の地元人達の間で交される方言に接すらともなれば、まるで異国に来たような錯覚すら覚えます。

　済州道はわが国、我が民族の忍苦の歴史の縮図とも言えましょう。しかしながら済州の人々は素朴で、健康です。

　千古の神秘をひそめて、そびえたつハンラサンの頂は残雪におおわれているけれども、山の中腹伝にある菜の花は南国情緒豊かな春をかもしだします。済州道の春は、また天池淵のれんぎょうから咲き始め木蓮や桜へと移り変わります。

　海をよぎって吹く東風は、花屋にも、荒地の雑草にもささやくように春の便りを伝えてくれます。

　この頃になりますと、本土からの観光客で、この島はいきおい活気づきます。

　二月の立春に、れんぎょうが春を知らせると、まもなく三月にはハンラサンの残雪も溶け始め、四方へ流れ涸れた川をうるおしてくれます。春は山から下るが、また山をよじ登って、つつじや梅の花を咲かせ始めます。この時になると吉野桜が遅ればせながら、つぼみを開き、すっかり春めきます。

　春が訪れて花を咲かせる頃には海女だちの初潜りも始まり、船も波を立たせ動き始めます。

　魅惑的な観光の真珠とでもいいましょうか。済州道の四季折々に織りなす幽玄の自然美は、情趣豊かな風物詩そのものといえましょう。

［濟州道］

향토색 진한 풍요로움에서 전국 어디에도 비할 데가 없는 이 섬은 주변 풍경이 빚어내는 남국 특유의 정서도 그렇지만, 토박이들 사이에서 오고가는 사투리를 접하기라도 하면 마치 이국에라도 온 듯한 착각까지 느껴집니다.

제주도는 우리나라 우리 민족의 인고의 역사의 축소판이라고도 할 수 있습니다. 그러면서도 제주도 사람들은 소박하고 건강합니다.

천고의 신비를 간직한 채 우뚝 솟은 한라산 정상은 잔설에 덮혀 있어도, 산허리로 이어진 유채꽃밭은 남국정서 넘치는 봄을 빚어냅니다. 제주의 봄은 또, 천지연의 개나리에서 피기 시작해 목련과 벚꽃으로 번져 갑니다.

바다를 가로질러 불어오는 동풍은 꽃집에도 거친들의 잡초에게도 속삭이는 듯한 봄소식을 전해옵니다.

이때쯤이면, 뭍에서 온 관광객으로 이 섬은 단숨에 활기가 넘칩니다.

2월의 입춘에 개나리가 봄을 알리면, 곧이어 3월에는 한라산의 잔설이 녹기 시작해 사방으로 흘러 마른 개천들을 적셔 줍니다. 봄은 산에서 내려오지만, 또 산을 올라 진달래와 매화를 피우기 시작합니다. 이때가 되면 산벚꽃이 뒤질새라 봉오리를 터뜨리며 완연한 봄이 됩니다.

봄이 찾아와 꽃을 피울 때쯤이면 해녀들의 물질도 시작되고, 배들도 파도를 일으키며 움직이기 시작합니다.

매혹적인 관광의 진주라고나 할까. 제주도가 사계절마다 자아내는 그윽한 자연미는 정취 넘치는 풍물시 그 자체라고 할 수 있겠지요.

어휘정리

みどりなす ： 윤기있게 싱싱하다, 녹음지다

抱(だ)き込(こ)む ： 껴안다, 끌어안다, 포섭하다

比類(ひるい)がない ： 비할 데가 없다

醸(かも)し出(だ)す ： 빚어내다, 양조하다, 자아내다

さることながら ： 역시, 그렇지만

生粋(きっすい) ： 순수

ひそめる ： 숨기다, 드러나지 않게 하다　　　　よぎる ： 지나가다, 스쳐가다

活気(かっき)づく ： 활기 띠다　　　　涸(か)れる ： 마르다, 고갈되다

うるおす ： 적시다, 윤택하게 하다　　　　よじ登(のぼ)る ： 기어오르다, 등반하다

遅(おく)ればせながら ： 뒤늦게나마　　　　春(はる)めく ： 봄다워지다

織(お)りなす ： 실로 짜내다, 여러 요소로 구성하다

［돌하루방］

済州の名物の一つに、トルハルバンがあります。このトルハルバンはあまりにも知れ渡っていて、陸地の観光地の土産品にまでなっています。

「偶石木」とも言われるこの彫刻された「トルハルバン」は陸地の「チャンスン(長丞)」のように民俗芸術品です。陸地ではチャンスンを立てて村の祭官が拝み村の老人達は側で御酒を捧げます。それから供物をいただきます。

村ではもちを搗いて、夜になると山神堂で村祭りを行うのです。チャンスンのおっかない顔に村を侵そうとしたさまざまな魂神が驚いて逃げ出します。しかしながらチャンスンはなんとなくこっけいで、素直な顔つきをしています。済州道のトルハルバンもそうです。トルハルバンの表情はまさに済州道の人々の徳性を表わしています。

このトルハルバンは村の守護神ですので町の入口にも路上にも立てられています。済州道特有の玄武岩でこしらえたのですが、これは南太平洋上絶海の孤島タイテイ、ピチ等の守護神や巨神像と似かよった点が注目に値します。

トルハルバンは「県城の標識とか、境界守護神的役割または超自然的威力といえる呪術的技能をも備えていて済州固有の家屋出入路の守護神(三鮫門)の形と機能とも結合されたもの」です。

済州市竜潭洞にある竜華寺の福の神「弥勒」を見ればまさにこのトルハルバンに似ているので「済州島の弥勒」とでも言えるのではないかと思われます。

民俗村や島の村の入口で見かける帽子を被ってちょっと首をかしげた大きな目の石の像、これが島のシンボルで人気者のトルハルバン(石のおじいさん)です。何のために作られたのかわかっていませんが、村の守り神とか子玉の恵みの神とかに知られています。

제주 명물의 한 가지로 돌하루방이 있습니다. 이 돌하루방은 너무나 잘 알려져 있어 육지 관광지의 토산품으로까지 되어 있습니다.

'우석목'이라고도 하는 이 조각된 '돌하루방'은 육지의 '장승'처럼 민속예술품입니다. 육지에서는 장승을 세워 마을의 제관이 절하고 마을 노인들은 옆에서 제주(술)를 바칩니다. 그리고서 음복을 합니다.

마을에서는 떡을 찧어 밤이 되면 산신당에서 마을제를 지냅니다. 장승의 무서운 얼굴에 마을을 해코지하려 했던 여러 귀신들이 놀라서 달아납니다. 그렇지만 장승은 왠지 모르게 우스꽝스런 소박한 얼굴 표정을 짓고 있습니다. 제주도의 돌하루방도 그렇습니다. 돌하루방의 표정은 바로 제주 사람들의 덕성을 표현하고 있습니다.

이 돌하루방은 마을의 수호신이기 때문에 마을 입구에도 노상에도 세워집니다. 제주도 특유의 현무암으로 만든 것이지만, 이것은 남태평양상의 절해의 고도 타이티, 피지 등의 수호신이나 거신상과 서로 닮은 점이 주목할 만한 가치가 있습니다.

돌하루방은 '현성의 표지라든가 경계 수호신적 역할 또는 초자연적 위력이라 할 주술적 기능까지도 갖추고 있어 제주 고유의 가옥 출입로의 수호신(삼교문)의 형태와 기능과도 결합된 것'입니다.

제주시 용담동에 있는 용화사의 복신 '미륵'을 보면 정말 이 돌하루방과 닮아서 '제주도의 미륵'이라 할 수 있지 않을까 합니다.

민속촌과 섬의 마을 입구에서 볼 수 있는 모자를 쓰고 약간 고개를 갸우뚱한 커다란 눈의 석상, 이것이 섬의 심볼로 인기인 돌하루방(돌할아버지)입니다. 무엇 때문에 만들어졌는지는 알 수 없지만, 마을의 수호신이라든가 자식을 점지하는 신이라고 알려져 있습니다.

어휘정리

御酒(みき) : 제주, 신주	供物(くもつ) : 공양물, 제물
搗(つ)く : 찧다, 빻다	おっかない : 무섭다, 두렵다
侵(おか)す : 침범하다, 침해하다	こしらえる : 마련하다, 만들다, 준비하다
守護神(しゅごしん) : 수호신	似(に)かよう : 서로 잘 닮다, 서로 비슷하다
値(あたい)する : 가치가 있다, 상당하다	呪術(じゅじゅつ) : 주술
被(かぶ)る : 쓰다, 뒤집어쓰다	かしげる : 갸웃하다, 기울이다

　トルハルバンは溶岩でできていて、済州道で多いものの一つですが、島からの持ち出しは禁止されています。済州道は石がたくさんありまして、町を少し離れると畑も果樹園も、家や牧場、お墓までもが黒い石ころを積んだ低い塀に囲まれているのが見られます。

　石とともに多いものは風です。でも、溶岩の石は穴がいっぱい開いているため、ただ積んだだけでも倒れません。また、放牧地では牛や馬、羊たちが畑や墓地などに入るのを防ぎます。そのためか土地の値段は石の数の多い方が高いといわれています。機上から見ると、済州道は黒いステッチをかけたようにきれいです。

⑪ 支石墓(ドルメン)

　済州道にはドルメン(支石墓)がどこでも見かけられます。今まで済州市とそのあたりから発見されたものだけでも55基のドルメンがあり、島全体からは64基が発見されました。

　その中で済州空港にあった2基のドルメンは空港の外れにある翰林と済州市の、分かれ道の三巨里の近くに移されてあります。この島のあまたの支石墓を調べたある学者はこれを青銅器時代のものであって陸地にある南方系に属し、韓半島と北九州の支石墓(dolmen)の中間的なものという見方をしています。しかし、韓国の南方式ドルメンは埋葬施設が地下に埋もれているに反して、済州道のものは大きな板のような支石が露出されている点からして南方式ドルメンの変形と見られているのです。

　特に済州市あたりにこの流のドルメンが数多く残っているのはこのあたりが古代人の生活の根拠であったことを物語っています。

돌하루방은 용암으로 만들어져 있고, 제주도에 많은 것 중의 하나이지만, 섬 외부로의 반출은 금지되어 있습니다. 제주도는 돌이 많아서 마을을 조금만 벗어나면 밭도 과수원도, 집이나 목장, 무덤까지도 검은 돌덩이를 쌓은 낮은 담으로 둘러져 있는 것을 볼 수 있습니다.

돌과 함께 많은 것은 바람입니다. 하지만 용암 돌은 구멍이 많이 나 있기 때문에 그저 쌓기만 해도 넘어지지 않습니다. 또 방목지에서는 소나 말, 양들이 밭이나 묘지로 들어가는 것을 막아줍니다. 그 때문인지 땅값은 돌이 많을수록 비싸다고 합니다. 비행기에서 보면, 제주도는 검은 스티치를 한 것처럼 아름답습니다.

⑪ 지석묘(돌멘)

제주도에서는 돌멘(지석묘)를 어디에서나 볼 수 있습니다. 지금까지 제주시와 그 근처에서 발견된 것만으로도 55기의 돌멘이 있고, 섬 전체로는 64기가 발견되었습니다.

그중에서 제주공항에 있던 2기의 돌멘은 공항 외곽인 한림과 제주시의 갈림길인 삼거리 근처로 옮겨졌습니다. 이 섬의 대표적인 지석묘를 조사한 어느 학자는 이것이 청동기시대의 것이고 육지에 있는 남방계에 속하며, 한반도와 기타큐슈의 지석묘(dolmen)의 중간적인 것이라는 견해를 보였습니다. 그러나 한국의 남방식 돌멘은 매장시설이 지하에 묻혀 있는 데 반하여 제주도의 것은 커다란 판 같은 지석이 노출되어 있는 점에서 남방식 돌멘의 변형으로 보여지고 있습니다.

특히 제주시 근처에 이런 류의 돌멘이 많이 남아 있는 것은 이 일대가 고대인들의 생활 근거지였다는 것을 말해주고 있습니다.

어휘정리

外(はず)れ : 변두리, 맞지 않음, 벗어남, 어긋남

あまた : 무수히, 허다하게(＝たくさん)

埋葬(まいそう) : 매장

埋(うず)もれる : 매장하다, 파묻다

　済州道は我が国へ侵入して来た蒙古に対する最後の居城でした。蒙古の侵略は高麗朝第23代高宗18年、西紀1231年8月に始まりましたが、高麗はちょうど武臣である崔忠献が政権(1197～1257)を握っていた時でした。高麗は蒙古に抗争したあげく1232年には、遂に江華島に遷都せざるを得なかったのです。蒙古は前後6回にわたって大軍を侵攻させたので、全国土が彼等(蒙古軍)に蹂躙されていました。

● 抗蒙遺跡地

　済州市から慕瑟浦に向かう鋪装道路に沿って7kmほど行くと乾川があり、その乾川を渡って右側に曲がれば直ぐ涯月面古城里が現われます。この古城里には金通精将軍が蒙古侵略軍を迎え撃った昔の城趾がありますが、地元の人はこの城をハンパドゥリ城と呼んでいます。海辺からおよそ4km離れたれた漢拏山の裾野なのです。

　城は内城と外城に分かれ、内城趾には、大闕という名称が残っており、また、当時使われた井戸が今でも見られます。蒙古、高麗聯合軍は済州市東側の咸徳と西側の瓶揚島方面に上陸してこの城に押し寄せてきたということです。

 **항몽의 땅**

　제주도는 우리나라에 침입한 몽고에 대한 최후의 거성이었습니다. 몽고의 침략은 고려 제23대 고종 18년, 서기 1231년 8월에 시작되었습니다만, 고려는 마침 무신인 최충헌이 정권을 잡고 있던 때였습니다. 고려는 몽고에 항쟁한 끝에 1232년에는 마침내 강화도로 천도하지 않을 수가 없었습니다. 몽고는 전후 6회에 걸쳐 대군을 침공시켰기 때문에 전국토가 그들(몽고군)에게 유린당했습니다.

어휘정리

蒙古(もうこ、モンゴル) : 몽고

握(にぎ)る : 쥐다, 잡다, 장악하다

抗争(こうそう) : 항쟁

遷都(せんと)せざるを得(え)ない : 천도하지 않을 수 없다

侵攻(しんこう) : 침공

蹂躙(じゅうりん)する : 유린하다

●항몽유적지

　제주시에서 모슬포를 향하여 포장도로를 따라 7km쯤을 가면 건천이 있고, 그 건천을 건너 오른쪽으로 돌면 바로 애월면 고성리가 나타납니다. 이 고성리에는 김통정 장군이 몽고 침략군을 맞아 싸운 옛 성터가 있습니다만, 이곳 사람들은 이 성을 한파도리성이라고 부르고 있습니다. 해변에서 약 4km 떨어진 한라산 자락입니다.

　성은 내성과 외성으로 나뉘며, 내성지에는 대궐이라는 명칭이 남아 있고, 또 당시 사용했던 우물을 지금도 볼 수 있습니다. 몽고, 고려 연합군은 제주시 동쪽의 함덕과 서쪽의 병양도 방면에서 상륙하여 이 성으로 몰려왔다고 합니다.

어휘정리

抗蒙(こうもう) : 항몽

迎(むか)え撃(う)つ : 맞아 싸우다

裾野(すその) : 산기슭의 들판, 산자락

押(お)し寄(よ)せる : 몰려들다, 밀어닥치다, 밀어놓다

沿(そ)う : 따르다, 주위에 있다

城趾(じょうし) : 성지, 성터(=しろあと)

済州は陸地から遠く離れた孤島です。この島にはまた罪人の監視がしやすいので昔から島流し地に利用されました。

蒙古は1277年に罪囚200名をこの島に島流しし、明の国は雲南を征伐したあと雲南王族達を済州道に島流ししました。その後、帰順した元の国の王族達もこの島に流されました。

また、朝鮮王朝も最初は刑期を終えた窃盗犯らをこの島に流しましたが、のちには政治犯の島流し地として、この島を利用するようになりました。

済州道は海流と季節風、颱風などで、中国、安南、フィリピン、琉球、南洋群島などからこの島に漂流されて来る事が多くありました。

この漂着されて来た人らによって済州の人々は全く異なる文化の人々にも接することができたし、それがまた、済州の文化の発展に大きく寄与したのはもちろんのこと、地元の実情が世界の名国にも知らされるきっかけにもなりました。

13 유배지

제주는 육지에서 멀리 떨어진 고도입니다. 이 섬은 또 죄인의 감시가 쉬웠기 때문에 옛날부터 귀양지로 이용되었습니다.

몽고는 1277년에 죄수 200명을 이 섬으로 귀양보내고, 명나라는 운남을 정벌한 뒤 운남 왕족들을 제주도로 유배했습니다. 그후 귀순한 원의 왕족들도 이 섬으로 귀양보냈습니다.

또 조선왕조도 처음에는 형기를 마친 절도범들을 이 섬으로 보냈지만, 후에는 정치범의 귀양지로 이 섬을 이용하게 되었습니다.

어휘정리

流刑(るけい) : 유형

孤島(ことう) : 고도, 외딴섬

島流(しまなが)し : 유배, 귀양

征伐(せいばつ) : 정벌　　　　　　窃盗犯(せっとうはん) : 절도범

14 표류지

제주도는 해류와 계절풍, 태풍 등으로 중국, 안남, 필리핀, 류쿠, 남양군도 등으로부터 이 섬에 표류되어 오는 일이 많이 있었습니다.

이 표착한 사람들에 의해 제주 사람들은 전혀 다른 문화의 사람들과도 접할 수가 있었고, 그것이 또 제주 문화의 발전에 크게 기여했음은 물론이며, 이곳의 실정이 세계 각국에도 알려지는 계기가 되기도 했습니다.

어휘정리

漂流(ひょうりゅう) : 표류

琉球(りゅうきゅう) : 류큐, 오키나와

南洋群島(なんようぐんとう) : 남양군도

寄与(きよ)する : 기여하다　　　　　　実情(じつじょう) : 실정 : 실제의 사정

第11章

済州道の主要観光地

① 観徳亭・竜頭岩

●観徳亭

　1448年に、兵士の訓練と武道の修行の場として建てられた木造の建物で、宝物第322号に指定されており、15世紀初の安平大君筆の額縁があります。

●竜頭岩

　漢拏山の噴火で流れ出た溶岩が、海で固まってできた竜の頭の形をした岩で、竜が神の怒りに触れて岩にされたという伝説が残っています。

［龍頭岩］

② 耽羅木石苑

［耽羅木石苑］

　長い年月を経て奇妙な形になった古木や木の根、奇岩、そして石を積み上げて作った石塔など、個人で集めた約1,500点の中、約250点を展示しています。自然の造形をオブジェに見立てたユーモアたっぷり視線が、自然とともに暮らしてきた済州道らしく人々の感嘆と笑いを誘います。

● 관덕정

1448년에 병사의 훈련과 무도 수련장으로 건립된 목조건물로, 보물 제322호로 지정되어 있고, 15세기초의 안평대군이 쓴 액자가 있습니다.

어휘정리

訓練(くんれん) : 훈련
額縁(がくぶち) : 액자

● 용두암

한라산의 분화에서 흘러내린 용암이 바다에서 굳어 생긴 용머리 형태의 바위로, 용이 신의 노여움을 사 바위가 되었다는 전설이 남아 있습니다.

어휘정리

溶岩(ようがん) : 용암
される : 부림을 당하다

② 탐라목석원

오랜 세월에 걸쳐 기묘한 형상이 된 고목이나 나무뿌리, 기암, 그리고 돌을 쌓아올려 만든 석탑 등, 개인이 모은 약 1,500점 중에서 약 250점을 전시하고 있습니다. 자연의 조형을 오브제로 비유해낸 유머 넘치는 시선이 자연과 함께 살아온 제주도다워 사람들의 감탄과 웃음을 자아냅니다.

어휘정리

古木(こぼく) : 고목
見立(みた)てる : 보고 판정하다, 고르다, 가정하다, 비기다

③ 三姓穴

　昔、耽羅国の始祖である高乙那、夫乙那、梁(良)乙那の三神が生まれたという3つの穴があり、聖域として保存されています。神話の地にふさわしい静けさが印象的ですが、島では今もこの姓の人が多くいます。

④ 漢拏山国立公園

　韓国最高峰の1,950mの山ですが、あまり高さを感じないのは、海からなだらかなカーブを描いて上がっているためで、島そのものも漢拏山の噴火でできたものです。亜熱帯から寒帯まで1,800種類もの植物や野鳥、昆虫類が生息しており、春はつつじ、夏は高山植物、秋は紅葉、冬は雪景色を楽しむ登山者も少なくありません。本格的な装備が必要ですが、登山口まで第1,2横断道路が走っており、ホテルや観光案内所でガイドを頼むこともできるので山好きの人は登ってみるのもいいでしょう。天候の安定する5月・10月がベストシーズンです。

［漢拏山　國立公園］

⑤ 万丈窟

　漢拏山の噴火による溶岩洞窟で、世界最長の総延長13.4kmありますが、観光客に公開されているのは約1kmです。溶岩が作り出した奇怪な岩を見ながら往復約1時間。暗いト

 삼성혈

옛날, 탐라국의 시조인 고을나, 부을나, 양을나의 삼신이 태어났다는 3개의 구멍이
있고 성역으로서 보존되고 있습니다. 신화의 땅에 어울리는 조용함이 인상적입니다만,
섬에는 지금도 이 성씨의 사람들이 많습니다.

어휘정리

始祖(しそ) : 시조
聖域(せいいき) : 성역

4 한라산 국립공원

한국 최고봉인 1,950미터의 산이지만, 별로 높게 느끼지 못하는 것은 바다로부터 완
만한 커브를 그리며 높아지기 때문이고, 섬 그 자체도 한라산의 분화로 만들어진 것입
니다. 아열대로부터 한대까지 1,800 종류의 식물과 야조, 곤충류가 서식하고 있으며, 봄
에는 철쭉, 여름에는 고산식물, 가을에는 단풍, 겨울에는 설경을 즐기는 등산객도 적지
않습니다. 본격적인 장비가 필요합니다만, 등산로 입구까지 제1, 2 횡단도로가 지나며,
호텔이나 관광안내소에서 가이드를 부탁할 수 있기 때문에 산을 좋아하는 분들은 올
라 보시지 않겠습니까? 날씨가 안정되는 5월, 10월이 베스트 시즌입니다.

어휘정리

なだらかだ : 완만하다, 온화하다, 원활하다
描(えが)く : 그리다, 묘사하다
生息(せいそく)する : 서식하다, 살다

5 만장굴

한라산의 분화에 의한 용암동굴로, 세계 최장인 총연장 13.4km이지만, 관광객에게 공
개되고 있는 것은 약 1km입니다. 용암이 만들어낸 기괴한 바위들을 보면서 왕복 약 1

ンネルは、とてもミステリアスです。

［万丈窟］

6 天地淵瀑布・天帝淵瀑布・正房瀑布

●天地淵瀑布

　入口から約1kmの天地淵渓谷を歩いた奥にあり、暖帯林に囲まれてトロピカルな雰囲気に満ちています。樹木生い茂る崖から音を立てて流れ落ちる滝で、その水底には大ウナギが生息していると言われています。

［天地淵瀑布］

●天帝淵瀑布

　島内随一の三段の滝でございます。

　観光植物園の下にある天帝淵渓谷には華麗な仙女の橋・仙臨橋が架かり、この橋から島最大の滝が眺められます。密生する暖帯林の濃い緑に真っ白な水しぶきが映え輝いています。第1段と第2段の滝は同じ方向に見え、近くまで歩いて行けます。第3段の滝は下流にあって見えません。

［仙臨橋］

시간. 어두운 터널은 정말 신비적입니다.

어휘정리

噴火(ふんか) : 분화	溶岩洞窟(ようがんどうくつ) : 용암동굴
奇怪(きかい) : 기괴	ミステリアス : 신비적인, 불가사의한

6 천지연폭포 · 천제연폭포 · 정방폭포

● 천지연폭포

입구로부터 약 1km 천지연계곡을 걸어들어간 안쪽에 있고, 난대림에 둘러싸인 열대의 분위기가 넘치고 있습니다. 나무가 우거진 절벽에서 소리를 내며 흘러 떨어지는 폭포, 그 물밑에는 커다란 장어가 서식하고 있다고 알려져 있습니다.

어휘정리

暖帯林(だんたいりん) : 난대림

トロピカル : 열대의, 열대풍의

生(お)い茂(しげ)る : 무성하다, 우거지다

● 천제연폭포

도내 제일의 삼단폭포입니다.

관광식물원 아래에 있는 천제연계곡에는 화려한 선녀의 다리 선임교가 걸려 있고, 이 다리에서 섬 최대의 폭포를 볼 수 있습니다. 밀생한 난대림의 진한 녹음에 새하얀 물보라가 비치며 빛나고 있습니다. 제1단과 제2단 폭포는 같은 방향으로 보이고 가까이까지 걸어갈 수 있습니다. 제3단 폭포는 하류가 되어 보이지 않습니다.

어휘정리

随一(ずいいち) : 제일, 첫째	架(か)かる : 가설되다, 놓이다
眺(なが)める : 바라보다, 조망하다	密生(みっせい) : 밀생
水(みず)しぶき : 물보라	映(は)え輝(かがや)く : 환히 빛나다

● 正房瀑布

　正房瀑布は海と滝が一緒に眺められる珍しい景観です。直接海に落ちる高さ23mの二筋の滝で、海岸の絶壁とともに勇壮な景観を作っています。滝は、上からも下の海岸からも眺められ、遊覧船で海上からも楽しめます。

［正房瀑布］

7　山房窟寺

　神様が造ったという伝説の山にある古寺である山房窟寺は、海抜395mの切り立った山の中腹にある洞窟を利用した高麗時代の寺で、山麓から石段が続いています。洞窟は高さが5mで、中には仏像が安置されており、枝振りの良い松の木越しに海を見下ろせば、素晴らしい眺めが広がります。また山麓からさらに下れば、溶岩が波に浸食されてできた、自然の模様が見事な竜頭海岸があり、見逃せません。

［山房窟寺］

● 정방폭포

정방폭포는 바다와 폭포를 함께 바라볼 수 있는 진귀한 경관입니다. 직접 바다로 떨어지는 높이 23m의 두 줄기 폭포로, 해안 절벽과 함께 웅장한 경관을 만들고 있습니다. 폭포는 위에서도, 아래의 해안에서도 볼 수 있고 유람선의 해상에서도 즐길 수 있습니다.

어휘정리

景観(けいかん) : 경관, 경치
勇壮(ゆうそう) : 용장, 웅장

7 산방굴사

신이 만들었다는 전설의 산에 있는 옛 절인 산방굴사는 해발 395m의 깎아지른 산중턱에 있는 동굴을 이용한 고려시대의 절로서, 산기슭으로부터 돌계단이 이어져 있습니다. 동굴은 높이가 5m로 안에는 불상이 안치되어 있고, 가지 모양이 멋진 소나무 너머로 바다를 내려다보면 시원한 조망이 펼쳐집니다. 또 산기슭으로부터 더 내려가면 용암이 파도에 침식되어 생긴 자연경관이 빼어난 용두해안이 있고, 빠뜨릴 수 없는 곳입니다.

어휘정리

切り立つ : 깎아지른 듯이 솟아 있다
山麓(さんろく) : 산록, 산기슭
枝振(えだぶ)り : 가지의 모양새
見逃(みのが)す : 보지 못하고 놓치다, 간과하다

第12章

釜山と南海地域

　フェリーで日本を結ぶダイナミックな港町。韓国南東端に位置する釜山は韓国最大の国際的な貿易港で、人口約400万人の韓国第二の都市です。

　釜山市は人口約400万、面積432km²でソウルにつぐ韓国第二の都市でありまして政府の直轄市となっております。

　釜山は韓半島の南の関門であり、六大洲五大洋の船があつまる東洋屈指の国際港であります。

　京釜線の終着駅であり、釜関フェリーの発着港でもある釜山は、京釜および南海高速道路の要衝で、北に蔚山・慶州・浦港にいたる産業道路、西へ馬山・忠武・晋州・三千浦をつなく産業道路が、この釜山を頂点に、末広がり状にひろがる広域の産業・経済・文化の中核でもあります。

　なお釜山は、一衣帯水の日本との接点として昔から、めまぐるしい激動の歴史をみまもってきたミナトまちです。

1) 竜頭山公園・釜山タワー

　釜山のまちの中央にそびえる竜頭山です。この山は市街地を東西に二分する丘陵でして、山頂一帯を市民の公園に造成しております。

　繁華街の真ん中の街や海が一望できる小高い丘で、晴れた日には対馬も眺められます。夕景夜景も素晴らしく、また園内には壬辰の乱の英雄李舜臣将軍の銅像と、街のど

페리로 일본을 이어주는 다이나믹한 항구도시. 한국 동남단에 위치하는 부산은 한국 최대의 국제적인 무역항으로 인구 약 400만의 한국 제2의 도시입니다.

부산시의 인구는 약 400만, 면적은 432㎢로 서울에 이어 한국 제2의 도시로 정부의 직할시로 되어 있습니다.

부산은 한반도의 남쪽 관문이고, 6대주 5대양의 배들이 모이는 동양 굴지의 국제항입니다.

경부선의 종착역이며, 부관페리의 발착항이기도 한 부산은 경부 및 남해고속도로의 요충이고, 북으로 울산, 경주, 포항에 이르는 산업도로, 서쪽으로 마산, 충무, 진주, 삼천포를 잇는 산업도로가 이 부산을 정점으로 부채살처럼 퍼지는 광역의 산업, 경제, 문화의 중핵이기도 합니다.

또 부산은 일의대수인 일본과의 접점으로서 옛날부터 어지러운 격동의 역사를 지켜온 항구도시입니다.

어휘정리

末広(すえひろ)がり状(じょう) : (치마, 부채처럼) 점차 퍼져가는 모양

一衣帯水(いちいたいすい) : 일의대수

めまぐるしい : 어지럽다, 눈이 찔하다

みまもる : 지켜보다

② **부산의 주요 관광지**

1) 용두산공원, 부산타워

부산 거리 중앙에 솟아 있는 용두산입니다. 이 산은 시가지를 동서로 나누는 구릉이며, 산정일대를 시민 공원으로 조성해 놓았습니다.

번화가인 중심지나 바다를 한눈에 바라볼 수 있는 야트막한 언덕으로 맑은 날에는 쓰시마를 볼 수도 있습니다. 저녁 풍경과 야경도 훌륭하며, 또 원내에는 임진란의 영

こからでも見えて目印にもなる、高さ120mの釜山タワーがあります。

　ここにそそりたつのが、釜山タワーです。仏国寺の多宝塔をかたどったもので、市街を一望のもとに見下ろせる展望台でもあります。

2) チャがルチ市場

　南浦洞とチャガルチ駅の間の海沿いにある水産市場で、韓国最大の漁港ならではの賑わいは見るだけでも楽しみです。水揚げされた魚介類は仲買人の手で市場の小売商に売られ、一般市民は3階建てビルの1階にある鮮魚店から、取れたてのタイ、ヒラメ、アワビ、ホヤ、イカ、タコなどを買う仕組みです。

[자갈치市場]

　水曹で生きたまま売っている店も多く、その場で刺身にして食べることもできます。アジュンマたちの威勢の良さにも驚かされるでしょう、2階にも水槽を置いた食堂が並び、またエイなどの干物類などが目白押しです。

3) 国際市場

　賑わいが弾けていて、何でもある庶民派市場です。国際市場という名のビルを中心に、小さなビルがひしめきあって東西に広がる巨大な市場で、韓国動乱後の闇市から始まったと言われるだけに日用雑貨から衣類品、皮革製品、登山製品、おもちゃなどどんな物でも揃い、しかも格安と評判です。道端にも商品を山積みにしたり、おでんやキム

웅 이순신 장군의 동상과 시가지의 어디에서도 보여 안표(랜드마크)가 되는 높이 120
미터의 부산타워가 있습니다.

여기에 솟아 있는 것이 부산타워입니다. 불국사의 다보탑을 본뜬 것으로 시가를 한
눈에 내려다볼 수 있는 전망대이기도 합니다.

어휘정리

2) 자갈치 시장

남포동과 자갈치역 사이의 선창가에 있는 수산시장으로 한국 최대 어항다운 시끌벅
적함은 보기만 해도 즐겁습니다. 물에서 건져올려진 어패류는 중개인의 손에서 소매상
에 팔리고, 일반시민은 3층 빌딩의 1층에 있는 가게에서 갓잡아 올린 도미, 광어, 전복,
멍게, 오징어, 낙지 등을 사는 시스템입니다.

수조에서 산채로 파는 가게도 많고, 그자리에서 회로 먹을 수도 있습니다. 아주머니
들의 활기참에도 놀라실 겁니다. 2층에도 수조가 놓인 식당이 늘어서 있고, 가오리 등
건어물도 즐비합니다.

어휘정리

3) 국제시장

활기가 넘치며 뭐든지 있는 서민 시장입니다. 국제시장이라는 이름의 빌딩을 중심
으로 작은 빌딩들이 늘어서서 동서로 뻗은 거대한 시장으로, 한국전쟁 후의 암시장으
로부터 시작되었으니만큼 일용잡화에서 의류, 피혁제품, 등산제품, 완구 등 어떤 물건
이라도 진열되어 있고, 더구나 너무 싸다는 평판입니다. 길바닥에도 상품을 산더미처

バップなどを売る露店が並び、雑然としていますが、道は碁盤の目のようになっているので、注意すれば迷うこともありません。

4) UN墓地・太宗台・海雲台

●UN墓地

　釜山市庁まえ広場から北東へ10キロ、東海を臨む高台にあるUN墓地です。総面積約13万平方メートル、韓国動乱に勇躍はせさんじた自由友邦20カ国の国連軍(韓国ではUN軍と呼びますが)の戦没英霊、3,796柱がここに眠っております。ごらんのように20カ国の国旗が青空にへんぽんとひるがえっております。

●太宗台

　名だたる景勝の地、太宗台は、むかし新羅の英主、太宗武烈王が三国をほぼ統一したとき、ここで一時休養されたと伝えられております。それにちなんで、ここを太宗台と名づけたのであります。この太宗台は磯釣りにうってつけのところですが、沖釣りもまた格別な趣きがあります。

[太宗臺]

럼 쌓아 놓기도 하고 어묵이나 김밥 등을 파는 노점이 늘어서 있어 어수선합니다만, 길은 바둑판처럼 되었기 때문에 주의하면 길을 잃을 염려는 없습니다.

어휘정리

賑(にぎ)わい : 흥청거림, 번화함	**弾(はじ)ける** : 튀다, 세게 튀다
ひしめく : 북적거리다	**闇市(やみいち)** : 암시장
格安(かくやす) : 품질에 비해서 값이 쌈	**雑然(ざつぜん)とする** : 어수선하다, 질서없다

4) UN묘지 · 태종대 · 해운대

●UN묘지

부산 시청 앞 광장에서 북쪽으로 10㎞, 동해를 바라보는 고지대인 UN묘지입니다. 총 면적 13만㎡, 한국전쟁에 용감히 달려와 참전했던 자유우방 20개국의 UN군의 전몰 영령 3,796위가 여기에 잠들어 있습니다. 보시다시피 20개국의 국기가 푸른 하늘에 펄럭이며 나부끼고 있습니다.

어휘정리

臨(のぞ)む : 면하다, 임하다, 접하다	**勇躍(ゆうやく)** : 용약
はせる : 달리다, 달려가다	**さんじる** : 흩어지다
へんぽん : 편번, 나부끼는 모양	**ひるがえる** : 뒤집히다, 나부끼다

●태종대

유명한 경승지 태종대는 그 옛날 신라의 태종무열왕이 삼국을 거의 통일했을 때 이곳에서 일시 휴양을 했다고 전해지고 있습니다. 그로 인해 이곳이 태종대라고 이름 붙여진 것입니다. 이곳 태종대는 갯바위 낚시에 안성마춤인 곳이지만, 원투낚시도 또한 각별한 정취가 있습니다.

어휘정리

名(な)だたる : 유명한	**ちなむ** : 인연짓다
名(な)づける : 이름 붙이다, 명명하다	**磯釣(いそづ)り** : 해안에서의 바다낚시
うってつけ : 안성마춤	**趣(おもむ)き** : 아취, 정취

●海雲台

　韓国八景の一つにされる海雲台です。朝鮮ビーチ・ホテルをはじめ現代的な施設の観光ホテルがたちならんでおります。この海雲台は、海と温泉で知られた全国屈指の総合リゾートであります。

　ごらんのように白砂の美しいビーチで、温泉はもとより、ゴルフ場、カジノとあらゆるレジャー施設がととのっております。

　付近には松亭海水浴場、冬柏(椿)島、そして広安里海水浴場がある広域のリゾートです。

［海雲臺］

5) 近郊の名所・旧跡・味覚ガイド

　ミナト釜山は、近郊に海水浴場や海釣りの好ポイントがひしめき、温泉および古寺、そして由緒ぶかい山城など到底一日や二日ではみてまわれぬ観光資源を抱えております。それにミナトまちであるだけに払暁から魚市が立つ水産センターもみものです。

　まちの中央にそびえる竜頭山山頂に立でば、眩しい陽光をあびてきらめく沖の方へ、白い航跡を曳く外航船がミナトの抒情をひとしおかき立てます。

　晴れた日には、沖のかなたへ対馬がかすんでみえるのも珍しくはありません。

　釜山はミナトですから、イキのいいサカナを、とても安い値段で堪能できる楽しい町です。

● 해운대

한국 8경의 하나로 꼽히는 해운대입니다. 조선비치호텔을 비롯해서 현대적인 시설
의 관광호텔들이 늘어서 있습니다. 이 해운대는 바다와 온천으로 알려진 전국 굴지의
종합 리조트입니다.

보시다시피 백사의 아름다운 비치로 온천은 물론이고 골프장, 카지노 등 모든 레져
시설이 갖추어져 있습니다.

부근에는 송정해수욕장, 동백섬 그리고 광안리 해수욕장이 있는 광역의 리조트입니
다.

어휘정리

もとより : 물론, 처음부터	
ととのう : 빠짐없이 준비되다, 성립되다	

5) 근교의 명소, 고적, 미각 가이드

항도 부산은 근교에 해수욕장과 바다낚시의 좋은 포인트가 즐비하고, 온천과 고찰
그리고 유서깊은 산성 등 도저히 하루 이틀로는 돌아볼 수 없는 관광자원을 안고 있
습니다. 게다가 항구도시인 만큼 이른 새벽부터 어시장이 서는 수산센터도 볼거리입니
다.

시내의 중앙에 솟아 있는 용두산 산정에 오르면 눈부신 햇살을 받으며 반짝이는 난
바다에 흰 포말을 남기는 외항선이 항구의 서정을 한층 불러일으킵니다.

맑은 날에는 바다 저편에 스시마섬이 아스라이 보이는 것도 진귀한 일은 아닙니다.

부산은 항구이기 때문에 물좋은 생선을 아주 싼 가격에 맘껏 즐길 수 있는 즐거운
거리입니다.

어휘정리

ひしめく : 북적거리다	払暁(ふつぎょう) : 새벽녘
眩(まぶ)しい : 눈부시다	きらめく : 빛나다, 번쩍이다
堪能(たんのう) : 뛰어남, 만족함, 충분함	

1) 神秘の島：韓国版モーゼの奇跡

西紀1480年朝鮮時代の初期、孫同知という者が流罪になり、済州道へ島流しに行く途

[珍島]

中、船が沈没してしまいました。幸い虎洞という村(今の回洞)にたどり着き、生き延びた孫同知はその村に住んで参りましたが、当時この村には人食い虎が頻繁に現われて人々は困っていました。虎洞という名もこれに因んで名付けられたそうです。

やがて孫同知の家族は虎を恐れ、村を離れることにし、今の義新面の茅島に移いりました。しかし、その引っ越しの騒ぎに、お婆さんだけが取り残されてしまいました。お婆さんの名前は「ポン」といわれますが、ひとりぼっちになったこの「ポン」お婆さんは別れた家族のことが懐かしくて堪りませんでした。それで離れた家族に会えるようにと毎日竜王様に祈りました。これに応じたようにその年旧歴の3月初め、夢に竜王様が現われ、次のようにおっしゃいました。

「明日虹の橋を掛けるから渡ればよい。」

そこで翌日お婆さんは茅島から一番近い海辺に出て祈っているところ、いきなり虎洞と茅島の間の海水が引いて、海の底が現われ道になりました。

「あっ!海の中から道が。」

この光景を見た村の人達は皆銅鑼と銅鼓を鳴らしながらお婆さんを迎えに虎洞に詰め掛けました。しかし竜王様に祈りを捧げていたお婆さんは、

「私の祈りが利いて海が開き君達に会えてよかった。もう心残りなどはない。」と遺言を残し、疲れ果ててその場で息を引き取りました。村の人達はそれから毎年お婆さんを祭ることにしました。それが「霊登祭」という祭りになって今も村の祝祭になっております。この「霊登祭」の際に自分の願いを込めて祈りを捧げると、その願がかなうといわれ

1) 신비의 섬 : 한국판 모세의 기적

서기 1480년 조선 초기 손동지라는 사람이 유배되어, 유배지인 제주도로 가는 도중 배가 침몰하고 말았습니다. 다행히 호동이라는 마을(지금의 회동)에 도착하여 살아남은 손동지는 그 마을에 살게 되었습니다만, 당시 이 마을에는 사람을 잡아먹는 호랑이가 빈번히 나타나서 사람들은 곤란을 겪고 있었습니다. 호동이라는 이름도 이것에 연유되어 붙여졌다고 합니다.

이윽고 손동지의 가족은 호랑이를 두려워해서 마을을 떠나게 되고, 지금의 의신면의 모도로 옮겨가게 되었습니다. 그런데 그 이사의 소동 속에 할머니만이 남겨지고 말았습니다. 할머니의 이름은 '뽕'이라고 전해오는데, 외톨이가 된 이 뽕 할머니는 헤어진 가족들이 그리워서 견딜 수 없었습니다. 그래서 헤어진 가족과 만날 수 있도록 매일 용왕님께 기도했습니다. 여기에 응답하듯이 그 해 음력 3월 첫꿈에 용왕님이 나타나서 다음과 같이 말씀하셨습니다.

"내일 무지개 다리를 걸어놓을 테니까 건너면 된다."

그래서 다음날 할머니는 모도에서 가장 가까운 해변에 나가 기도를 했더니, 갑자기 호동과 모도 사이의 바닷물이 빠지며 바다의 바닥이 드러나고 길이 되었습니다.

"앗, 바다속에서 길이."

이 광경을 본 마을 사람들은 모두 동라와 동고를 울리면서 할머니를 맞이하러 호동으로 달려갔습니다. 그러나 용왕님에게 기도를 올리고 있던 할머니는,

"나의 기도의 효험으로 바다가 열려 너희들을 만날 수 있어서 잘됐다. 이제 여한이 없다."라는 유언을 남긴 채 지쳐서 그자리에서 숨을 거두었습니다. 마을사람들은 그로부터 매년 할머니를 제사지내게 되었다고 합니다. 이것이 '영등제'라는 제사가 되어 지금도 마을의 축제가 되었습니다. 영등제 때에 자신의 소원을 담아 기도를 올리면 그

어휘정리

流罪(るざい) : 유배, 귀양	因(ちな)む : 연관짓다, 인연짓다, 연유하다
騒(さわ)ぐ : 소동을 피우다, 떠들다	懐(なつ)かしい : 그립다, 반갑다
詰(つ)め掛(か)ける : 몰려들다, 밀려들다	疲(つか)れ果(は)てる : 지칠대로 지치다
息(いき)を引(ひ)き取(と)る : 숨을 거두다, 죽다	
祭(まつ)る : 제사지내다	込(こ)める : 속에 넣다, 담다, 포함하다

ており、特に子宝に恵まれていない人、縁結びにききめがあると伝えられております。

　珍島郡古郡面回洞里と義新面茅島里の間、長さ2.8km、平均水深5～6mの海が干満差^{かんまんさ}により40～50の幅で海の底が表われ、この現象は「霊登サリ」と呼ばれておりました。
　1975年その現象を見かけた当時の駐韓フランス大使のピエルランド氏は韓国版モーゼの奇蹟^{きせき}といってフランスの新聞に紹介した後、世界的に知られるようになりました。

2) 珍島大橋・南桃石城・竜欌山城・雲林山房

● 珍島大橋

[珍島大橋]

珍島大橋は丁酉の乱の際忠武公李瞬臣将軍が大勝利をあげたウドルモク(珍島大橋の下部分)に1984年10月18日に竣工^{しゅんこう}された韓国最初の吊り橋^{つ　ばし}です。(長さ484m、幅11.7m)

● 南桃石城(史跡第127号)

　この城は高麗時代の三別抄の仲仲孫将軍が高麗、蒙古との聯合軍と戦い、最後を終えた城。周囲610m、高さ4～6mの石城で原形が保存されています。

● 竜欌山城(史跡第126号)

　山城は三別抄が宮城と城壁を築き、蒙古に対抗した場所であります。

소원이 이루어진다고 하며, 특히 자식을 얻지 못한 사람이나, 혼담에 효험이 있다고 전해지고 있습니다.

진도군 고군면 회동리와 의신면 모도리 사이, 길이 2.8km 평균수심 5~6m의 바다가 간만의 차에 의해 40~50m폭으로 바다의 바닥이 나타나고, 이 현상은 '영등사리'라고 불려지고 있습니다.

1975년 그 현상을 목격한 당시 주한 프랑스 대사가 한국판 모세의 기적이라고 프랑스 신문에 소개한 후 세계적으로 알려지게 되었습니다.

어휘정리

干満(かんまん) : 간만, 밀물과 썰물

2) 진도대교 · 남도석성 · 용장산성 · 운림산방

● 진도대교

진도대교는 정유란 때 충무공 이순신 장군이 대승리를 거둔 울돌목(진도대교의 아래 부분)에 1984년 10월 18일에 준공된 한국 최초의 사장교입니다. (길이 484m 폭 11.7m)

어휘정리

吊(つ)り橋(ばし) : 적교 : 매단 다리

● 남도석성(사적 제127호)

이 성은 고려시대 삼별초의 중 중손 장군이 고려와 몽고의 연합군과 싸워 최후를 마친 성. 주위 610m 높이 4~6m인 석성으로 원형이 보존되어 있습니다.

● 용장산성(사적 제126호)

산성은 삼별초가 궁성과 성벽을 쌓고 몽고에 대항한 장소입니다.

●雲林山房(道指定記念物第51号)

　雲林山房は朝鮮時代末期の頃、南画の大家であった小痴許維(1809年～1893年)先生が末年を過ごした画室の堂号です。ここは南宗文人画の本場であります。

3) 珍島の伝統民俗民謡

●ガンガンスウェルレ(重要無形文化財第8号)

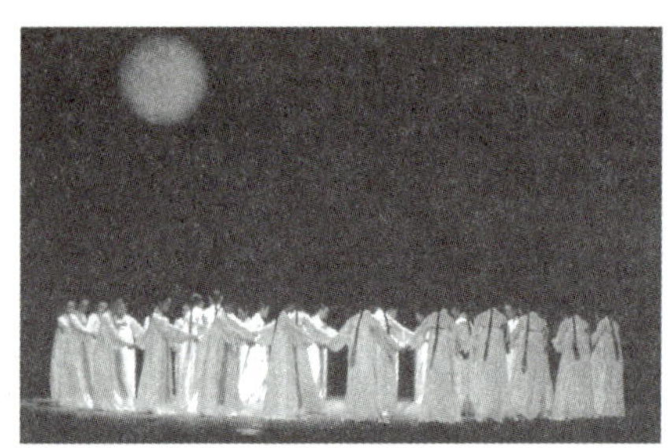

[강강수월래]

　ガンガンスウェルレは珍島を中心に全羅南道の南海岸の一帯と島嶼地方に広く分布され、伝承されてきた韓国の代表的な婦女子たちの遊戯であります。

●珍島シッキムグッ(重要無形文化財第72号)

　他界した人がこの世で果たし得なかった恨みを晴らして極楽往生するように祈る巫女舞いです。死んだ人と生きている者と会えるのがその特徴と言われています。

4) 珍島の名物、特産物

[珍島犬]

　珍島の名物には珍島犬、紅酒、枸杞子、岩海苔が有名です。珍島犬は潔白性、忠実性、警戒性、非誘惑性、大胆さ、帰家本能、狩猟本能などの特徴を持っている韓国代表的な犬です。

　紅酒は珍島の特有の伝統酒として利尿作用、腹の膨満感、殺菌、胎毒、清血等に効果があります。

●운림산방(도지정기념물 제51호)

운림산방은 조선말기 무렵 남화의 대가였던 소치 허유(1809~1893) 선생이 말년을 보낸 화실의 당호입니다. 여기는 남종 문인화의 본고장입니다.

3) 진도 전통민속민요

●강강수월래(중요무형문화재 제8호)

강강수월래는 진도를 중심으로 전라남도의 남해안 일대와 도서 지방에 널리 분포되어 전승되어 온 한국의 대표적인 부녀자들의 유희입니다.

어휘정리

島嶼(とうしょ) : 도서 ; 크고 작은 섬들
遊戲(ゆうぎ) : 유희

●진도 씻김굿(중요무형문화재 제72호)

타계한 사람이 이 세상에서 다 하지 못한 한을 풀어 극락왕생하도록 기원하는 무녀굿입니다. 죽은 사람과 산 사람이 만날 수 있는 것이 그 특징이라고 합니다.

어휘정리

他界(たかい) : 타계, 죽음
恨(うら)み : 원한, 앙심
晴(は)らす : 개도록 하다, 풀다, 해소하다

4) 진도의 명물, 특산물

진도의 명물로는 진돗개, 홍주, 구기자, 돌김이 유명합니다. 진돗개는 결백성, 충실성, 경계성, 비유혹성, 대담함, 귀가본능, 수렵본능 등의 특징을 지니고 있는 한국 대표적인 개입니다.

홍주는 진도 특유의 전통주로서 이뇨작용, 복부팽만감, 살균, 태독, 청혈 등에 효과가 있습니다.

枸杞子は『東医宝鑑』という医学書の中にも霊薬として記録されているし、なによりもその自慢は強壮 強精、ビタミンの含有量も多いです。糖尿、肝臓疾患、貧血、弱い体質、神経衰弱・肺結核に効果が良く、そのうえ視力回復にも優れています。

岩海苔はカルシウム、ヨードの成分が豊かで老化防止、子供の成長発育、産後の止血、子宮 収縮に効果がありますし、高血圧、動脈硬化、吐血、腹痛、痔にも効き目のある純アルカリ食品です。

④ 閑麗海上国立公園

釜山の西方・閑山島から全羅南道の麗水にかけての一帯は、リアス式海岸特有の素晴らしい景観が続きます。鏡のように穏やかな青く輝く海を舞台に繰り広げられる無数の島々と断崖絶壁の自然絵巻。海と島が織りなす豊かな自然を眺めながら船で巡ると、最高です。

［閑麗海上國立公園］

구기자는 『동의보감』이라는 의학서에도 영약으로 기록되어 있고, 무엇보다도 그 자랑은 강장강정·비타민 함유량도 많습니다. 당뇨, 간장질환, 빈혈, 허약체질, 신경쇠약, 폐결핵 등에 효과가 좋고 그외에 시력회복에도 뛰어납니다.

돌김은 칼슘, 요오드 성분이 풍부해서 노화방지, 아이들의 성장발육, 산후지혈, 자궁수축 등의 효과가 있고 고혈압, 동맥경화, 토혈, 복통, 치질 등에도 효과가 있는 순알칼리식품입니다.

어휘정리

潔白(けっぱく) : 결백

大胆(だいたん) : 대담

帰家本能(きかほんのう) : 귀가본능, 귀소성, 회귀성

利尿(りにょう) : 이뇨

強壮(きょうそう) : 강장, 강건

強精(きょうせい) : 강정

痔(じ／ぢ) : 치질

④ 한려해상국립공원

부산의 서쪽 한산도로부터 전라남도 여수에 걸친 일대는 리아스식 해안 특유의 멋진 경관이 계속됩니다. 거울처럼 잔잔하고 푸르게 빛나는 바다를 무대로 펼쳐진 무수한 섬들과 단애절벽의 자연풍경화. 바다와 섬이 만들어내는 풍요로운 자연을 바라보면서 배로 돌아보면 최고입니다.

어휘정리

穏(おだ)やか : 온화함

断崖絶壁(だんがいぜっぺき) : 단애절벽

絵巻(えまき) : 그림 두루마리

織(お)りなす : 실로 짜서 (무늬 등을) 만들어내다, 여러 요소로 구성하다

● 엮은이 소개

김혜옥(金惠玉)

- 한국외국어대학교 교육대학원 일본어교육과 졸업
- 국외여행안내원 자격증 취득
- 관광통역안내원 자격증 취득
- 일본대사관 주최 국제교류기금 초청
  한일·일한 청소년문화교류단 일본연수
- 전 현대통역·외국어학원 일본어 강사
- 현 김혜옥 번역사무소 운영

● 저서

会話로 배우는 日本語①、② ― 벚꽃 향기 속으로(正進出版社 刊)

観光通訳日本語
―무궁화꽃 향기를 찾아서―

엮은이　金　惠　玉
펴낸이　朴　海　成
펴낸곳　正進出版社

인쇄일　2003년　1월　20일　초판인쇄
발행일　2003년　1월　25일　초판발행

주　소　서울시 성북구 석관2동 341-48
전　화　02)969-8561(대표)　FAX.02)969-8592
등록일　1989. 12. 20　등록번호 6-95

ISBN　89-85375-96-2
인터넷　www.jeongjinpub.co.kr
ⓒ 金惠玉 2003

＊정가는 책 표지에 표시되어 있습니다.